山东大学文化传播学院、山东大学屋

调查方法

刘冰 著

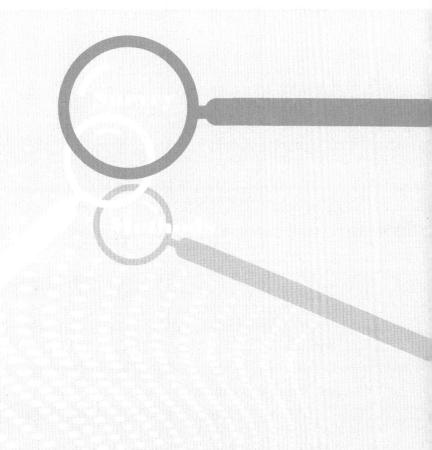

WUHAN UNIVERSITY PRESS

武汉大学出版社

图书在版编目(CIP)数据

调查方法/刘冰著.—武汉：武汉大学出版社,2023.3(2025.9 重印)
ISBN 978-7-307-23027-9

Ⅰ.调…　Ⅱ.刘…　Ⅲ.调查方法　Ⅳ.C31

中国版本图书馆 CIP 数据核字(2022)第 062892 号

责任编辑:程牧原　　　责任校对:汪欣怡　　　版式设计:马　佳

出版发行:**武汉大学出版社**　（430072　武昌　珞珈山）
　　　　（电子邮箱:cbs22@whu.edu.cn　网址:www.wdp.com.cn）
印刷:湖北云景数字印刷有限公司
开本:720×1000　1/16　　印张:20.75　　字数:359 千字　　　插页:1
版次:2023 年 3 月第 1 版　　2025 年 9 月第 3 次印刷
ISBN 978-7-307-23027-9　　定价:52.00 元

前　言

对于从事社会科学工作的人来讲，调查方法通常都是需要掌握的工具。从某种意义上讲，方法甚至比知识还重要。方法是灵活的，知识却有可能是生硬的。方法是创造知识的工具，所以当我们具备了一定的知识后，实在是很有必要学习并掌握这创造知识的方法。

本书的任务是论述在社会科学领域使用的调查研究方法，这些方法是行之有效的创造知识的工具，是民意测验和精确新闻报道的关键所在。社会科学研究其实也可以看成一个运用调查研究方法获取知识的过程，从中不难看出方法的重要性。

可是，调查方法的习得却未必就是一件轻松的事情。一些读者感到掌握调查方法是一件枯燥的事情，有畏难情绪。想想也有道理，人生苦短，何必再增加新的痛苦呢？其实要解决这个问题也有办法。我们应该尽量把书写得轻松一点，让读者读起来有趣味，愿意读。

本书的宗旨在于分享，而不是严肃说教。本书呈现出一个知识的系统，意在以此为导向，展开言说，最终实现与读者分享的目的。

我非常不喜欢艰涩的写作风格，尽量做到通俗易懂、增强可读性是我写作的任务，这本书同样不以艰深为荣。我们现在写书，既要有意义，又要有意思。否则，读者就会觉得你面目可憎，懒得读下去。我在写这本书的过程中，充分注意到了这一点，搜集了一些有趣的材料，语言也尽量做到朴实、易懂，有别于一般的调查方法教科书。或许读者在读到某些章节的时候，还会露出愉快的微笑。

抽样问卷调查是本书论述的重点和主线。大家其实很重视这种量化调查方法，因为它在历史发展过程中逐步完善，的确具有科学性，能带给我们启迪，并且真正有效、可行。

我们也需要注意到，大数据其实已经对传统调查方法产生了冲击。我们应该关注和思索这个问题。不过，大数据通常掌握在腾讯、百度、阿里等大公司手里，个人大多并不掌握大数据的管道，也不容易获取大数据。如果不能获取大数据，那么你就去找小数据，做抽样问卷调查，获得结构化数据。目前，大数据方法和传统调查方法处于并用阶段。当前以及今后很长一段时间里，抽样问卷调查依然是一种很常用的调查研究方法。

对质性研究方法也要给予足够重视。有的人过分迷信量化研究，而忽视质性研究，这是不足取的。另外，采用质性方法取得的成果大多具有更长的寿命，这一点也是需要注意的。

在互联网科技迅猛发展的今天，我们应该秉持开放的心态看待调查方法。要深入学习并掌握抽样问卷调查技术，同时不要忽略质性研究方法。还要关注大数据，充分利用网络平台开展调查。调查研究方法是我们使用的工具，我们不应该迷信方法，受其奴役。关于这一点，米尔斯在《社会学的想象力》中多次告诫过，我们应当谨记。

目　　录

第一章
调 查 引 论

调查无处不在。你可以在医院、学校、飞机和旅馆房间找到它们。

——阿琳·芬克

所谓方法，就是人们试图理解或说明某事时所使用的程序。所谓方法论，就是对方法的研究。

——C. 赖特·米尔斯

调查方法是指社会科学领域的信息数据收集、整理、分析的方法，它在不同的书籍或专业里还有多种多样的称谓，如社会科学研究方法、社会调查方法、传播研究方法、市场调查、媒介调查与分析、营销调研等。

不过究其实质，称谓虽然不同，但它们论述的内容对象却并无截然的不同，它们所论述和传授的方法并无二致，都是为了使所要研究的社会现实状况明朗化，都是获取社会信息数据的手段或操作过程。

甚至还有一些名称看似相去甚远，但其论述的内容仍然是调查方法或曰研究方法。比如，菲利普·迈耶是一位精确新闻学家，他所著的《精确新闻报道》的副标题却是"记者应掌握的社会科学研究方法"，论述的主要内容也还是抽样、调查、统计分析等，只是将社会调查研究方法尤其是量化研究方法运用到新闻报道中去罢了。

调查研究方法来源于学术实践和社会实践，它是一种工具，可以在不同的专业领域使用，但其共性大于差异性。调查研究方法多种多样，应该灵活选择使用。"学习研究方法应该坚持注重实践、多元交叉、淡化专业、灵活掌握等方面的问题，特别应该处理好'方法之用'与'方法之累'之间的辩证关系。"[①]调查研究方法是帮助我们进行学术研究、信息数据收集的有用工具，而不是刻板遵守的金科玉律。

---

① 王颖吉：《传播与媒介文化研究方法》，北京：北京大学出版社 2017 年版，第 63 页。

广义的社会调查方法包括抽样调查、实地调查、文献调查、实验调查等方法类别。

狭义的社会调查方法仅指抽样调查研究方法，"指的是一种采用自填式问卷或结构式访问的方法，通过直接的询问，从一个取自总体的样本那里收集系统的、量化的资料，并通过对这些资料的统计分析来认识社会现象及其规律的社会研究方式"①。从狭义的角度讲，社会调查方法的基本要素是抽样、问卷和统计分析。

第一节　调查的历史

一、调查的发展历程

1. 早期行政统计调查(人类早期到 18 世纪末)

古代商品生产规模小，小商业主和顾客彼此比较了解熟悉，市场几乎不需要正规的调研。

早期社会调查主要集中在行政统计调查领域，如古代中国以征兵为目的的人口统计调查，17 世纪法国人柯尔柏主持的法国社会概况普查、法国制造业调查和人口状况调查。

英王威廉一世原来是法国诺曼底公爵，1066 年 10 月，威廉在黑斯廷斯与英国国王哈罗德二世决战获胜后直取伦敦，年底自封为王。威廉一世1066 年至 1087 年在位，他下诏要求英国人登记人口和财产，老百姓把这种土地调查清册称为"末日审判书"。麦克卢汉说，数字具有现代魔力，"更原始的对数字的态度出现在威廉王统治下的英国"。②

《管子·问》可谓最古老的社会调查提纲，它强调调查要遵循一些根本原则，列出了 60 多个需要调查的具体问题，真是世所罕见。《圣经》中有多处人口调查的记述，如《民数记》中"第一次数点以色列人"，按照家室、宗族、二十岁以外、能出去打仗的男丁等标准，详细记录了每个支派的人口数目；"第二次数点以色列人"按照家族，也对人口情况作了具体的调查统计；

---

① 风笑天：《现代社会调查方法》，武汉：华中科技大学出版社 2016 年版，第 6 页。

② [加]麦克卢汉：《理解媒介》，何道宽译，南京：译林出版社 2018 年版，第 135 页。

《尼希米记》中刊登的"被掳归回者名单",则照着家谱计算,详细记录了被掳人口数目情况。

2. 社会生活领域调查(19世纪初到1920年)

人类采用抽样问卷调查则主要是19世纪以后的事情了,社会调查的领域由行政统计调查领域扩展到了更广阔的社会生活领域,如居民的生活与劳动、贫困问题、腐败问题、犯罪问题。

这个时期已经出现问卷调查。1824年美国《哈里斯堡宾西法人报》首开问卷调查记录,发放"模拟选票"预测总统选举。19世纪80年代,美国报纸的这种民意调查成为时尚。

1897年,挪威中央统计局主任安德斯·凯(Anders Kaier),首次提出了用代表性样本代替普查的做法。他四处宣传这一革命性做法,但政府部门却并不为之所动。

这个时期的销售已经不再局限于小规模、小范围的人群,经营者也需要调研信息,以了解他们不熟悉的市场消费者情况。1911年,美国柯蒂斯出版公司设立了市场调查部。市场调查部经理佩林到100多个城市进行调查,有效提升了公司销售业绩。佩林的著作《销售机会》广受重视,佩林又被推崇为市场调查的先驱。

3. 抽样问卷调查的发展(1920—1960年)

这个时期调查方法在民意调查领域、市场调查领域和社会科学研究领域有了进一步发展,社会距离量表、李克特量表被创建出来,抽样方法有了新的进展,问卷调查逐渐兴盛并得到广泛运用。

20世纪30年代,市场调查在美国得到了有效发展,《市场调研技术》等专业书籍陆续出版,为市场调查专业学科的形成奠定了基础。1948年,美国已经发展出200多家市场调查公司。20世纪50年代,市场调查学科在美国真正形成。20世纪60年代,市场调研开始真正得到商界认可。

前期社会调查实践中运用的抽样方法主要仍然属于非随机抽样方法,但抽样方法的科学性有了巨大进步,这种进步主要体现在配额抽样方法的运用方面。1936年,乔治·盖洛普使用配额抽样方法,以少胜多,成功预测了美国总统选举,产生了巨大轰动。

1934年,著名统计学家耶日·内曼(Jerzy Neyman)发表了关于概率抽样的论文,提出了从样本推断到总体以及置信区间估计的方法,为随机抽样奠定了理论基础。1948年美国总统选举预测调查中,盖洛普的配额抽样方法失败,美国社会科学研究委员会(Social Science Research Council)遂提出民意调查应该采用更好的技术以提高准确性的建议,随机抽样调查成为美国公认的最优抽样调查方法。

20世纪40年代到60年代,号称美国抽样调查史上的"黄金时代",①这期间有几家著名抽样调查机构、协会及刊物创办。1941年,丹佛大学创办了国家民意研究中心,该机构承担了美国重要的抽样调查项目——社会学的综合社会调查。1946年,密歇根大学抽样调查中心在李克特的领导下组建,该机构承担了美国另一个重要抽样调查项目——政治学的美国全国选举调查。1947年,美国民意研究协会成立,并于1948年出版发行了迄今仍有重要影响力的《公共舆论季刊》。

这一时期,现代社会调查方法逐步走向成熟,随机抽样方法在1948年确立了最优地位并在此后得到普遍运用,量化方法发展十分迅速,社会调查走入计量调查时代。抽样技术、统计分析技术、计算机技术等不断完善,调查方法逐步走向标准化和规范化。

4. 技术对调查的渗透(1960年至今)

20世纪60年代,随着美国住宅电话的普及,使用住宅电话号码构建抽样框成为可能,得到调查机构的青睐。而尤其关键的是,采用电话号码抽样框能够实现随机调查。美国电话号码前六位数字对应特定的地理区域,后四位号码随机生成,在当时可以实现概率抽样调查。同时计算机技术也有了发展和提升,并开始应用在电话访问上,计算机辅助电话访问得到应用,提升了调查效率。

从20世纪80年代开始,调查设备与技术发展到新的水平,计算机在社会调查中得到广泛应用,计算机辅助电话调查系统、计算机辅助面访系统、问卷设计软件、数据处理和报告撰写软件大大提高了社会调查的效率。调查方法与计算机技术、网络技术相结合,取得了长足发展。

1987年,密歇根大学社会抽样调查研究中心底特律地区研究项目负责人琼·康弗斯出版了《美国的调查研究:1890—1960年的根源与兴起》②,这是第一本关于抽样调查发展史的专著。

调查的行业活动、学术活动与出版活动也非常活跃。调查方法已经在各个领域渗透和应用,社会科学研究工作者、企业经营者、决策者、策划人、

---

① 任莉颖:《美国政治研究中的抽样调查方法》,载《美国研究》2020年第3期。

② Jean M. Converse. *Survey Research in the United States:Roots and Emergence* 1890-1960. Berkeley:University of California Press, 1987.

新闻媒体、广告公司等都在借助调研技术获取有用信息。

近年，随着互联网的普及和发展，网络调查逐步走向强势，得到了广泛应用。互联网的发展同时给抽样调查带来了诸多困扰：一是网络调查大多采用的是非概率抽样，抽样方式不但不先进，反而出现倒退的现象，网络调查同时也有泛滥的趋势；二是大数据方法给抽样调查带来冲击和挑战，甚至动摇了随机抽样调查者的信心。

二、国内调查的发展

1. 近代中国社会调查的起始(20 世纪初至 1949 年)

近代中国的社会调查起始于 20 世纪初，这些调查主要由外国传教士主持或主导。如，1914 年美国传教士伯吉斯主持的"北平 305 名洋车夫生活状况调查"就属于这种情况。

20 世纪 20 年代之后，中国的社会调查工作逐渐增多，中国人开始独立组织实施社会调查。一些专门从事社会调查研究工作的学术机构成立了。在北京，中华教育文化基金董事会社会调查部改组为社会调查所；在南京，国立中央研究院社会科学研究所正式成立了。

1922 年 11 月，北京高等师范学校留美归国的心理学硕士张耀翔主持了一项问卷调查，这被看成国人主持的最早的民意测验。这次调查采用匿名问卷调查形式，对部分热点时政问题展开调查，主要包括总统选举、宗教信仰、社会风俗、公共管理等内容，调查对象主要是参加北京高等师范学校成立 14 周年庆典的来宾。调查结果发表在北京《晨报》上，开我国民意调查报道之先河。

1924 年，商务印书馆出版了《社会调查——沈家行实况》。该书是关于中国社会实况调查的第一本书，很有意义。

1928 年 12 月开始，陈德徵主持的上海《民国日报》搞了几次"民意测验"，在当时很轰动。陈德徵，1893 年生于浙江浦江县青塘镇，1923 年年初春正式加入上海《民国日报》。1927 年 1 月 10 日，《民国日报》被军阀孙传芳查封。3 月 21 日，北伐军占领上海后，《民国日报》复刊。陈德徵就在这个时候当上了报馆总负责人，他以总主笔名义主持《民国日报》。上海国民党当局清除共产党人时，陈德徵十分活跃，得到了蒋介石的赏识，当上了上海党部临时执行委员、宣传部部长。蒋介石到上海时也常到《民国日报》报馆去看陈德徵，陈德徵还是蒋介石与宋美龄盛大婚礼上的嘉宾，他在上海滩可谓红极一时。陈德徵主持《民国日报》时特别喜欢搞"民意测验"，这在当时是一种时髦举动，社会各界都觉得很新鲜，非常关注。1928 年 12 月，《民国日报》刊登了首次民意测验，主题是"反日"。当年年底，该报又组织了针对小学生的"反日常识测验"。1929 年新年这天，《民国日报》组织了第三次民意测验"元旦民意测验"，这次陈德徵把事情闹大了，他得罪了蒋介石，惹来一场大祸。这次测验又被称为"中国伟人"民意测验，五个问题中有一道题目是"上海最有名的是谁"。该报对 3000 余份读者意见进行了统计分析，调查结果是陈德徵排第一名，而蒋委员长却排在了第五位。这样的结果彻底改变了陈德徵的命运。所以说，有的时候你不能太看重一些虚名，陈德徵这个时候是聪明反被聪明误，他的民意调查给政治对手留下了把柄，他自己却还不知道这样做的危险。在陈德徵对手的努力下，蒋介石大怒，陈德徵也于 1930 年 10 月被召到南京，一关就是三年。从那以后，陈德徵这位曾经显赫一时的民国报人就沦为一介草民，而且每况愈下，困顿交错。1951 年，国内"肃反运动"开始，已经脱离政治舞台、只想清静度日的陈德徵被清算历史旧债，不久死于劳动改造，时年 58 岁。①

新中国成立前，我国有一些民意调查，但总的来讲影响力并不很大，专业意义上的民意调查或市场调查机构尚不多见。20 世纪 40 年代，陈达在西南地区组织实施了大规模人口调查，撰写了很多有价值的调查报告，享誉海内外。

2. 冰冻期(新中国成立至 20 世纪 70 年代)

新中国成立后一直到 20 世纪 70 年代，中国调查行业基本处于冰冻时期。各级党政机关做了大量政治性"社会调查"。1952 年，全国高等院校专业调整，高校原有的社会学系、社会学专业及课程相继被取消。作为学术研究、专业活动的社会调查、市场调查几乎处于停顿状态。

不过，这个时期开始的民族识别调查还很值得说一说。这项调查历时30 多年，对全国 400 多个民族进行识别调查。1950—1978 年共确认了 54 个少数民族，1978—1987 年又确认了 1 个少数民族。

另外，1950 年中国开展了第一次全国工业普查；1953 年，中国组织了第一次全国人口普查；1964 年，中国组织了第二次全国人口普查。

3. 真正大发展时期(20 世纪 80 年代至今)

中国调查行业的真正大发展始于 20 世纪 80 年代。

---

① 张功臣：《民国报人：新闻史上的隐秘一页》，济南：山东画报出版社 2010 年版，第 178~214 页。

　　20 世纪 80 年代，我国新闻界组织开展了多次受众调查，引人注目。这些调查包括：北京地区大规模受众抽样调查(1982)、《人民日报》全国读者调查(1986)、全国电视观众调查(1987—1988)、中央人民广播电台全国听众调查(1988)、全国人大代表和政协委员对新闻改革态度的调查(1988)。① 学术性社会调查提升到了一个新高度，出现了一批在海内外有影响力的社会调查成果，如 20 世纪 80 年代以费孝通为代表的小城镇问题调查，1997 年潘绥铭开展的"全国大学生的性行为与性观念调查"，2002 年陆学艺主编的《当代中国社会阶层研究报告》，2009 年廉思主编的《蚁族——大学毕业生聚居村实录》等。

　　专业调查机构相继成立。1986 年 10 月，中国人民大学舆论所成立。1986 年 12 月，中国社会调查所成立。

　　中国从 20 世纪 80 年代中后期开始出现商业性的市场调查机构，调查公司多集中在北京、上海、广州三地，市场调查的主导机构逐步由学术性机构向商业性机构转变。

　　1992 年，零点调查公司(零点研究咨询集团)成立，该公司于 2000 年进行结构调整，投资成立了前进策略(策略咨询)和指标数据(共享信息)，成为国内最大的提供专业的策略性研究咨询服务的集团公司之一。1992 年年末，新华信在北京成立，在中国开展市场研究咨询服务和商业信息咨询服务，并于 2000 年推出数据库营销服务。

　　1993 年，慧聪研究院成立。经过多年的积累，慧聪在多个行业已成为资深的行业市场研究专家，跻身国内一线市场研究服务机构行列。2003 年，慧聪研究院随慧聪国际整体在香港上市。

　　1995 年，央视市场研究公司(CTR)成立。2001 年，该公司改制成为股份制企业。主要投资方为中国国际电视总公司和市场研究集团 TNS，主要业务领域包括消费者固定样本组、个案研究、媒介与产品消费形态研究、媒介策略研究、媒体广告及新闻监测。

　　2003 年，中国人民大学中国调查与数据中心发起中国综合社会调查(Chinese General Social Survey, CGSS)，这是我国创立的第一个全国性、综合性、连续性大型社会调查项目。该项目遵照国际标准，对中国大陆 10000 多户家庭进行每年一次的连续性横截面调查，系统、全面地收集社会、社

---

　　① 戴元光等：《20 世纪中国新闻学与传播学·传播学卷》，上海：复旦大学出版社 2001 年版，第 127~142 页。

区、家庭、个人多个层次的数据，成为研究中国社会最主要的一个数据来源。

2006 年，国家统计局成立了社情民意调查中心。这是我国中央政府设置的第一个专司社情民意调查的单位。目前，国家统计局网站信息显示，国家统计机构设置中国统计信息服务中心(国家统计局社情民意调查中心)，开展统计信息分析及社情民意调查方法技术研究，组织实施党中央、国务院有关部门委托的社情民意调查任务，自主开展有关社情民意调查项目，指导全国统计系统社情民意调查工作。

随着互联网的发展，调查又得到网络技术的加持，我国网络调查发展势头强劲。1994 年，中国全功能接入国际互联网。此后，中国互联网迅猛发展，网络调查发展迅速，应用频率越来越高。互联网是人类社会生活的操作系统，全方位介入、影响和改变了我们的生活。社会调查也在互联网发展的裹挟下不断进化，网络调查突飞猛进，大数据方法受到追捧。

第二节　调查的类型

布尔迪厄在阿尔及利亚进行田野调查，开展了系统的考察，他收集了数百套服装图样，试图寻找服装与穿着者社会特点间的联系。布尔迪厄从事社会调查时，拍照片记录，也偷偷记录公共场所的谈话。他还使用了实验研究法，试图研究从一种语言转换到另一种语言所需的条件。布尔迪厄与受访者交谈，组织问卷调查，查阅档案，在廉租房办公室的地下室里整夜抄录关于服装的调查材料，他掌管学校里的测验，在社会中心开展讨论。[①] 从上述文字记录来看，布尔迪厄采用了多种调查方式方法，包括田野调查、观察、深度访谈、问卷调查、文献调查、实验研究、小组座谈等，而调查的过程也离不开记录，布尔迪厄采取了诸如摄影、文字记录、人脑记忆等记录方法。

调查方法是多样的，我们开展社会调查，应该灵活运用调查方法，有的时候以某一种调查方法为主，有的时候则需要综合运用多种调查方法搜集信息。社会调查采取的具体方法是多样的，可以根据不同的标准进行分类。对调查进行分类，了解调查的类型，思考调查的类型与调查方法的对应关系，有助于我们加深对调查的理解。

---

① ［法］皮埃尔·布尔迪厄：《自我分析纲要》，刘晖译，北京：中国人民大学出版社 2017 年版，第 46~47 页。

一、按调查的时间分类

1. 定期调查

定期调查是指时间上具有周期性、每隔一个时间段就要开展的调查。定期调查的主要形式有月末调查、季末调查、期中调查、年终调查等，高校每个学期组织学生评教也可以看成一种定期调查。

2. 不定期调查

调查的时间不固定，没有周期性，根据需要随时展开的调查。

二、按调查的范围分类

1. 普查

普查是指对总体进行逐一的、普遍的调查，普查更适用于总体不太大的情况。比如一个单位要做企业文化建设工作，而员工总数又不是特别多，为了了解员工的意见和认识，就可以采用普查的形式。相对来讲，普查费时、费力、费钱，普查的开展要注重高度集中的组织和领导，调查的问题数量通常需要进行控制，提出的问题数量比抽样调查要少得多。

2. 抽样调查

抽样调查是指从总体中选取一部分个体作为样本进行调查。抽样调查规避了普查的缺点，省时，省力，省钱。普查运用比较少，抽样调查才是调查实践中经常运用的调查方式。

3. 个案调查

个案调查是指从总体中选取一个或几个个体进行深入调查，个案调查是抽样调查的极端形式，其目的是深入研究，获知更加详尽的故事或信息。个案调查比较容易操作，运用也比较普遍。

三、按资料的来源分类

1. 实地调查

深入现场，与受访对象直接接触，展开调查。实地调查获取的是一手资料，明显地体现出知识创造的价值。参与观察、深度访谈、田野调查、民族志等调查方法，凡是调查者亲赴现场搜集信息采用的调查方法，大多可以归入实地调查方法的范畴。

实地调查体现了原创精神，调查者搜集到的信息是现存文献资料中没有的数据知识，掌握实地调查方法当然是十分重要的事情了。

2. 文献调查

利用各种现存的书籍、杂志、报纸、图片、音视频材料、其他非正式出版物等文献，进行信息搜集、分析和研究。文献的搜集与研读是对二手资料的调查，这些二手资料是现成的，通常来讲文献调查就能体现出操作的便捷特征，文献的研读也是我们快速获取知识的一条必由途径。

研读文献、进行文献的比较阅读，会让你有新的发现，改变你对世界的认识。

搜集不同国家出版的世界地图，你会发现原来其他国家制作的世界地图与我们在自己的国家看到的世界地图并非完全一样。不同的国家通常是以自己的国家为中心来绘制世界地图，这其实也是民族自我中心主义的体现。

另外，我们平常看到的地图多是横版地图，竖版地图又是什么样子呢？① 看了竖版世界地图，你很有可能会颠覆自己的世界观——直观来看，美国不是在中国的东北边，而是在中国的北边；中国与美国之间隔着的大洋不是太平洋，而是北冰洋；中美两国之间的最短线路不是跨越太平洋，而是横穿北极！

同一个世界的地图，却并非同一种面貌，其中蕴含着重大的科学意义和军事意义，这对于大多数人来讲也是一个新的发现，可以刷新人们的认识，引发人们的思考。

四、按调查的功能分类

1. 探测性调查

探测性调查又称初步调查或探索性研究，其任务是对所研究的问题获得一些初步的感性的认识，一般并不要求有多深刻。探测性调查经常采取非结构访谈、文献研究、观察、小组座谈等调查方法。

2. 描述性调查

描述性调查是调查实践中最为普遍和常见的调查形式，主要用以描述调查对象的相关特征，它所回答的问题是"是什么""怎么样"。描述性调查的常用方法包括抽样问卷调查法、观察法等。

———————————

① 可查看郝晓光主编：《2016竖版世界知识地图（大幅面全开）》，长沙：湖南地图出版社2016年版。

3. 因果性调查

因果性调查又称解释性研究，它就某一社会现象进行深入调查研究，挖掘产生这一现象的原因，对原因与结果之间的关系进行阐释，重在回答"为什么"。因果性调查可以采用实验研究法、深度访谈法、开调查会等方法来完成。

美国国家科学院院士路易斯·米勒在研究中发现，自 2000 年起非洲疟疾死亡率大幅度下降。为什么会出现这种现象呢？米勒想找到答案。他提出一个假设：世界卫生组织多发帐篷，减少或避免了人被蚊虫叮咬的情况，导致非洲疟疾死亡率的降低。为了验证这一假说，找到真正的原因，米勒派学生到非洲调查，结果发现并不是这么一回事，真正的原因在于青蒿素的使用。这一调查属于因果性调查，通过调查找到了导致非洲疟疾死亡率大幅度下降的原因。

青蒿素是哪国产的药呢？一问才知道是中国。具体是谁发现了青蒿素？谁研制了青蒿素药品？不知道。米勒就派学生到中国调查。原中国中医科学院院长张伯礼在接受"这就是中国"节目访谈时说，米勒团队一调查才发现这是笔糊涂账，7 个单位都说是集体研究的结果，都说自己有贡献。米勒先生很会作调查，他写了 7 封信分别发给这些单位。米勒在信中说：在青蒿素的研制过程中，您发挥了重要作用，我向您表示敬意，除了您以外，您认为第二个发挥作用的是谁？这些单位都说是屠呦呦。经过深入的调查研究，米勒得出结论：屠呦呦是发现青蒿素的首要贡献者。后来经米勒推荐，屠呦呦凭借青蒿素研究的突出贡献，于 2015 年获得诺贝尔生理学或医学奖。

4. 预测性调查

预测性调查对市场或社会发展未来可能出现的情况进行预测，是调查方法在市场或社会预测中的应用，经常采用经验判断、统计分析等方法来开展。经验判断预测法——个人、专家或群体依据直觉、经验和掌握的情况综合判断，加以预测，可以采取深度访谈、开调查会等具体的调查方法来完成调查；统计分析可采用时间序列分析预测法，搜集变量观测值，按时间先后顺序排列这些观测值，从中寻找变化趋势，对事物发展进行预测。

人类社会经济发展会出现波动现象，有的年份经济发展会下滑。如果你感觉到经济状况不太景气，你会不会担心一个问题：这一年，经济会不会彻底垮掉，人类社会经济增长曲线会倒栽葱式往下走吗？罗振宇在 2018 年跨年演讲中回答了这个问题，他说金融学家香帅给他看了一张过去两千年人类社会 GDP 发展的曲线图，这个曲线图上没有出现过倒栽葱。而在过去一百年人类社会 GDP 发展的曲线图上，你会看到第一次世界大战、1929 年全球经济大萧条、第二次世界大战、石油危机、2000 年互联网泡沫、2008 年金融危机时，经济发展出现了下滑情况，但也没有陡然下滑，而是下滑后很快反弹接着往上走。总体上看，人类社会 GDP 发展呈现出增长大趋势，而且增幅越来越大。通过绘制和观测曲线图，我们可以预测人类社会经济发展不会倒栽葱式往下走，这就是预测调查的一个具体应用。

第三节　调查的特点、原则与领域

一、调查的特点

1. 目的性

调查本身不是目的，它只是获取有用信息的手段。调研的主要目的是获取相关的市场信息、社会信息，为决策提供参考依据。

2. 系统性

调查由一系列工作步骤组成，环环相扣，成为一个周密、协调的系统过程。调查的系统性特征告诉我们，必须认真对待调查过程中的每一个环节。一个环节出现纰漏，就会影响整个调查活动，甚至会让整个调查活动前功尽弃。

3. 信息性

调查的本质是一项信息工作，它运用一系列技术、方法、手段采集、分析和呈现信息。

4. 科学性

调查过程中所采用的问卷设计、抽样设计、意见测量、数据统计分析等均有科学理论支撑，相关方法可操作并且十分有效。正因为调查技术、方法和手段是科学有效的，它所提供的调研报告才真正有价值，才可以极大地辅助决策。

二、调查的原则

从调查方案的确定、抽样设计，到调查实施、数据分析和统计处理、报告撰写等整个过程都必须严格遵循科学规律，让正确的思想观念、严格的规章制度、科学的工作标准、合理的调查方法来确保调查的科学性。调查的过程应该是科学的，为了做到这一点，我们应该遵循以下调查的基本原则：客观、系统、及时、经济、保密。

1. 客观

尊重客观存在的实际情况，避免主观偏见或人为修改调研数据结果。从事调查工作的人应该像一个职业记者那样，将客观性视为自己立身处世的基本态度或原则：

（1）必须意识到自己可能存在偏见，并对此时刻保持警觉；

（2）必须通过多种方式获得更多的知识和信息，不断拓宽自己的视野，防止目光短浅和思想狭隘；

（3）必须秉持开放的态度，宽容地看待这个世界和周围的事物；

（4）即便他人与自己的意见对立，也要坦然面对，不可一味地抗拒或排斥。①

"客观性作为一种理想，在过去，乃至今天，都常被用来作为权力的掩饰，有时甚至是用不诚实的方式去掩饰。但客观性的根源并没有那么肤浅，它不是用来为权威、特权提供掩饰，而是用来遮掩我们在凝视现代社会时眼神中流露出的失落感。"②客观原则不是要我们僵化地执行纪律条款，而是要我们保证和提升调查结果的价值。客观原则要求调查者与被调查者保持一定的距离。距离太远，无法深入了解对方；距离太近，又可能影响调查的客观性。客观原则讲起来容易，操作起来却并不那么容易。

还要注意，客观原则的执行需要考虑实际效果，不能过于教条，在科学上"中间路线"（middle course）不会比政党的极端理想更正确一丝一毫。③ 湖南衡阳农民彭荣俊建立了跨村"减负上访代表"组织，他是最早引起于建嵘关注衡阳县农民抗争活动的重要人物，于建嵘在社会调查过程中与他建立了友谊。"长时间的跟踪研究，我成为彭荣俊的朋友。我深知，这种关系，已经超越了社会调查应保持的界限，因为它有可能影响到我对事件的理解和判断。可我无意改变这种关系，反而希望能同他保持这种相互信任的友谊。而

---

① 刘冰：《新闻报道写作：理论、方法与技术》，广州：南方日报出版社 2011 年版，第 27 页。

② [美]迈克尔·舒德森：《发掘新闻：美国报业的社会史》，陈昌凤、常江译，北京：北京大学出版社 2009 年版，第 145 页。

③ [德]韦伯：《社会科学方法论》，黄振华、张与建译，台北：时报文化出版企业有限公司 1995 年版，第 71 页。

且，正是由于有了彭荣俊的友谊和帮助，我在衡阳县的调查才得以顺利开展。"①

2. 系统

调查是一个系统过程，需要全面、综合地考虑各个环节、步骤间的关系，稳妥有效地推进调查进程。社会调查要求每个环节的操作都要有质量保障，每个环节都不能出现硬伤。

一个环节出了问题，很有可能导致满盘皆输。

抽样不科学，样本代表性就差，其他环节做得再严密，数据也没有推断意义，调查结果的质量也不会太高。问卷设计出了问题，后期的调查实施就会很麻烦，也不好再回过头去修改问卷。统计分析出了问题，哪怕前期各个环节做得再好，也无法呈现出完美的数据结果。

3. 及时

过期的信息是没有价值的，应该及时地开展调查，及时地处理相关数据，及时地提交调研报告。

做调查应该有时间观念，不能拖拉。要提升执行力，在规定的时间内高标准完成相应任务。

4. 经济

社会调查还要考虑经费支持问题，对调查结果的期望要保持一个合理的水平，不能过高。要在数据质量与经费支持之间找到一个平衡点，尽可能以更少的费用，取得更好的调查效果。换句话说，社会调查应当花更少的钱，办更好的事，追求最高的"性价比"。

5. 保密

一是为你的客户保密。你与客户之间具有合同关系，不要将调研报告及调查取得的数据信息告诉任何第三方。

二是为被调查者保密，不要泄露被调查者个人的信息。

三、应用的领域

调查方法应用的领域很广泛，在社会科学研究、新闻报道与传播、广告策划与运营、企业管理咨询、客户研究与市场营销等领域均有大量应用。其实在日常生活中人们也会经常开展调查，比如在相亲时人们就会应用调查技术，展开一番探究。有一位擅长公司调研的姑娘，模样长得很漂亮。有人给

---

① 于建嵘：《父亲的江湖》，北京：中国广播电视出版社 2013 年版，第 5 页。

她介绍了一个河北"富二代"——小伙子刚从英国留学归来，家里做轮胎生意，与外企合资经营，年利润几千万元。

这位姑娘不走相亲寻常路，她根据这点线索开展了调查——先去轮胎行业协会筛选合格企业，然后用纳税信息缩小范围，再用"天眼查"查股权关系，最终成功地将范围缩小到了两家企业。两家企业的实际控股人都是女性，50岁左右。

见面的时候，姑娘问了一个问题："阿姨贵姓啊?"一见面就问咱妈贵姓，这个问题是不是有点奇怪? 男方回答了这个古怪的问题后，姑娘马上对号入座，一口气把"富二代"母亲的姓名以及企业名称、地址、股权、融资、诉讼等情况讲了出来，让对方很吃惊。不过姑娘讲完后，并没有同意与对方继续交往，她潇洒地走了。[①] 她哪是来相亲，她是在满足自己的探究欲，彰显自己的调查技术水平。

言归正传，接下来我们对调查方法的应用领域作一介绍。

1. 社会科学研究

调查方法可以应用到社会科学研究领域。《青年记者》是国内现存创刊最早的新闻学期刊，也是全国中文核心期刊、全国新闻传播类核心期刊。笔者曾利用掌握的调查方法为《青年记者》"青记调查"栏目服务，每月就一个新闻传播问题展开调查，次月在该刊发表研究成果。同样的道理，利用本书所讲的调查方法，也可以收集其他社会科学学科问题的数据信息，加以量化研究。

2. 新闻报道与传播

定量调查方法可作为获取数据新闻的有效方法，用于精确新闻报道。访谈法、投影测验、问卷设计等可以为记者采访提问提供方法借鉴。

3. 广告策划与运作

市场调查是广告运作的前提，是广告策划、广告创意和广告文案写作的前期必要环节。对于广告运作来讲，调查可以使广告决策更为准确、广告活动更为有效，从而促进产品的整体营销，达到产品促销的目的。广告领域调查的内容主要包括：

(1)广告策划中的市场调查：营销环境调研分析、消费者分析、产品分析、竞争状况分析和企业竞争对手广告分析。

---

① 戴老板：《爱情里的"经济学"》，《文史博览·人物》2018年第11期，《读者》2019年第6期转载。

(2)广告媒体评估：媒体量的评估和媒体质的评估。

(3)广告文案调研：测量广告原稿的效果，从几个备选方案中挑选出最优方案。

(4)广告效果调研：测量广告投放的效果，进行传播尺度方面的调研和销售尺度方面的调研。

4. 企业管理咨询

调查是管理咨询的基础，调研在咨询工作中的任务主要包括：周期性信息咨询调查、重大决策时咨询调查、内外环境发生重大变化时咨询调查、发现重大商机的调查。

5. 客户研究与市场营销

调查方法还经常运用于客户意见的把握方面，通过调查切实掌握客户的意见，以便改进产品设计，改善经营销售环节，促进产品营销。

调研可以协助企业和销售人员把握区域市场，调查结果可以作为制定销售计划和营销策略的依据。

金山公司是传统软件时代国内领军品牌企业，很重视用户体验，并采用"焦点小组"方式搜集用户意见。"每季度或半年，针对某个产品召集几十个用户，做面对面访谈。"①金山公司还注重利用客服收集用户意见，"每周客服一线同事收集好用户意见，整理成文档，以周报的方式发给产品经理，产品经理再整理给项目组，给总监再到管理层，基本每份用户意见报告周期在一个月以上"②。

第四节　调查的程序

一、选题立项

选择合适的调查题目，将调查作为一个项目确立下来。有一些调查项目，是调查者接受委托方的委托开展的，在这个阶段，委托方与受托方需要达成合作意向，为下一步工作的开展奠定基础。在社会科学研究领域，也有

---

① 黎万强：《参与感：小米口碑营销内部手册》，北京：中信出版社 2014 年版，第 3 页。

② 黎万强：《参与感：小米口碑营销内部手册》，北京：中信出版社 2014 年版，第 3~4 页。

一些项目并没有委托方，而是调查者根据自己的研究方向与兴趣自行确定的。

1. 确定调查问题

确定选题是调查活动的第一步，调查问题确定了，我们才有了明确的目标和方向。应该确立有意义的调查选题，从选题的理论价值和应用价值两个维度来衡量选题的意义。

对于受委托的调查项目来讲，委托方需要掌握的信息，就是调查需要解决的问题。应该与委托方进行密切的交流，了解对方希望从调查中得到哪些信息，帮助委托方确定需要调查的问题。

2. 确定调查范围

确定调查在什么地域、多大范围内开展。

3. 确定调查时间

确定调查开展的时间，确定调查需要多长时间完成。

4. 确定调查对象和调查方法

确定哪些人是调查总体，采用什么抽样方法来最终确定具体的被调查者，确定被调查者的数量，明确采用哪种具体的调查方法对被调查者展开调查研究。

委托方与受托方对上述问题的确定达成共识，将调查作为一个合作项目确立下来。受托方根据合作协议，展开下一步的工作。

二、设计调查方案

调查方案是调查操作的指南，调查工作的开展需要严格执行调查方案的计划和规定。调查方案中应当对下列内容做出具体而又明确的阐述：

(1)调查目的。

(2)调查时间。

(3)问卷设计：对问卷设计工作情况做出规定、说明，或者干脆设计出完整的问卷，附在调查方案后面。问卷设计要规范、全面，要提出有价值的问题。设计问卷时可将问卷初稿提交委托方，听取委托方的意见，修改问卷至委托方满意。

(4)抽样设计：抽样包括非随机抽样和随机抽样两大类，每一大类下面又细分为具体的抽样方法。抽样设计需要结合具体的调查任务，结合实际情况，确立可操作的抽样方案。

(5)调查员及督导员职责、任务。

（6）调查实施及其监控。

（7）数据录入方法及要求。

（8）数据清洁及统计分析。

（9）调查报告情况。

（10）经费预算。

三、实施调查

挑选和培训访问员，开展实地调查，发放问卷，收集数据。实施调查的过程中需要动员最多的人力，组织协调就显得非常重要了。在实施调查的过程中会出现一些问题，要充分发挥督导员的作用，迅速协调解决相关问题。

如果需要也可搜集一些二手资料，将有用的信息保存下来，也可以写到调查报告里并提交给委托方。

四、数据处理与分析

将调查后的问卷编码，然后录入计算机。运行专业统计软件，对数据进行处理分析，绘制统计图表。

五、撰写并提交调查报告

根据数据处理分析结果撰写调查报告。修改调查报告，提交给委托方。

第二章
对调查的进一步认识

　　我正在说的这句话是谎话。

——欧布里德

　　对过程的观察、对方法的构建是科学，对目的的批判和协调则是哲学。

——威尔·杜兰特

　　过去，我们总在思考什么是对的。但是现在，我们要更多地想一想什么是能被认同的。

——马化腾

第一节　从作用到局限

一、调查的作用

　　毛泽东在《反对本本主义》中说过一句广为人知的话："没有调查，没有发言权。"[1]其实关于社会调查，毛泽东还在《总政治部关于调查人口和土地状况的通知》中进一步强调："不做正确的调查同样没有发言权。"[2]

　　调查是社会信息反馈过程的基本工具，是搜集、梳理和提炼社会信息的必经途径，是社会决策和社会行动的先导。

　　当代社会环境复杂多变，单纯依靠个人的感知已经无法准确掌握社会的相关情况和变化，必须依靠系统的调查才能有效掌握相关信息。调查为决策者提供了社会环境的有效信息，提供了决策的依据。

　　只有通过科学的调查，才能了解和掌握社会人群的意见、需求变化情

---

①　《毛泽东文集》（第 2 卷），北京：人民出版社 1993 年版，第 382 页。

②　《毛泽东文集》（第 1 卷），北京：人民出版社 1993 年版，第 268 页。

况，才能进行准确的市场与社会定位，按照用户的意见和需求改进生产，从而促进社会发展，优化运作的效果。我们应该重视社会调查的价值。

简言之，调查的作用可以总结如下：

(1)调查是收集社会信息的基本工具。

(2)通过调查，可以了解社会发展情况，解释社会现象，认识社会规律。

(3)通过调查，可以寻求现实社会生活问题的解决办法。

(4)通过调查，可以了解社会舆论，为政策制定、社会行动和决策提供依据。

(5)通过调查，可以发现市场机会，帮助企业组织生产和销售。

万科应该为谁造房子？为了回答这个问题，早在2006年万科就发起了专项调查。这项研究在当时还是一个很新鲜的课题，时任万科集团企划部高级研究员的舒东为此专门从深圳出差到北京，在图书馆里泡了1个多月。

万科几乎遍访国内知名的人口专家，为他们提供经费和研究便利。

从2006年到2008年，万科连续推出了数十个报告。只是万科对研究成果一直守口如瓶，甚至在2010年舒东离开万科时，还被万科要求签署了保密协议。

(1)万科的发现。

通过研究，万科对未来住宅市场的变化有了新的发现，万科提出了三个预测：

第一，2013年将出现首次置业人口红利的拐点，此后新增首次置业人口将迅速下降，而改善型住宅的需求人口将不断增加。

第二，2013年前，北京、上海等一线城市将出现投资高端改善型、养老度假休闲型物业的趋势。

第三，到2017年左右，20~65岁的总劳动人口将达到高峰，老龄人口在此期间将不断增加。

(2)依据和理由。万科的预判依据之一是其客户资料。万科的第一大客户群是30~34岁人群，随着这一客户群全面进入40~49岁年龄段，他们将步入事业的高峰阶段，购买力将有很大提高，他们对改善型住宅的需求会明显增加。

另外，万科在专项研究中还发现了住宅市场持续增长的新动力：迁移人口。

2006年万科成交客户资料表明，持有与人口迁移有关的购房动机的客户居然占到了所有成交客户的31%——如"从异地迁到本地""方便工作和事业""原来的房子拆迁""想把父母接到一起住""想和父母分开、单独居住套房""准备结婚""为了孩子的成长教育"等。

（3）采取的行动。

根据这些资料和数据，万科判断城市化和人口迁徙还会延续10到20年——从农村向城市迁徙，从小城市向大城市迁徙，从内地向沿海迁徙，中国沿海城市带的人口红利期会因此延长，这些地区的住宅市场仍会有比较看好的前景。

万科根据自己的调查，对中国住宅市场的变化有了新的认识，并不断调整自己的战略。2009年后，万科的战略表述中频频出现旅游地产、养老住宅等物业类型的开发，向更加细分的人群提供产品，已经成为万科的一个重要课题。①

二、调查并不能代替决策

先来填份问卷，只有两道题：

1. 有位女人生活很悲惨，她的丈夫奢靡浪费、酗酒无度，她自己则患上了梅毒。她的第一个孩子，生下来5天就夭折了。现在她又怀孕了，你认为她应该怎样做才好？

1□堕胎

2□把孩子生下来

2. 下面列出三位候选人的一些情况，请从中选出一位你看好的领袖：

1□候选人A：

他一个学期旷课73次，2门课程没通过。他有婚外情，每天要吸两包骆驼牌香烟。他感染了脊髓灰质炎病毒，从此不能独立行走。

2□候选人B：

不爱学习，贪吃，经常被老师体罚。患抑郁症，为了对抗抑郁，奋斗了一辈子。他烟瘾极大，走到哪里都叼着烟。他在战场上被俘虏，数次在大选中落败。

---

① 参见陈新焱、樊巍：《藏在人口里的商业密码》，http：//www.infzm.com/content/88787，2013年3月16日。

3□候选人 C：

他生活俭朴，吃素，不抽烟，不酗酒，参军不久就接连获得勋章。他了解大众心理，有远大志向，对平庸陈腐之事不敏感。

如果你是个正常人，懂得趋利避害，第 1 题你会选择堕胎，第 2 题你会选择候选人 C。我们受优生优育理念的宣传教育多年，对于这样的女人实在不应该建议她再生孩子了。候选人 C 也真是太完美了，不选这位你自己心里都过意不去。

现在让我们看看实际情况：

第 1 题，这个女人是贝多芬的母亲，她怀的这个孩子是贝多芬。你如果建议她堕胎，那无异于杀了贝多芬，世上将少一位音乐巨星。

第 2 题，候选人 A 是罗斯福，候选人 B 是丘吉尔，候选人 C 是希特勒。

通过调查收集来的意见主要用于决策参考，却并不能代替决策。我们尊重民意，但有的时候这种民意未必就是对的。调查结果通常具有重要的参考价值，但对调查结果的价值却不能给予过高的期待，不能用调查结果来代替判断和决策。我们应该对调查有一个全面的认识，要看到它除了具有积极的作用以外，也还有局限性。

正确的做法是将调查与决策分离。李普曼注意到了将搜集信息和把握政策分隔开来的重要性，他强调要尽最大可能将调查者与决策者严格分离，"专家的力量靠的是与决策者保持距离，而不是亲自操心会有什么样的政策产生"①。调查的任务是搜集信息，而不是代替决策。

三、调查时间成本的控制

调查会耗费受访者的时间，增加社会负担。从国家范围来看，调查所耗费的受访者时间是一个庞大的数字。仅仅是美国联邦政府的信息收集，就会耗费民众大量的时间成本。

美国行政管理预算局(OMB)下设的信息和管制办公室(OIRA)，统管联邦政府信息收集工作。任何一个联邦政府机构，必须事先向信息和管制办公室提出申请，获批信息收集许可号码后，才能向社会收集数据和信息。信息和管制办公室每年都要编制年度信息收集预算，这个预算可不是指为了完成

---

① ［美］沃尔特·李普曼：《公众舆论》，阎克文、江红译，上海：上海人民出版社2007 年版，第 272 页。

信息收集计划花多少钱，而是指算一算政府机构的信息收集计划会给社会带来多少负担，会花费老百姓多少时间。信息和管制办公室会根据信息收集的科学合理性，决定是否批准政府部门多少小时的年度信息收集预算。1995年，美国联邦政府信息收集负担为 65 亿小时，相当于 320 万人一年的工作量。2009 年，这个数字已经上涨到了 99 亿小时。①

从减轻社会负担的角度考虑，我们应该精减调查，舍弃不必要的调查。

四、调查存在的局限性

1. 获得的信息不一定都是真实、正确的

"抽象的思维和语言使我们能就不在身边的事物交换信息，但与此同时，这又开启了说谎的可能性。"②有的被调查者可能会故意提供虚假信息，这样的调查获取的信息没有多少价值，并不值得信赖。

被调查者即便没有故意造假，他们的意见也未必就是正确的，如果完全依赖调查结果做决策判断，也很有可能给我们带来误导。

被调查者记忆的可靠性也有值得怀疑之处。虽然被调查者没有主观造假的动机，但由于时过境迁，他们也可能由于记忆不准确而提供低劣甚至是错误的信息。

2. 并非任何信息都可以通过社会调查获得

社会调查主要用于收集通过正常、公开的方法可以获得的信息，一些机密信息很难通过社会调查的方法轻松获得。

并不是所有合适的被调查者都愿意接受调查。人们的隐私意识越来越强，生活节奏越来越快，有一些被调查者往往出于保护自己隐私或节约时间等原因拒绝接受调查，关于这部分被调查者的信息就很难获取了。

3. 误差的不可避免性

错误是可以避免的，误差总是难免的。即便是再精确的抽样调查，即便是采用普查的方法，也不能保证调查结果与客观情况完全相符。

另外，社会调查虽然能够获取量化数据，但这些数据的准确性与自然科学研究数据的准确性相比要差得多。这一点需要我们心中有数。

---

① 涂子沛：《大数据：正在到来的数据革命，以及它如何改变政府、商业与我们的生活(3.0 升级版)》，桂林：广西师范大学出版社 2015 年版，第 116~121 页。

② ［美]保罗·莱文森：《软利器：信息革命的自然历史与未来》，何道宽译，上海：复旦大学出版社 2011 年版，第 2 页。

第二节 伦理规约

一、调查者的伦理规约

1. 调查应具有真实性

调查者必须提供完全真实的调查报告，不能为了讨好调研购买者(委托方)而故意修改数据。

2. 为委托方保密

必须为调研购买者(委托方)保密，调查报告和数据仅提供给委托方，未经允许，绝对不能将调查报告或数据泄露给第三方。

3. 保护被调查者的个人信息

承诺保护被调查的个人信息，并切实兑现这一诺言，不向他人泄露被调查者的情况。不将被调查者的个人资料出售给推销商，保护被调查者免受不必要的骚扰。

保护被调查者的个人信息，具有法律依据。《中华人民共和国民法典》第1038条明确规定，"信息处理者不得泄露或者篡改其收集、存储的个人信息；未经自然人同意，不得向他人非法提供其个人信息"。《中华人民共和国统计法》第9条规定，"统计机构和统计人员对在统计工作中知悉的国家秘密、商业秘密和个人信息，应当予以保密"。

《全国人口普查条例》第33条规定，"人口普查中获得的能够识别或者推断单个普查对象身份的资料，任何单位和个人不得对外提供、泄露，不得作为对人口普查对象作出具体行政行为的依据，不得用于人口普查以外的目的"。国务院印发的《关于开展第七次全国人口普查的通知》也特别强调，要全流程加强对公民个人信息的保护，各级普查机构及其工作人员必须严格履行保密义务，严禁向任何机构、单位、个人泄露或出售公民个人信息。

4. 可以笼统地交代调查意图

为了有效推进调查，在对被调查者说明调查目的或意图时，可以笼统地予以交代。不要让被调查者把注意力集中到调查意图方面，要让被调查者以一种更加公正客观的态度来回答问题。把调查目的或意图讲得笼统些、含糊些，反而可以降低调查的敏感度，让被调查者更安心地配合调查，更有利于调查工作的开展。

5. 不能打着调查的幌子从事其他活动

一些电话营销者喜欢采用打幌子的方式，他们一开始说是在开展一项调查活动，但实际上是在推销商品或其他服务，这是一种欺骗行为。不能打着社会调查的幌子从事商业推销等活动。

二、客户的伦理规约

1. 与调查提供者诚实合作

客户又称委托方，在与调查提供者合作过程中应该注意不要窃取对方的智力成果。市场调查实践过程中往往存在如下涉嫌窃取对方智力成果的做法：一是客户佯装要购买一份调查报告，但他要求先看一下调查报告，可等你把报告送给他看的时候，他在了解了报告的主要结果后却又以各种借口拒绝购买；二是在开展一项调查之前，有的客户要求调查提供者在投标书中将详细的调研方案展示出来，然后他们自己组织一些员工按照对方提供的调研方案展开调查。

上述做法涉嫌欺骗，是一种偷窃行为，违背了商业伦理规范。一方面，客户应该加强自我伦理约束；另一方面，调查提供方应该注意防范这种欺骗，明确拒绝对方的上述不合理要求，仅承诺在签订合同、预付款项之后才会提供调查报告或调研方案。

2. 不要滥用调研信息

有时候调查报告可以全部或部分在大众媒体上刊发，但刊发调查结果需要注意内容的完整性，不要误导读者。故意略去某些关键资料，这样的报道是不完整的，对公众来讲也是不公正的，因为这样的报道往往会误导公众的认识。不要利用调查数据做令人误解的报道，令人误解的报道是对事实的背叛，也是对公众的欺骗。

营销部门人员试图索取市场调查过程中收集到的用户个人资料，以便在日后的市场营销过程中直接联系相关用户。这种做法也是不对的，会造成被调查者信息的泄露，对他们的正常生活和工作造成干扰。市场调查委托方应该避免这种不良企图和冲动，防止滥用调研信息。

三、被调查者的伦理问题

1. 相关义务

被调查者个人也应该讲究伦理规约，从道德上讲，如果被调查者同意接受调查，那么他就有义务诚实回答问题。被调查者同意参加调查活动，却又以不负责任的态度敷衍调查，提供虚假答案，从伦理上来讲是不妥当的。

　　其实，说谎是容易留下漏洞的，接受调查时说假话也容易被发现。问卷设计中经常设置陷阱题，敷衍答题很容易掉进陷阱。问卷里面的一些问题具有逻辑关系，如果撒谎就很容易出现前后矛盾的现象。调查工作者总结出很多辨识谎言的方法，对付撒谎者还是很有一套的。小说《三体》中，史强说他的工作偏重于防骗和揭穿骗局，他介绍了一个"最稳"的审讯技巧"拉单子"，"拉单子，就是把与案子有关的问题列成一个单子，单子上的问题越多越好，八竿子刚打着的全列上，把关键要问的混在其中，然后一条一条地问，记下审讯对象的回答，然后再从头问一遍，也记下回答，必要时可以问很多遍，最后对照这几次的记录，如果对象说假话，那相应的问题每次回答是有出入的。你别看这办法简单，没有经过反侦查训练的人基本上过不了关，对付拉单子，最可靠的办法就是保持沉默"①。作问卷调查虽然通常不用"拉单子"，但"拉单子"的技巧还是可以被借鉴的。

　　此外需要注意的是，根据《中华人民共和国统计法》的规定，对于各级人民政府、县级以上人民政府统计机构和有关部门组织实施的统计活动，被调查者接受调查是一种应尽的义务，不接受调查或者不如实提供调查资料甚至会超越伦理范畴，成为一种违法行为。

　　根据《中华人民共和国统计法》第41条，作为统计调查对象的国家机关、企业事业单位或者其他组织的下列行为均属于违法行为：(1)拒绝提供统计资料或者经催报后仍未按时提供统计资料的；(2)提供不真实或者不完整的统计资料的；(3)拒绝答复或者不如实答复统计检查查询书的；(4)拒绝、阻碍统计调查、统计检查的；(5)转移、隐匿、篡改、毁弃或者拒绝提供原始记录和凭证、统计台账、统计调查表及其他相关证明和资料的。此条还明确规定了处罚措施：企业事业单位或者其他组织有前款所列行为之一的，可以并处五万元以下的罚款；情节严重的，并处五万元以上二十万元以下的罚款。个体工商户有本条第一款所列行为之一的，由县级以上人民政府统计机构责令改正，给予警告，可以并处一万元以下的罚款。

　　2. 相关权利

　　对于一般调查活动来讲，任何被调查者均有以下权利：

　　(1)拒绝参加调查的权利；

　　(2)拒绝回答部分敏感问题的权利；

---

　　① 刘慈欣：《三体Ⅱ：黑暗森林》，重庆：重庆出版社2008年版，第55~56页。

（3）了解调查目的的权利；

（4）个人信息不被泄露的权利。

在不妨碍被调查者正常工作和生活的前提下，通常我们希望和欢迎被调查者能够以更加开放的态度参与调查活动。

四、伦理困境案例讨论

（1）某调查人员受一家养老机构委托，开展了员工意见调查。调查报告中员工对一些调查问题的负面倾向答案给予了很高的选择比例，这表明员工认为这家单位日常管理工作中存在比较多的问题。调查结果令这家养老机构负责人非常恼火，他为此召开中层干部会议，严厉批评了问卷调查中干部职工没有把调查结果做到令人满意的程度。

请问你对此有什么看法，你如何评价这一事件？

（2）假如你是一家化妆品公司市场部的调研人员，经理要求你主持一项市场调查。为了增强调查结果的客观性，经理建议调研人员对被调查者谎称自己是一家高校调查所的工作人员。

这种做法是否违背了职业伦理？为什么？遇到这种情况，你会怎样做？

（3）市场调研发现，很多顾客认为你公司广告宣传中倡导的产品使用方法不正确，其主要问题在于广告诱导顾客每次增加了不必要的产品使用量，多花费了钱财，但并无益处。你公司近期新制作的广告并没有意识到这一问题，仍在倡导顾客认为不正确的做法。

你觉得应该如何解决这个问题？

第三章

调查选题与方案

你必须在学术工作中学会运用你的生命体验，并坚持不懈地加以审视和解释。

——C. 赖特·米尔斯

每一种研究方法都有优点和缺点，而不同的研究方法获得或部分地获得不同的研究结果，所以，最好在研究设计中使用一种以上的研究方法。

——艾尔·巴比

第一节　确立调查选题

一、选题的重要性

从事调查研究工作的首要环节是选择确立题目，选对了题目等于成功了一半，题目选不好事倍功半，调查研究很难凸显意义，很难成功。

选题决定了调查的方向，体现着调查的水平，制约着调查的过程，决定了调查的意义和质量。我们应该高度重视选题，确立有价值、有意义、可操作的调查研究题目。

我们在选题的确立和研究过程中，要多问自己一些问题。以下列出一些思索点，有助于培养研究的感觉：

(1)研究题目是否为日常生活里可以见到的现象？

(2)这样的日常现象有什么特征？

(3)为什么某些地方有这种现象，某些地方却没有？

(4)这些现象是社区所需要的现象吗？

(5)为什么某些人以某种方式解决问题，某些人却不是？

(6)某些人如何思考这些现象？其他人呢？

(7)解决现象所揭示问题的方法，是否符合某些人的期待？那其他人呢？

(8)解决现象所揭示问题的方法，是否真正具有效果？

(9)解决现象所揭示问题的方法，如果没有效果，如何改进呢？①

二、选题的标准

调查选题的确定要结合自己的兴趣，题目要有意义，可操作，这样的选题做起来才有劲头，有动力。

1. 价值

调查选题的价值包括理论价值和应用价值，我们要选择有价值的题目。做调查研究耗费精力财力，没有价值的题目我们当然没有必要做。

选题可以追求理论价值，或者可以体现理论追求的意识。研究课题提出了新的理论模式，提出并验证新的理论概念、新的因果关系、新的过程和机制，这种理论价值的实现是很难的。对已有理论假设首次进行实证检验，验证或证伪理论假设，发现假设成立的附加条件，这也是具有理论贡献的。用已有理论或概念来描述、解释或预测新事件、新问题，对已有的理论加以修正，用修正后的理论来论证、阐释新的观点体系，这种理论价值的实现是相对容易做到的。

选题的应用价值主要是指选题的调查研究能够为实际工作提供新的数据与发现，能够给人带来启迪，提供的建议方法可行、有效、可操作。

"社会转型与职业流动的调查研究"选题的理论价值更加明显，"当前我国的吸毒现象及其防治对策研究"的应用价值更加明显。

通常我们应当在确立选题阶段论证选题的价值，比如针对"政务新媒体传播内容及融合表达研究"选题，我们可以这样描述其理论价值与应用价值：

1. 学术价值

(1)媒体融合视角。本课题基于李奇·高登对媒体融合的分类，认为政务新媒体内容建设应当加强信息采集的融合以及故事叙述呈现的融合，本课题的研究有助于推动学界从媒体融合理论视角关注和加强研究

---

① 牛隆光：《如何从事社会科学研究：新闻传播面向的探讨》，台北：唐山出版社2010年版，第57~58页。

政务新媒体内容建设及融合表达问题。

（2）学术创新意义。政务新媒体内容建设及融合应用问题是媒体融合研究的重要议题，也是媒体融合的一个落脚点。本课题将以媒体融合理论为引领，同时基于中国政务媒体发展现状，研究媒体融合理论如何指导政务新媒体内容建设，优化政务新媒体内容呈现效果，具有学术创新意义和理论价值。

2. 应用价值

（1）政府宣传层面的价值。加强和创新政务新媒体内容建设，推动媒体融合发展，是巩固宣传思想文化阵地、壮大主流思想舆论的重要举措。政务新媒体在社会舆论引导、政策传播、政策解读等方面发挥重要作用，需要政务新媒体内容建设方面的学理研究，本研究可以为加强和促进政务新媒体内容建设、推进政务新媒体融合发展提供智力支持。

（2）行业发展层面的价值。本课题的研究致力于推动政务新媒体新闻实践创新发展，建立融合新闻生产创新发展机制。相关研究成果可以直接运用于政务新媒体内容生产，为政务新媒体融合实践提供参考和指导，有利于增强主流声音，提升舆论引导力，应用价值明显。

2. 创新

选题应该具有创新性。一个调查选题没有创新性，你不去做调查大家都知道是怎么回事，你做了调查也不能获得什么新的数据结论，这样的调查题目当然没有必要立项。

具有创新性的选题，读者看了会眼前为之一亮，产生"我也想看看调查结果是怎样的"念头。没有创新性的选题，人们看了也提不起精神。

创新体现在调查对象、调查内容和调查方法上。同样的调查研究主题，你的调查对象与以前的研究有所区别，你的调查内容有新的调整，你采用的调查方法另辟蹊径，这都是创新。

3. 可操作

选题能否最终确立，还必须考虑可行性。再有价值的题目，如果不可操作，我们也只能放弃。

选题的调查研究受到主观因素和客观因素的诸多限制。一位年轻的男大学生想要调查研究"离婚妇女的心理冲突与调适"，可能会受到主观因素的限制，执行起来可能比较困难。一个选题的调查研究必然会受到经费、时间及人力支持等客观因素的影响，如果这些客观条件制约了调查研究的执行，使得调查研究不可操作，我们也只能放弃这样的选题。

我们需要找到适宜的题目，既要评估题目的理论价值、应用价值与创新性，也要考虑自己的研究兴趣、对选题内容的熟悉程度、与被调查者的相近程度，考虑选题的可操作性，这才是恰当的选题策略。

下面提供一些调查选题，请看看这些选题的价值、创新性和可操作性：

自然灾害新闻报道及收受调查

网络自制剧用户收视调查

微信公众号使用情况调查

医疗卫生新闻收受调查

视频网站收费用户意见调查

本年央视春晚收视调查

环境新闻传播公众意见调查

视频网站前贴片广告用户调查

法治新闻报道用户意见调查

本地信息收受与报纸裁撤网络版调查

移动社交媒体使用情况调查

灾难报道中的伦理期盼调查

大气污染治理中的媒体力量调查

新闻记者使用新媒体规范调查

马航客机失联新闻收受调查

春节期间公众使用媒体概况调查

互联网电视用户使用情况及意见调查

融合报道用户意见调查

《爸爸去哪儿》节目受众调查

新媒体时代热播电视剧收视情况调查

校园欺凌与网络传播公众意见调查

教育新闻公众意见调查

长江沉船事件新闻收受调查

明星真人秀节目收受情况调查

全国两会新闻报道收受情况调查；

影视作品植入广告的受众态度调查

移动互联网时代的手机用户调查

网络谣言的传播及规避调查

方言节目收受情况调查

明星丑闻与媒体传播调查

三、选题的途径

选题其实是件很辛苦的事情，无论是做记者、写文章还是做调查研究，很多时候我们其实都在为选题而愁苦。找到了好的选题，那真是一件幸事。

选题的途径主要有三个方面，一是从现实社会生活中寻找，二是从个人经历中寻找，三是从现有文献中寻找。

现实社会生活是选题永不枯竭的源泉，现实社会生活中有层出不穷的问题，这些问题就是我们从事社会调查研究应该着重用力的地方。我们应该密切关注现实社会生活，不可与之脱节，唯有如此，我们的调查研究才能保持活力。

在个人经历中寻找选题也很有实际意义。因为选题最终还是要落实到个人层面，那些给我们个人留下深刻体验，让我们个人感到困惑的问题，也极有可能是人们普遍关心的问题。这种情况下，调查选题向内寻求就是一种不错的方法。

马克·克纳普针对长时间维度下的人际传播提出的关系模型研究，是一个很好的例子。克纳普关系模型将关系维持分为聚、散两个部分。聚对应关系升级阶段，依次包括起始、实验、加强、整合、键合5个阶段；散对应关系恶化阶段，依次包括区分、限制、停滞、避免、终结5个阶段。

马克·克纳普的这个研究选题来自个人生活经历，克纳普经历了一场离婚大战，总结出了这个人际关系升级和恶化的模型，多么痛的领悟！现在结合一对恋人的人际关系发展来理解克纳普关系模型，就容易得多了——首先，他们进入"起始"状态，开始谈恋爱了。由于还不太熟悉，要在"实验"试探中摸索彼此的脾气秉性。双方的关系不断"加强"，进入"你中有我，我中有你"的"整合"阶段。关系升级的最后阶段使得两个人就像一个化学分子里的两个原子被化学键绑定一样，即处于"键合"的状态，非常牢固。而如果他们的感情开始恶化，双方会将自己和对方"区分"开来，伴侣之间的很多事情开始受到"限制"，比如一方不再陪着另一方参加活动。双方的感情渐渐进入"停滞"状态，以致彼此"避免"与对方的接触，最后这场感情也就

"终结"了。①

此外，还要广泛阅读图书、专业期刊，收听广播，收看电视，关注网络新媒体资讯，从中寻找选题灵感。我们从事社会科学研究工作，很多时候都要强调阅读文献的重要性。阅读是研究的前提，没有足够的阅读，就没有社会科学的研究。阅读为我们提供了选题的启发，也为我们的研究提供了材料和营养。

四、调查课题明确化

要将原本有些模糊的想法变成清晰的调查题目，明白无误地写下来，确定下来。调查的题目要具体，不要大而不当。"我国社会问题调查研究"题目太大，很笼统，不够具体。关于社会调查题目或论文题目的表述，需要注意以下几点：

（1）题目的表述或写作要认真，要钻研题目的措辞。从题目的确立开始就要有写作意识，就要有高度的认真精神，不要让人一看题目就烦躁，觉得你根本就没下功夫。

洛克菲勒基金会提供了一笔资助战争宣传研究的资金（1940—1943），有传播学四大先驱之首称号的哈罗德·拉斯韦尔终于得以启动他一直设想的"世界注意结构调查"，对战时世界主要报纸进行复杂的内容分析。在这次调查中，拉斯韦尔用"注意"替代了《世界大战中的宣传技巧》中的"暗示"。他认为"暗示"过于主观，而且含义比较模糊，他倾向于用"注意的可能性""注意导向"等措辞来取代"暗示"的表达。②

（2）题目的措辞要有学术性，不要打官腔，或者看起来就不像个好标题。标题要有清晰的论述对象，体现出问题意识，要有观点自信。题目的表述要清新大方，有内涵、有风度。要给你的调查或论文起个好名字，写个好的题目。

（3）题目是对选题的文字表述，好的题目通常要包含研究对象、明确的研究问题、专业价值点等要素。

---

① Knapp M L, Vangelisti A L, Caughlin J P. *Interpersonal Communication & Human Relationships*. New York：Pearson Higher Education，2014. 参见牟怡：《传播的进化：人工智能将如何重塑人类的交流》，北京：清华大学出版社 2017 年版，第 26~27 页。

② 刘海龙：《重访灰色地带：传播研究史的书写与记忆》，北京：北京大学出版社 2015 年版，第 32 页。

如《学生评教的"廉价投票权"问题及治理》①，研究对象是"学生评教"，研究问题是"廉价投票权"问题，具体而又明确，专业价值点是"治理"（探寻治理的方法），很有意义。好的题目让人看了拍脑门："嗨，这么好的题目我怎么就没想到呢？这件事情我也很熟悉，可是没有想到研究它。"学生评教的"廉价投票权"问题就在我们身边，它是从实践中发现的好题目，我们却没有"新闻敏感"，错失了这样的好题目。

《乌有之猫："云吸猫"迷群的认同与幻想》是浙江大学硕士学位论文，表述很有个性，选题比较特别，也有一定意义，受到关注。但有的论文题目却遭到了吐槽，请读者诸君看看这篇如何：《中国传统文化对蟋蟀身体与战斗力关系的认识》（《自然辩证法通讯》2018 年 10 月）。

第二节 构筑研究假设

一、什么是研究假设

研究假设是指对未知社会现象或社会现象间的关系所作的假定结论或设想，需要在后期的调查研究过程中检验假设是否成立。如"经常玩电子游戏的学生成绩会更差"是一个研究假设，这个假设是否成立，需要在后续的调查研究中来检验。带有学术研究色彩的调查项目，为了深入探究原因、关系，通常必须事先确定研究假设。

日本市场调查资深从业者石井荣造强调了"构筑假说的重要性"，石井荣造认为可以把假说看成"调研结果的预测"。调研者应该首先认真倾听委托方的诉说，然后对问题原因作出设想，这些设想即为初期假说。为了让假说更确切，调研者还要运用原有资料加以研究确认，分条罗列假说，并与委托方进一步讨论，"最后整理出可以体现调查问卷内容（问题）的假说"。②

实际操作中，应用性调查课题主要是为了了解一些情况，而不是做更深入的研究，经常会省略研究假设。但从石井荣造的经验来看，即便对于应用性很强的市场调查来讲，研究假设的构筑也有积极的意义。构筑研究假设有利于调查方案和调查问卷的设计，它能够让后续工作具有更加明确的方向，

---

① 参见《高教探索》2015 年第 8 期，作者为王玉刚、柳兴国、安强身。

② ［日］石井荣造：《市场调研》，陈晶晶译，北京：科学出版社 2006 年版，第 28 页。

它成了调查工作的灵魂和主帅。调研者即使不将假设一一列在纸上，也要在心中思考清楚。

二、应该满足的要求

研究假设主要通过实践经验、初步探索、文献资料研究等途径来获取，调查研究者自行作出判断，加以描述。研究假设应该满足以下的要求：

1. 能够由经验事实来检验

研究假设必须能够由经验事实来检验，"人们喜欢智能手机是由上天决定的"这样的说法不能通过经验事实来检验，无法成为社会科学意义上的研究假设。

2. 研究假设必须以明确的概念为基础

"社交媒体的使用导致了朋友之间关系的淡漠"中的概念包括"社交媒体使用""朋友关系"，如果没有这样的明确概念，研究假设就没有办法经由概念转化成变量，就会变得无法测量，无法通过调查来收集相关数据，也就无法来验证其是否成立。

3. 必须具有有效的测量技术来完成对假设的检验

提出的研究假设必须具有有效的测量技术来完成检验，否则研究假设也就成了"无头案"，无法验证其是否成立，失去了实际意义。比如，在很多量化研究中，人们通过问卷调查来获取相关数据，借助统计分析完成检验，这里的问卷调查、统计分析就是有效的测量技术。

三、常用陈述形式

1. 条件式陈述

条件式陈述的格式是"如果 A，那么 B"，例如"如果儿童频繁接触智能手机，那么其学习成绩则会比较差"。

2. 差异式陈述

差异式陈述的格式是"A 与 B 在变量 Y 上有（无）显著差异"，例如"男性与女性在是否喜欢韩剧方面具有显著差异"。

四、概念操作化

测量的一个关键环节是概念的操作化。概念是抽象的，概念的操作化就是降低概念的抽象层次，使之具体化，便于理解和把握，能够被测量。研究假设是以明确的概念为基础所做的陈述，下面以研究假设为例，阐释概念操作化的原理方法。测量的过程必然面临概念的操作化问题，研究假设的概念操作化如此，其他测量的概念操作化也是如此，下面集中论述之。

研究假设是一句表示判断的陈述句，检验研究假设的操作路径是先将研究假设陈述拆分成概念，然后将概念转化成变量，通过社会调查完成对变量的测量，获取数据，进而最终完成对研究假设的检验。

操作化的核心是将陈述或命题变成变量，因为研究假设只是一句话，无法来直接检验，社会调查或测量针对的是变量，调查的过程是对变量赋值的过程，将陈述或命题变成变量，测量才能真正操作。

对于"社交媒体的使用导致了朋友之间关系的淡漠"这个研究假设，我们将其推演到变量的过程如下：

（1）将陈述拆分成概念。

我们从研究假设这个陈述中解析出两个概念，即"社交媒体使用"和"人际关系"。

（2）将概念转化成变量。

"社交媒体使用"概念对应的变量包括：一个小时内查看微信的次数、每天浏览微信时间、每天发朋友圈的数量、发公众号文章的篇数、每天与微信好友聊天的时长。

"人际关系"概念对应的变量包括：每月与朋友联系的次数、每月与朋友见面的次数、每月与父母见面的次数、亲人对被调查者生活表现的评价。

这些变量对应的是问卷中的具体问题，可以通过调查来获取具体的数据，有了数据就可以统计分析，可以完成测量，可以对假设做出检验和最终的判断。

第三节　调查方案设计

调查方案设计是指对调查工作的各个方面进行通盘考虑和安排，提出相应的实施方案，制定合理的工作程序，让工作人员按照调查方案的指导或要求，协调、有序地开展调查工作。

调查活动的开展需要我们将实际情况与理性思考结合起来，化解难题，找到具体路径，通过环环相扣的操作来获得最终的调查结果。生物学课堂上传授的种群密度调查方法就很好地说明了这个道理。种群密度调查需要掌握特定区域的种群个体总数，但这在操作中有时是很难直接实现的。像老鼠这样的动物活动范围广，活动能力强，我们很难将特定区域的老鼠全捕获到，然后数数。这种情况下，可采用标记重捕法调查种群密度。在特定区域捕获一部分动物个体，做上标记后放归，过一段时间后重捕，计算重捕到的动物中有标记个体数的占比，估算种群密度。采用这种方法，需要考虑一个计算公式：初次捕获并标记个体数(M)/个体总数(N)=重捕到的标记个体数(m)/重捕到的个体总数(n)。这个公式是调查者的理性思考，它反映了这项调查的原理。这个公式变形为 $N=Mn/m$，让我们得以计算出调查区域里的种群个体总数(N)，掌握种群密度的数值。

调查蒲公英的种群密度却不能采用这种方法。老鼠活动范围大，活动能力强，为了增强调查的可行性，我们采用标记重捕法；而蒲公英长在地上，自己不会移动，应当采用样方法调查。随机选取若干样方，计算每个样方中蒲公英的个体数，求得每个样方的蒲公英种群密度值，最后对所有样方的种群密度值取平均数，作为更加可靠的调查结果。由以上例子可见，我们在设计调查方案的时候应该考虑具体因素、实际情况，作出调整。

调查方案的设计需要遵循以下原则：

(1)科学性原则。要熟练掌握调查方法，运用专业的调查方法知识来指导调查方案的设计。如果你要对总体的有关参数做估计，那么你就应该选用概率抽样的方法，否则你的抽样设计就是不科学的。

(2)可行性原则。在设计调查方案的时候，需要考虑方案的可行性。调查方案中的内容设计得很"高级"，但是操作起来却有很大的难度，甚至执行不下去，这就是没有遵循可行性原则的表现。

(3)有效性原则。在一定的调查经费的制约下，调查结果的精度应当满足研究目的的需求。不能为了容易操作，而彻底放弃了对调查结果精度的要求。在设计调查方案的时候，应该综合考虑"可行性原则"和"有效性原则"，使调查方案达到一个平衡。

调查方案的设计需要用明确的文字将方案内容描述出来，使其成为一个纲领性文件，用于指导社会调查研究活动的开展，便于团队成员分享调查方案内容，形成共识，减少行动的盲目性，增强调查活动的执行力，提升工作效率。

调查方案撰写时可以安排一个引言，对调研项目做一简要介绍，引出下文。引言部分也可省略。调查方案的写作，要明确和交代调研目的，即通过本次调查要实现什么样的具体目标，解决哪些具体问题；描述成果形式，对调研结束后提供的成果形式做出承诺；说明调研方法，对抽样设计、问卷设计和具体的调查方法做出明确描述；列出调研进度计划、费用预算等。在具体撰写调查方案的时候，可以灵活安排结构，做出适当调整。

一、明确调查目标

明确通过调查获取哪些资料数据，解决什么问题，实现什么目的：是大致了解情况，还是为了验证假设，寻求两个变量之间的关系。

明确调查结果的用途：是用于学术研究，还是为企业决策提供依据。

以一项公交车载电视受众调查项目为例，该研究确定的调查目标是：了解受众基本情况，反馈车载电视收视效果，为运营公交车载电视的传媒公司发展战略定位提供可靠依据。

二、确定调查方法

调查的方法有很多，如入户调查、街头拦截调查、电话调查、邮寄问卷调查、开座谈会、文献研究等。采用不同的调查方法，很有可能会得到不尽相同的数据资料，调查质量效果也可能出现很大差别。应该选择符合研究课题需要的调查方法，选择最为有效、恰当的调查方法。在公交车载电视受众调查案例中，确定的调查方法是抽样问卷调查。

三、确定调查对象

调查对象即询问的对象、被调查者，确定调查对象是要解决"调查谁"的问题。需要明确调查的总体或范围，采用恰当的抽样方案，从总体中抽样，最终确定具体的被调查者。

在公交车载电视受众调查案例中，我们这样确定调查对象：所有公交车乘客构成本次调查的总体或范围，采用抽样方法确定 631 名乘客作为调查对象。

四、确定测量技术

对受访者态度的测量涉及许多测量技术问题，在设计调查方案时，应当对测量技术予以确定和描述，比如明确是否需要量表，是否需要投影测验等技术。

五、确定调查时间

确定调查时间主要包括两个方面，一是确定调查的日期范围，二是确定一天里面的具体时间点或时段范围。

调查在什么时间进行，需要多长时间完成，这些问题应当在调查方案设计的时候予以考虑。对公交车乘客做调查，你总不能选择在深夜公交车停运的时候吧。那么，你还应该考虑从周一到周日，从早上到晚上，选择哪些时间段更有代表性、更合适的问题。

六、调查经费预算

没有经费支持，就没有办法进行调查，调查的经费决定了调查的精度。在科学确定调查方案的时候，应对经费的使用做出既切合实际情况，又能够满足调查精度要求的经费预算方案。

经费预算通常包括下列细分项目的费用：调查方案设计费；抽样费用；问卷设计费；问卷印刷费；调查人员培训费；调查问卷数据审核、编码、录入费；统计分析费；调查报告撰写费；调查人员劳务费；督导人员劳务费；交通与通信费。

也可以用每份问卷的费用乘以问卷数量，来预算经费总额。

七、制订组织计划

制订调查实施过程中的具体工作计划，协调好调查过程中的各个环节、各个部门之间的关系。

第四章
测　　量

我们对世界的理解取决于我们如何测量世界。我们的理解反过来又决定了我们的选票、行动和态度。

——赫克托·麦克唐纳

民意调查和测量实际上很有用处。

——苏珊·赫布斯特

第一节　认识测量

一、测量的故事

测量是什么？测量似乎是个比较抽象的概念，但其实我们在生活中经常与它打交道。比如量身高、称体重、测体温等，这些都是我们司空见惯的测量现象。

在家里给孩子测量身高是很多家长爱做的事情，经常会用到米尺、墙壁和三角板。测量的方法是让孩子靠近墙壁站好，拿三角板紧贴墙壁压到孩子的头部，在墙壁上做一个标记，然后用米尺量一下地板到这个标记的高度，用它来代表孩子的身高。在这个测量的过程中，家长选择的测量工具以及采用的测量方法都是可靠的，获得的结果是符合期望的。想一想，我们很多人小时候被家长测量过身高。

尼葛洛庞帝在他那本号称影响了千百万人的互联网启蒙经典著作《数字化生存》中，记载了自己小时候被家长测量身高的情况："当我还是个小男孩时，我的母亲有个家用壁橱，壁橱后面有一堵'秘墙'。这个秘密其实没什么大不了的：墙面上有许多小心刻画的铅笔痕迹，代表我定期测量的身高。所有的铅笔线旁边都尽责地标注了日期，有些线靠得很近，因为那段时间身高测得比较频繁；有些线隔得很远，很可能因为那年夏天，我们外出度假了。"①是的，这就是测量。我们刚开始学习物理学的时候，就要学习这种测量——物理学本身就是一门以测量为基础的学科。但是有的测量未必是很容易的事情，比如测量金字塔的高度，测量地球的半径。

欧几里得是古希腊数学家、几何之父，那个时候的人们觉得金字塔太高大了，要想测量金字塔的高度，简直比登天还难。欧几里得却说，这有什么难的呢? 当你的影子跟你的身体一样长的时候，你去量一下金字塔的影子有多长，那长度便等于金字塔的高度。

1979 年《美国物理学杂志》发表了 Dennis Rawlins 的文章《怎样使用表和米尺来测量地球的大小》，介绍了一个简易测量地球半径的方法，让人脑洞大开，也挺有趣(图 4-1)——当你躺在海滩上看到太阳落下，消失在平静的海面时，马上站起来，会再一次看到太阳落下。如果能测量出这两次太阳落下的时间差，你就可以计算出地球的半径。比如你身高是 1.7 米，两次看到太阳落下的时间差是 11.1 秒，通过计算可以得到地球的半径是 5.22×10^6 米，这个测量结果的误差在 20% 以内(公认的地球平均半径是 6.37×10^6 米)。

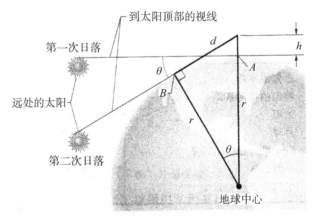

图 4-1　测量地球半径的简易方法②

① ［美］尼古拉·尼葛洛庞帝:《数字化生存》，胡泳、范海燕译，北京:电子工业出版社 2017 年版，第 93 页。

② 身高 h = 1.70，θ 是太阳相对地球在 11.1 秒中转过的角度，经计算 θ = 0.04625°，经推导可得地球的半径 r=2h/tan²θ，代入相关数据即可计算出结果。tanθ 即角 θ 的正切值，是指在直角三角形中角 θ 的对边与邻边的比值。具体计算方法参见［美］哈里德、瑞斯尼克、沃克:《物理学基础》，张三慧、李椿等译，北京:机械工业出版社 2005 年版，第 3、9 页。

浪漫的爱情也可以测量。美国著名心理学家齐克·鲁宾在密歇根大学读研究生的时候，就对爱情的测量方法产生了浓厚兴趣。后来，这位浪漫的年轻研究人员创制了世界上第一个爱情量表，也就是著名的"鲁宾爱情量表"，用以测量人们对恋人爱得有多深。直到今天，"鲁宾爱情量表"仍是测量人们对恋人感情的有效工具，很多社会心理学家都会用它。① 你如果感兴趣，不妨也找来测量一下自己的爱情状况。

社会调查研究领域的测量到底是怎样呢？让我们一起来更加全面系统地认识测量吧！

二、测量的内涵

测量是指对所确定的研究内容或调查指标进行有效的观测与量度，根据一定的规则将数字或符号分派于研究对象的特征之上，从而使社会现象数量化或类型化。

"测量"与"调查"是一个事物的两个方面，"测量"提供了"调查"所需的理论基础和技术指导，"调查"的过程也正是"测量"的过程。

测量应该追求信度和效度，测量应当可信、有效。

1. 信度

信度即测量的可信程度，是指重复测量时所得结果的一致程度，信度反映了测量的可靠性、测量结果的稳定性。找一台体重秤来测量体重，如果每称一次结果都相差很远，那么这台体重秤就很不值得信赖，不可靠，它的信度就很低；如果称了好几次，结果都是一样的，那么这台体重秤的信度就很高，是可以放心使用的。

信度通常用相关系数 r 来表示，可以根据两次测量的结果来计算相关系数，采用这种方法计算出来的相关系数又叫再测信度。通常来讲，信度系数应该达到或超过 0.8。信度系数达到 0.8，测量就被认为是基本可信的。

2. 效度

效度即测量的有效程度，它用于表征测量结果能否正确反映测量内容，以及能够在多大程度上正确反映测量内容。拿一份高等数学试卷来测量人们的情商，这种测量就没有效度。情商很高的人，可能并不擅长高等数学，得

---

① 齐克·鲁宾(Zick Rubin)的研究成果《浪漫爱情的测量》发表在《人格与社会心理学》1970 年第 16 期。参阅[美]莉尔·朗兹：《如何让你爱的人爱上你》，毛燕鸿译，北京：新世界出版社 2011 年版，第 39 页。

分可能会很低。你用一份高等数学试卷来测试,反映的应该是被测试者的数学水平高低,而无法有效测量出人们的情商高低。

三、变量与变量的值

调查的过程就是测量的过程,提出问题和回答问题的过程就是测量的过程,而测量的过程实质是对变量赋值的过程。

问题对应的是变量——对问题的回答是不确定的,每个被调查者对于问题的答案都可能是变化的。

答案对应的是变量的值——被调查者在回答问题时一旦选择了某个答案,也就固定了一个数值,这是对变量的一次赋值。所有被调查者对这个问题的回答就构成了该问题对应变量的全部取值。

先看一个例子,这是问卷中的一道题目:

以上星期为例,您平均每天花多少时间接触公交车载电视?(请选一项打"√")

1□ 基本不接触　　　　　　　　2□ 少于 30 分钟

3□ 31~60 分钟　　　　　　　　4□ 1~2 小时

5□ 2~3 小时　　　　　　　　　6□ 3 小时以上

对于这个例子而言,变量对应的是问题,可以简化为"公交车载电视接触时间"。变量的取值对应的是答案,对应的是备选项,该变量的取值主要包括:1(基本不接触),2(少于 30 分钟),3(31~60 分钟),4(1~2 小时),5(2~3 小时),6(3 小时以上)。如果被调查者漏答了这道题目,我们可以规定用另外一个取值 9 来表示。这样一来,该变量的取值范围则为 1、2、3、4、5、6、9。

变量可以分成离散变量和连续变量。(1)离散变量:取值范围是一组有限的数值,这些数值不能再分割,它们表现为一系列不连续的点。例如家庭人口数就属于离散变量。(2)连续变量:取值可以是一定数值范围内的任何一个数值,而且任何两个数值之间的任何数值都是有意义的。例如身高、时间、重量、收入等都属于连续变量。

四、测量的要素

1. 测量的客体

测量的客体对应的是"测量谁",是指测量的对象,即人类社会生活中存在的事物，可以是个人，也可以是组织、群体。测量的客体具有特定的属性或特征，它是测量的内容的承载者。

社会调查中经常针对人展开测量，而组织与群体的构成也是人，所以即便是对组织与群体的测量最终还是要落实到人，测量的过程还是要与人打交道。这是社会调查领域测量的固有特点。我们需要注意人作为测量客体所具备的特殊性。每个人在社会生活中均占据一定的社会地位，扮演不同的社会角色，所谓"人生如戏"一点都不假。人人都是表演者，而表演意味着掩饰。"表演者往往会隐瞒那些与他的理想自我及理想化表演不一致的活动、事实和动机。此外，表演者还会促使观众相信，他是以一种非常理想的方式与他们相联系的，而实际却并非如此。"①我们应该时刻对此保持必要的警醒，不要盲目相信表演者的外在表演，要善于看穿表演者的演技，努力寻找其内在的真实状态。

2. 测量的内容

测量的内容对应的是"测量什么"，是指测量客体的属性或特征，如性别、年龄、教育程度、职业、收入、家庭人口数量、态度等。

事物属性、特征的选择，直接关系到测量结果的价值及可利用程度。不能用对事物单方面属性的测量结果来以偏概全。

3. 测量的工具

测量工具对应的是"用什么测量""怎么测量"，是指分配数字或符号的规则程序，具体的测量工具包括问卷、量表、观察表甚至仪器等。

测量工具必须能够正确代表所要反映的社会事实，社会事实与测量工具之间的关系越是一致，所得结果就越符合期望。比如用米尺测量人的身高是妥当的，米尺这个工具在正确测量身高方面是没有问题的，有很高的信度和效度。如果采用橡皮筋来测量人的身高就会出现问题，可能这一次的测量数值很高，下一次的测量数值很低，让人很难信赖，信度和效度都无法令人满意。所以说测量工具是很重要的，测量的过程中分配数字或符号的法则是非常关键的，它直接关系到测量结果是否可靠，是否值得信赖。

4. 测量的结果

测量的结果对应的是"如何表示"，测量的结果主要表现为数字或符号。很多测量结果是用数字表示的，如身高、收入、年龄、家庭人口数等

———————————

① ［美］欧文·戈夫曼：《日常生活中的自我呈现》，冯钢译，北京：北京大学出版社 2008 年版，第 39 页。

可以用具体的数字来表示。我们在统计分析的时候主要是对数字进行运算。

也有很多测量结果是用文字符号来表示的，如调查问卷中性别选择用"男""女"表示，满意程度用"满意""比较满意""不太满意""不满意"表示，婚姻状况用"未婚""已婚""离异""丧偶"等文字符号来表示。不过，用符号来表示的这些结果通常还要用数字来代表它们，如用"1"代表"男"，用"2"代表"女"，等等。只不过这样的数字主要是作为代号来使用，可以做频数统计，但未必能够真像算数中的数字那样进行所有的数学计算。

对测量的结果即数字或符号的理解主要包括两个方面：

（1）把测量中的一个数字或符号当作某个事物特征的代表。

例如，下列题目中 1 代表"非常痛心，希望减少这种现象"，2 代表"对我没什么触动，无所谓"，3 代表"看热闹，当作娱乐"。

看了校园欺凌的信息，您有什么感受？（单选）
1□ 非常痛心，希望减少这种现象
2□ 对我没什么触动，无所谓
3□ 看热闹，当作娱乐

再如，下列题目中以 26（周岁）代表一个人的年龄。

您的年龄_____周岁（请在横线上填写阿拉伯数字）。

（2）将词语置于数字表达式之下，对数字表达式所呈现出来的数字系统进行意义区分，将意义数量化。

用数字表达式来表示一个测量结果，是最好的表达方式。数字表达式有它的唯一性和确切性，它不会产生歧义，有利于规范理解。

调查问卷设计中通常不要问对方是儿童、少年、青年、中年还是老年，而是应该让对方填写具体年龄数字，或者给出年龄数字段让对方选择，因为很有可能大家对从儿童到老年年龄段的界定标准并不一致。也许大家觉得判断一个人属于青年还是中年，应该没什么问题，可实际测量起来每个人的理解就会有区别，每个人依据的标准也很有可能并不一样。积极乐观的人倾向于把自己归类到比较年轻的年龄段，而消极的人虽然很年轻却有可能觉得自己已经很老了。联合国大会将"青年"定义为，年龄介于 15 岁与 24 岁之间

(含 15 岁和 24 岁)的那些人。① 按照这个标准，25 岁以后就算步入中年了。

对于某个行为频次，人们的理解和评价标准很有可能并不一样。有的人觉得我一个星期听过一次方言节目就是经常收听，有的人听过四五次却觉得自己的收听频次还不够高。所以，直接问被调查者你是否经常收听方言节目可能并不好，不如用数字表达式来测量更准确：

在过去的一周里，您收听过几次方言节目？（单选）
0 次
1 次
2~3 次
4~5 次
6 次及以上

到了后期撰写调查报告时再给予如下换算：
0 次：从不
1 次：偶尔
2~3 次：有时
4~5 次：经常
6 次及以上：天天

用数字表达式来代表词语意义，统一了意义标准，能增强测量结果的客观性、准确性。

第二节　测量的尺度

测量的尺度是指测量具有不同的层次或水平，由低到高，测量共分四种不同的尺度，即定类、定序、定距和定比测量。

一、定类测量

定类测量是指将事物进行不同属性的分类，用"属于"或"不属于"来区

---

① 联合国青年议题，http：//www.un.org/zh/events/youth/index.shtml，2017-03-18。

分，但无大小差别。定类测量(nominal measurement)又分为标记和类别。

标记仅仅是一个可识别的符号，并不表示数量的多少，比如运动员的标号、学生的学号等，这些标号、学号仅仅是一个代表罢了，并不表示数量的多少，也不代表哪个更强、哪个更弱。

类别是对变量的不同状态的度量，如性别分为男、女，婚姻状况分为未婚、已婚、离婚、丧偶，民族分为汉族、满族、回族等，人种分为黄种人、白种人、黑种人等。类别也仅仅表示不同状态的归属，仅仅是分类，并不表明哪个类别更好、哪个类别更差。

定类测量必须满足如下三个要求：

(1)必须有两个或两个以上的变量值。

变量值至少要有两个，这是定类测量取值最起码的要求。如果变量值只有一个，就谈不上分类，无法做出标记，无法区分类别，也就无法完成测量了。

(2)变量取值必须互相排斥。

变量中所包括的各种情况应当是互相排斥的不同取值。

当我们通过单选题来测量时，备选项应当是互相排斥的，被调查者可以顺利地选择适合自己情况的选项，而不是在几个备选项中犹豫不决。

2019 年 7 月 1 日，上海开始强制实行垃圾分类，将垃圾分为湿垃圾、干垃圾、有害垃圾和可回收垃圾。上海的这种垃圾分类给广大上海人民带来了困扰，其中的一个原因在于这种分类类别没有做到互相排斥，让人们很难区分。湿纸巾是湿垃圾吗？湿纸巾干了之后怎么办，是湿垃圾还是干垃圾？湿塑料袋，是湿垃圾、干垃圾还是可回收垃圾？上海人民感到很困惑。

某位被访对象下岗后经营食品店，那么他应该选择属于下列哪类人员呢？销售人员、服务业人员、个体经营者还是下岗人员？以下这些选项也不能做到互斥：

1□ 工人	2□ 销售人员	3□ 技术人员	4□ 服务业人员
5□ 企业管理人员	6□ 运输行业人员	7□ 公务员	
8□ 教育工作者	9□ 学生	10□ 文艺工作者	
11□ 医务工作者	12□ 军人/警察	13□ 个体经营者	
14□ 农林牧渔劳动者	15□ 自由职业者	16□ 下岗人员	

(3)测定的对象不能没有归属。

测量某一变量时，对这一变量中所包括的各种情况都要进行测量，提供的答案要穷尽所有情况。需要充分考虑完备性要求，备选项必须足够充分，能够让所有被调查者都找到符合自己情况的选项。

二、定序测量

定序测量(ordinal measurement)是指将事物的等级、顺序的先后和程度的高低排列出来。被调查者的家庭规模分为大、中、小，生活水平处于贫困、温饱、小康、富裕中的某个状态，这样的测量属于定序测量。

下面这个例子中对满意程度的测量也属于定序测量，也就是说备选项之间是有高低顺序之分的，如选项 3 的满意程度强于选项 6:

您对这辆汽车的外观是否满意?
1□ 很满意
2□ 满意
3□ 比较满意
4□ 不太满意
5□ 不满意
6□ 很不满意

通常来讲，定序测量只能排个大致的顺序，选项之间的具体差别却并不容易明确，也就是说定序测量的备选项之间只能用大于或小于来表示，却并不好做加减运算，更不好做乘除运算。

三、定距测量

定距测量(interval measurement)是指为事物在某种属性上的差异打造一个标准单位，用来测定事物的属性或特征的差距程度。定距测量没有绝对零点，它的零点是任意选取的，定距测量中的 0 并不表示"没有"。定距测量可以做加减运算，但不能做乘除运算。

温度从微观上表示物体分子热运动的剧烈程度，0℃是标准大气压下水结成冰的温度，但并不是说这个时候分子热运动停止了，当然也不能说 0℃就是没有了温度。温度的绝对零点其实是−273.15℃，这个时候分子是静止的，没有了热运动，空气都变成了固体。绝对零度是热力学的最低温度，是理论上的下限值，只能无限接近。人类已经得到了距绝对零度只差三千万分之一度的低温，但仍然达不到下限值。

温度的计量可以做加减运算，70℃－35℃＝35℃，可以说70℃比35℃高35℃。但温度计量中的0℃并不是绝对零度，不能说0℃就是没有温度，也不能说70℃比35℃热一倍。

智商的测量也属于定距测量，智商为0分并不表示被测者没有智力了，也不能说120分智商是60分智商的2倍。

公元年份的记录也属于定距测量，比如询问："您出生于哪一年？＿＿＿＿＿年(请在横线上填写阿拉伯数字公元年份)"，有人1978年出生，有人2017年出生，二者之间的差距可以计算，2017－1978＝39(年)。但公元年份却没有绝对零点，不能说公元元年开始的那个点是没有年份的。公元元年以前还有无限的年份呢，比如公元前221年也是一个年份，是有意义的，这年秦王嬴政灭六国后开创帝制，首次完成了中国大一统，奠定了中国两千多年政治制度的基本格局。

四、定比测量

定比测量(ratio measurement)是指能够测定事物之间比例、倍数的测量，它既有原始原点，又有标准单位。如询问被调查者的具体年龄、身高、收入、生活费，这样的测量均属于定比测量的实际应用例子。

定比测量是最高水平的测量，它有绝对零点，它的0表示没有，它可以做加减运算，还可以做乘除运算。比如90岁比30岁大60岁，90岁是30岁的3倍；10000元比6000元多4000元，1000元是500元的2倍。

五、不同测量尺度的转换

通常来讲，高级别的测量尺度可以转换为低级别的测量尺度，反之却不可以。测量的水平由高到低依次为定比测量、定距测量、定序测量、定类测量，前者可以转换成后者，而后者通常不可转换成前者。

下面以收入测量为例来看一下转换问题。测量尺度可以由高往低转换，第一种方式(1)采用了定比测量尺度，通过提问获得的数据，可以转换成测量尺度低的第二种方式(2)和第三种方式(3)的答案，反之则行不通：

(1)上个月您的税前个人月收入是(　　　　)元。
(2)上个月您的税前个人月收入在下列哪一个收入段内？
　　　1□ 2000元以下
　　　2□ 2001~5000元

  3□ 5001~10000 元

  4□ 10001~20000 元

  5□ 20000 元以上

（3）您的税前个人月收入是否大于 10000 元？

  1□ 是   2□ 否

第三节　测量的原则

  社会现象的测量具有自身的特点，需要遵循追求更高水平和顾及实际情况两项原则，在追求精确和可操作之间达到平衡。

一、追求更高水平

  测量应该尽可能采取高水平的测量尺度，尽可能追求精确。测量的水平按照由高到低的顺序依次排列为：定比测量、定距测量、定序测量、定类测量。测量水平越高，获得的信息就会越多，测量也越精确。

  不过，我们对测量的精确要有一个恰度的理解。与自然科学中的测量相比，社会科学中的测量主观色彩更明显，精确度也要低得多。对社会现象的测量，测量的主体是人，测量的客体也是人。人具有主观感情、价值倾向和复杂的社会关系，测量的内容主要是人们的社会行为、意见与态度，测量本身又是一种社会行为，这使得对社会现象的测量很容易受到主观因素的影响。它同时也提示我们，应该提升测量方法的科学性，强化客观理念。

  自然科学中的测量十分精确，精确到可以测量一个细菌的重量；测量仪器也十分敏锐，20 米以外有人打哈欠都会干扰读数。社会科学领域中的测量做不到这么精确，量化程度低，可重复性也远远不如自然科学中的测量。但即便如此，社会科学领域中的测量也要尽量追求精确，在力所能及的范围内采用更高的测量尺度，获取更加丰富的信息材料。

二、顾及实际情况

  测量不能过于理想化、理论化，测量不是纸上谈兵，要顾及实际，具有可操作性。

  例如，2020 年新冠肺炎疫情期间，在报社工作的××同事家生了二胎。

老大有了弟弟，自己当大哥了，欢喜得不得了。二胎一个多月了，长得是白白胖胖，当爹的好奇孩子的最新体重是多少，便把测量体重的任务交给了老大。老大得令后，很快就拿出了两个方案，结果却让人哭笑不得。

方案一：找一个大一点的天平，让老二坐在天平一端，另一端放上一个小水桶，然后往水桶里加水，两端平衡后停止加水，把盛有水的小水桶称重，得数就是老二的体重。

此方案理论上没问题，但不具备实际操作性，家里只有一个体重秤，没有那样的天平啊！

方案二：从家里找一个盛满水的大桶，把老二从头到脚都放进去后马上拎出来，然后把大桶内溢出的水放进一个有刻度的大瓶子内，测出老二的体积，然后再查资料找出人的密度，自然可以算出老二的体重。

这个方案不仅完全不具备可操作性，而且听起来令人恐惧。

老大这个孩子是"学者型"孩子，刚开始并没有意识到这两个方案的问题，还兴致勃勃地说，方案一运用的是杠杆原理，方案二是受阿基米德发现浮力的启发。

当爹的此时意识到这个孩子书读多了，已经深陷纸上兵法而不能自拔，就启发他用最简单的方法。

老大终于想出了方案三：他抱着穿很少衣服的弟弟站在体重秤上，秤出一个数，然后自己再站在体重秤上秤出一个数，两数相减的结果就是老二的体重。

这个方案容易操作，也没有什么高深的原理，就是加减法，绝对务实高效。

就高不就低是有限制的，测量必须结合实际情况，考虑操作的可行性问题。要考虑被调查者的心理状态和承受能力，为了操作可行，很多时候测量又不能过于精确，测量的尺度就会由于操作方面的限制问题而有所降低。

(1)涉及对敏感的问题时，比如测量被调查者的收入，通常没有必要精确到几元几角几分，只需要知道他在哪个大概的区间就可以了，可以将定比尺度降到定序尺度，让测量更容易执行。

(2)受访者的分辨力不足时，应该考虑降低测量尺度，降低测量的精细程度。应该把握受测试者的基本辨别能力，适度地跟受测试者的分辨能力相挂钩，而不能超越这个能力，提出不切实际的问题。

采用定比尺度，要求对方写下去年骑自行车的公里总数，这种要求就超出了大多数人的分辨能力范围，不容易操作，可以考虑降低测量尺度。备选项的描述过于细腻，受测试者也不容易分辨，应该作出调整。

有人设计了这样一道问题：

您玩《王者荣耀》的频率大约是？［单选题］［必答题］
1□ 从不玩
2□ 很少玩
3□ 偶尔玩
4□ 一般性地玩
5□ 经常玩
6□ 非常频繁地玩
7□ 极度频繁地玩

对于受测试者来讲，"很少玩"与"偶尔玩"不好区分，"非常频繁地玩"与"极度频繁地玩"之间的区分也过于精细，这样的选项分辨起来很费劲，会让被调查者产生无力感和愤怒感。"一般性地玩"这种说法也不好，问卷设计者呆板地模仿了在两个极端选项中增加一个中间项的做法，但却忽略了文字表述的实际效果，有的人会把"一般性地玩"理解成"偶尔玩"，有的人则有可能把它理解成"经常玩"。

这种设计题目的做法是不可取的，从选项上看，设计者好像是提供了精确测量的选项，但实际操作起来却无谓地耗费了读者的精力，回答者很难分辨这样的选项，反而影响了测量的质量。不如简化测量，充分顾及被调查者分辨能力的实际情况：

您玩《王者荣耀》的频率大约是？［单选题］［必答题］
1□ 从不玩
2□ 偶尔玩
3□ 经常玩
4□ 极度频繁地玩

更好的设计方法则是将词语置于数字表达式之下，比如询问受访者在过去的一周里玩了几次《王者荣耀》这款游戏，然后将"从不玩"换成"0 次"，

"偶尔玩"换成"1~2次"，"经常玩"换成"3~5次"，"极度频繁地玩"换成"6次及以上"，这样可以统一理解，测量更加标准化、更准确。

第四节 量 表

量表是测量的工具，是测量使用的一种表格，它由一系列问题及对每一个问题的态度选项构成，通过对回答的记分完成测量。量表通过一套事先拟定的用语、记号和数目，来测定人们的内心想法。量表的特征和作用主要表现为以下几点：

(1)量表通常由多项测量内容综合而成。

(2)量表必须由一套问题构成，往往要对回答进行记分。

(3)主要作用在于测量复杂概念(态度和观念)。

(4)能够获得更多、更真实、更准确的信息。

柏拉图与亚里士多德是师徒关系，亚里士多德从17岁开始就跟随柏拉图学习，时间长达20年。但他们师徒二人在哲学思想上却存在着严重分歧，亚里士多德有句名言："吾爱吾师，吾更爱真理!"其实说的就是这个意思。柏拉图主义者、亚里士多德主义者代表了两种人格类型，英国诗人柯勒律治说："一个人要么是柏拉图主义者，要么是亚里士多德主义者。"柏拉图主义者是软心肠，注重诗性，是神秘主义者，崇尚本质，觉得很多事情不值得做，往往离群索居；亚里士多德主义者是硬心肠，强调理性，是务实主义者，习惯按照步骤认真做事，重视现象，强调逻辑和结构，喜欢交朋友。美国历史学家赫尔曼说："柏拉图是神学家、诗人和艺术家的发言人，亚里士多德则向科学家、经济学家和思考技术、重实用性的人发言。"

赫尔曼设置了10道题，这些题目可以看成是测量人格类型的量表，用于测试一个人是柏拉图主义者还是亚里士多德主义者：

(1)你(更喜欢)养猫还是养狗？

(2)你习惯于在线支付还是用支票乃至当面支付？

(3)你每天会制定一个待办事项的清单，还是更喜欢相机行事？

(4)你最喜欢什么球类比赛，棒球、篮球还是足球？(篮球和足球比赛都是在规定时间内进行的，棒球没有时间规定)

(5)你小时候是想当摇滚明星还是电影明星？

(6)当拿到一个新的电子产品时，你是先读说明书，还是试着自己弄明白如何使用？

(7)你的车是怎样的，混合动力、纯电动车、SUV 或皮卡？（有几辆车）

(8)你相信上帝还是相信进化论？

(9)你经常参加投票，还是认为投票是浪费时间？

(10)吃比萨的时候，你是先吃边上的面皮还是先吃上面的配料？

对于上述问题的回答，下面提供了一个参考答案。一个人的回答也有可能有几项属于亚里士多德主义者，另外几项属于柏拉图主义者。每个备选项可以记1分，最后看看两种人格类型的总体得分情况，各占几成，做出最终的测定。

亚里士多德主义者：(1)养狗；(2)在线支付；(3)制定一个待办事项的清单；(4)篮球和足球；(5)电影明星；(6)先读说明书；(7)SUV 或皮卡(与环境相比，更关心自己和家人的需求。如果你有不止一辆汽车，你更有可能是亚里士多德主义者)；(8)相信进化论；(9)经常参加投票；(10)先吃边上的面皮。

柏拉图主义者：(1)养猫；(2)支票乃至当面支付；(3)相机行事；(4)棒球；(5)摇滚明星；(6)试着自己弄明白；(7)混合动力或者纯电动车(强调环保。如果你根本没有车，你更有可能是柏拉图主义者)；(8)相信上帝；(9)认为投票是浪费时间；(10)先吃上面的配料。

一、总加量表

1. 含义

总加量表列出了一组陈述，让回答者来表明对每一个陈述的态度并分别记分，然后将对所有陈述的记分相加，总和即为回答者对某一事物的态度得分。

总加量表给出多个不同的陈述和一个形式统一的回答栏，被调查者对多个陈述作出回答，对每个陈述的回答都会被记录一个相对应的分数，把对所有陈述的回答分数相加得出一个总分数，这个总分数即为对该被调查者测量的结果，用总分数值来描述被调查者的态度倾向或属性特征。

下面请体验一下，看看总加量表是什么样子——做一个小测验，填答下面这份量表：

表4-1　　　　　　　　　　　　　婚礼态度量表

	同意	不同意
1. 婚礼是非常重要的事情，应该大操大办	1	0
2. 婚礼要举办得隆重豪华，要办得热热闹闹	1	0
3. 即便是借钱，也要把婚礼办得风风光光	1	0
4. 结婚的时候，要邀请最多的人来参加婚礼	1	0
5. 婚礼办得简朴，别人会笑话	1	0
6. 婚礼给我带来幸福快乐的感觉	1	0
7. 不举办婚礼就结婚的人太可怜了	1	0
8. 举办隆重的婚礼是一个人走入美满婚姻殿堂的必经之路	1	0
9. 不举办婚礼就结婚，我会感到非常遗憾	1	0
10. 不想举办隆重婚礼的人简直是变态	1	0

　　表4-1测量人们对举办婚礼的态度，它由同一方向（强调举办婚礼，大操大办）的10个陈述句组成，回答选项都有两个答案："同意"或"不同意"。回答"同意"记1分，回答"不同意"记0分。将所有10个陈述句的回答得分相加，可以得到受测者的总分。最高总分为10分，表示受测者对举办隆重的婚礼持完全积极的态度，主张大操大办；最低总分为0分，表示受测者对举办隆重的婚礼持完全消极的态度，对举办婚礼感到厌烦。

　　2. 李克特量表

　　1932年，美国社会心理学家李克特（R. A. Likert）对原有的总加量表做了改进，这种改进后的总加量表即为李克特量表（Likert scale）。李克特量表也由一组关于对某个事物看法的陈述句组成，但受测者对每一个陈述的回答不再仅限于"同意"或"不同意"，而是细分为"非常同意""同意""不同意""非常不同意"等，并且每个陈述所代表的态度倾向还设置了不同的方向。另外，李克特量表的设计还提出了测试每一个陈述分辨力的办法。李克特量表是目前使用最广泛的总加量表。

　　来看一个量表例子：

表 4-2   微信表情功能认知量表

使用微信表情评价	非常不同意	不同意	同意	非常同意
1. 使用微信表情能吸引他人注意	☐	☐	☐	☐
2. 使用微信表情很没意思	☐	☐	☐	☐
3. 使用微信表情能帮助我提高传达效率	☐	☐	☐	☐
4. 使用微信表情很俗气，一点都不时尚	☐	☐	☐	☐
5. 使用微信表情能让我显得更合群	☐	☐	☐	☐
6. 使用微信表情不能展现我的个性	☐	☐	☐	☐

最高分值为 24 分，积极评价；最低分值为 6 分，消极评价

在表 4-2 中，回答者可以在"非常同意""同意""不同意""非常不同意"等更加细致的选项中表达自己的态度，而且每个陈述都有自己的方向。对微信表情功能持欣赏态度的陈述为正向，按照"1 = 非常不同意，2 = 不同意，3 = 同意，4 = 非常同意"来记分；对微信表情功能持消极态度的陈述为负向，按照"4 = 非常不同意，3 = 不同意，2 = 同意，1 = 非常同意"来记分。

3. 制作方法

总加量表制作方法比较简单，制作程序如下：

(1) 根据所要测量的内容或变量，收集大量与这一内容有关的问题，然后初步筛选出一组问题作为初步量表。在社会调查中，经常初步设置 10~30 个问题。

(2) 确定回答的类别和计分标准。

回答的类别可设置正向和负向两类，分为 4~7 个等级，4 个等级即"非常不同意""不同意""同意""非常同意"，7 个等级即"非常不同意""不同意""不太同意""无所谓""有点同意""同意""非常同意"。

正向提问和负向提问可各占一半，防止回答者发现记分规律后有意增强或减弱总分值，尽量消除倾向性或敷衍性回答现象。按照等级个数计分，如 5 级回答可用 1~5 记分，回答"非常不同意"记 1 分，回答"不同意"记 2 分，回答"无所谓"记 3 分，回答"同意"记 4 分，回答"非常同意"记 5 分，对负向问题则相反。

(3) 试调查。

从调查对象中找一些人尝试回答初步量表，以便发现量表设计中有什么问题，是否会引起误解，另外，更重要的是检查每道题的分辨能力。

分辨能力是指一个题目是否能区分出人们的不同态度或态度的不同程

度。假如一道题是"您认为是否应该努力学习"，几乎全部学生都会回答同意，那么这一道题就没有分辨力。

(4)计算各题目的分辨力。

删除分辨力不高，即无法区分人们的不同态度的题目，保留分辨力较高的题目(一般为 5~20 个)组成正式的量表。

总加量表的分辨力检查方式是：将试调查中得分最高的 25% 的人，与得分最低的 25% 的人进行比较，然后计算出每道题的分辨力。

举例来说，假如学生人际关系量表是一个初步量表，在正式调查前，先对 20 名学生进行试调查，调查结果如表 4-3 所示。

表4-3   试调查得分与分辨力系数

		题1	题2	题3	题4	题5	题6	题7	题8	题9	题10	总分
	学生1	4	5	5	4	3	5	4	3	2	5	40
	学生2	5	4	4	5	5	4	3	5	1	4	40
总分高的前25%	学生3	5	4	3	3	4	4	4	4	2	4	38
	学生4	4	4	4	4	5	4	4	1	5	37
	学生5	5	5	3	2	4	4	3	5	2	4	37
						……						
	学生16	2	2	4	2	3	2	2	4	2	5	29
	学生17	2	2	2	3	2	4	3	2	4	28
总分低的后25%	学生18	1	3	2	4	1	3	1	1	2	5	25
	学生19	1	1	2	2	2	2	4	4	1	4	22
	学生20	1	1	1	2	1	3	3	3	2	3	17
前25%人平均分		4.6	4.4	3.8	3.6	4.2	4.2	3.4	4.2	1.6	4.4	
后25%人平均分		1.4	1.8	2.2	2.6	2.2	2.6	2.4	3.0	1.8	4.2	
分辨力系数		3.2	2.6	1.6	1.0	2.0	1.6	1.0	1.2	-0.2	0.2	

分辨力系数越小，说明这一题的分辨力越低，这种题目应当删除。如第9题、第10题分辨力系数分别为-0.2 和 0.2，差别非常细微，它们在这 10道题中分辨力系数是最小的，分辨能力明显不足，因此应该删除这两题，保

留 1~8 题组成人际关系量表。

二、语义差异量表

语义差异量表(semantic differential scale)用一组意义相反的陈述或形容词构成一份评价量表,用以测定被调查者的态度或感受。

语义差异量表编制简单,应用广泛。它由一系列两极性形容词词对组成,并被划分为 7~11 个等值评定等级。以 7 个等级为例,计量方法有两种:

(1)正向从 1 记到 7,反向从 7 记到 1;

(2)正向分别记为−3、−2、−1、0、1、2、3;反向分别记为 3、2、1、0、−1、−2、−3。

例如,你认为目前你正在阅读的这本书:

```
容易读懂    7  6  5  4  3  2  1   晦涩难懂
客观的     7  6  5  4  3  2  1   主观的
时尚的     7  6  5  4  3  2  1   过时的
有趣的     7  6  5  4  3  2  1   无趣的
可信赖的    7  6  5  4  3  2  1   不可信赖的
有用的     7  6  5  4  3  2  1   无用的
```

受访者在其认为最合适的等级数字上做标记,比如画钩。通过对分数的统计,可以测量出人们对研究对象某一属性的态度或评价。比如,"容易读懂—晦涩难懂"这个项目的测量统计平均得分为 6.5,说明人们认为这本书易读性是很强的。如果每个项目的测量都接近 7 分,那说明人们对这本书的评价实在是太好了。

语义差异量表中的每一对反义词语测量项目,都相当于问卷中的一道问题,比如第一对反义词语"容易读懂—晦涩难懂"测量项目就是一道问题,题干是:"您认为这本书的易读性如何?"答案选项分别为"非常容易读""容易读""比较容易读""一般""不太容易读""不容易读""晦涩难懂"。如果把量表中每一对反义词语都分别拆出来询问,那可是要浪费不少版面篇幅。

所以,语义差异量表其实还可以看成是多个调查问题的集合。问卷设计中询问人们的态度时,可以借鉴语义差异量表的思路,把一些测量态度的问题集中起来。这样可以方便被调查者阅读、理解和回答,能够节省问卷篇幅，可以提升测量的效率。

再来看一个语义差异量表的例子①：

下列为若干对意思完全相反的词语。请在每对词语之间选择数字画圈，所选数字应最能代表您对我们邮寄给您的报纸中新闻报道的整体印象。

公正	1 2 3 4 5 6 7	不公正
无偏见	1 2 3 4 5 6 7	有偏见
进行完整报道	1 2 3 4 5 6 7	不进行完整报道
准确	1 2 3 4 5 6 7	不准确
尊重人们的隐私	1 2 3 4 5 6 7	不尊重隐私
注意读者的想法	1 2 3 4 5 6 7	不注意读者想法
关注您的利益	1 2 3 4 5 6 7	不关注您的利益
关心社区的繁荣昌盛	1 2 3 4 5 6 7	不关心社区的繁荣昌盛
将观点与事实分开	1 2 3 4 5 6 7	将观点与事实混合
可信任	1 2 3 4 5 6 7	不可信任
不采用耸人听闻的手法	1 2 3 4 5 6 7	采用耸人听闻的手法
合乎道德的	1 2 3 4 5 6 7	不合乎道德的
爱国	1 2 3 4 5 6 7	不爱国
主要关心公共利益	1 2 3 4 5 6 7	主要关心创造利润
根据事实的	1 2 3 4 5 6 7	武断的
记者受过良好训练	1 2 3 4 5 6 7	记者受过很差的训练
合乎职业道德的	1 2 3 4 5 6 7	不合乎职业道德的

三、社会距离量表

由一组表示不同社会距离或社会交往程度的陈述组成，主要用以研究人们对不同种族群体的相对态度。

对某个种族的接纳态度，如果直接去问可能得不到真实的回答，被调查者或许会由于各种顾虑而不说出真实的想法。社会距离量表可以有效地测量被调查者的态度，帮助研究者获得真实的信息。例如：

---

① 引自新闻准确性调查问卷，详见［美］菲利普·迈耶：《正在消失的报纸：如何拯救信息时代的新闻业》，张卫平译，北京：新华出版社2007年版，第112页。

你愿意让黑人(请在你回答"愿意"的问题的括号内打✓):

1. 生活在你的国家吗?　　　　　　　(　　)
2. 生活在你的城市吗?　　　　　　　(　　)
3. 住在你们的那条街吗?　　　　　　(　　)
4. 做你的邻居吗?　　　　　　　　　(　　)
5. 做你的朋友吗?　　　　　　　　　(　　)
6. 同你的子女结婚吗?　　　　　　　(　　)

上述几个问题,一个比一个强烈,它们的层级也反映了受测者对黑人的接纳态度,反映了受测者与黑人的社会距离。第一个选项"愿意让黑人生活在你的国家"层级最低,如果连这项都不同意,那被调查者明显是不接纳黑人的,社会距离太大了;第六个选项"愿意让黑人同你的子女结婚"层级最高,选择了这一项才真正表明你完全接纳了黑人,一点歧视都没有。

四、量表应用举例

下面提供一份人格特质量表①(表4-4),读者诸君一方面可以用它来测量自己以及亲朋好友的人格特质,享受游戏娱乐的趣味,另一方面也可以思考一下它是一份什么类型的量表,检验自己学到的量表知识,体会这份量表的设计技巧。

请认真阅读以下列出的题项描述,判断这些描述与自己平常表现的符合情况,在相应位置画勾,答案无所谓对错,关键要符合自己的实际情况。

表4-4　　　　　　　　　　人格特质测验

题序	通常来说,我……	非常不同意	不同意	一般	同意	非常同意
1	很细心	1	2	3	4	5
2	对事情没什么意见	5	4	3	2	1
3	喜欢自己的样子	5	4	3	2	1

---

① [英]班·安柏瑞吉:《心理学家教你的透视术——77个读心实验,教你看穿人心更能获取人心》,廖育琳、钱佳纬、萧美惠译,台北:商周出版2014年版,第14~22页。

续表

题序	通常来说，我……	非常不同意	不同意	一般	同意	非常同意
4	选举时喜欢投票给自由派候选人	1	2	3	4	5
5	手边有家事、杂事会立刻去做	1	2	3	4	5
6	不喜欢自己	1	2	3	4	5
7	常拖拖拉拉浪费时间	5	4	3	2	1
8	尊重别人	1	2	3	4	5
9	跟别人相处很自在	1	2	3	4	5
10	对自己很满意	5	4	3	2	1
11	很容易交到新朋友	1	2	3	4	5
12	不喜欢引人注意	5	4	3	2	1
13	认为艺术有它的重要性	1	2	3	4	5
14	避免跟人进行哲学性讨论	5	4	3	2	1
15	接受别人原本的样子	1	2	3	4	5
16	做事很少坚持到底	5	4	3	2	1
17	情绪起伏很大	1	2	3	4	5
18	工作是为了应付了事	5	4	3	2	1
19	心情常常很沮丧	1	2	3	4	5
20	喜欢接受新想法	1	2	3	4	5
21	是派对里的开心果	1	2	3	4	5
22	认为自己的人生经验平淡无奇	5	4	3	2	1
23	想要报复伤害过自己的人	5	4	3	2	1
24	选举时通常投票给保守派候选人	5	4	3	2	1
25	会把谈话内容带向更高的层次	1	2	3	4	5
26	不爱出风头	5	4	3	2	1
27	不容易发怒	5	4	3	2	1
28	沉默寡言	5	4	3	2	1
29	容易惊慌失措	1	2	3	4	5

题序	通常来说，我……	非常不同意	不同意	一般	同意	非常同意
30	为一切做好充分的准备	1	2	3	4	5
31	很难静下心来工作	5	4	3	2	1
32	想象力丰富	1	2	3	4	5
33	觉得别人心怀不轨	5	4	3	2	1
34	不吝惜赞美所有人	1	2	3	4	5
35	对抽象的概念不感兴趣	5	4	3	2	1
36	很少觉得情绪低落	5	4	3	2	1
37	伶牙俐齿	5	4	3	2	1
38	不喜欢参观美术馆、博物馆	5	4	3	2	1
39	常常觉得情绪低落	1	2	3	4	5
40	时常逃避责任	5	4	3	2	1
41	不喜欢艺术	5	4	3	2	1
42	擅长交际应酬	1	2	3	4	5
43	相信别人没有恶意	1	2	3	4	5
44	擅长规划并彻底执行	1	2	3	4	5
45	知道如何打动别人	1	2	3	4	5
46	不轻易受外界干扰	5	4	3	2	1
47	出言不逊	5	4	3	2	1
48	让别人感到安心自在	1	2	3	4	5
49	照着自己的计划走	1	2	3	4	5
50	时常批评别人	5	4	3	2	1

这个量表包含经验开放度、尽责度、外向度、亲和度和神经质五个方面的人格特质测量，它的一个巧妙之处是将题目打乱，不让受测者轻易发现其中的规律，减少揣测干扰，能够更加真实地反映出自己的情况。

上述 50 道题目答完之后，接下来就要计算分数了。把量表中每个题目的测量分数抄到下列五个记分表(表 4-5 至 4-9)中的相应位置，算出每个计分表的得分总和。10~17 分表示该项人格特质得分低，18~25 分表示该项人格特质得分中低，26~33 分表示该项人格特质得分中等，34~41 分表示该项人格特质得分中高，42~50 分表示该项人格特质得分高。

表 4-5 经验开放度记分表

题序	4	13	14	20	24	25	32	35	38	41
分数										

此项得分高的人具有冒险精神，求知欲强，喜欢新奇和多样的事物，富有创意，喜欢艺术。

表 4-6 尽责度记分表

题序	1	5	7	16	18	30	31	40	44	49
分数										

此项得分高的人做事可靠，组织意识强。他们做事前通常有详细的规划，并且能够执行规划，不会随意变更。典型代表人物是美国总统奥巴马、英国物理学家霍金。

表 4-7 外向度记分表

题序	2	9	11	12	21	22	26	28	42	45
分数										

此项得分高的人具有外向性格，常常是派对活动中的开心果。他们健谈、乐观，充满自信和活力。

表 4-8 亲和度记分表

题序	8	15	23	33	34	37	43	47	48	50
分数										

此项得分高的人亲和力强，容易相处，对别人没有敌意，大家往往很喜

欢他们。女性在亲和度方面常常比男性得分高。

表 4-9 神经质记分表

题序	3	6	10	17	19	27	29	36	39	46
分数										

此项得分高的人经常杞人忧天，容易陷入负面情绪，对生活工作常常感到沮丧和不满。

第五章
问 卷 设 计

调研中一定会用到调查问卷，而且即使说调查问卷可以决定调查的一切也不过分。

——石井荣造

你们不要回答调查问卷，也不要询问尘世上的事情，更不要顺从别人参与任何测试。你们不要与统计学家为伍，也不要研究社会科学。

——W. H. 奥登

第一节　两个故事

问卷设计其实就是提出一系列问题，并把这些问题组合在一起。在科技日新月异的今天，问卷设计过时了吗？如果问卷设计已经过时了，那么我们其实就没有多大必要去研究它了。实际上，问卷设计并没有过时，因为问卷设计的核心是提问题，而提问题恰恰是我们人类非常关键的智能活动，人类不能放弃提出有价值问题的努力。提出有价值的问题，对于新闻报道、民意测验、社会调查研究来讲仍然是核心专业技能。

关于问卷设计，接下来我想讲两个故事。一个是问卷设计与人工智能结合的故事，它让我们看到问卷设计应用的新发展；另一个有关相对古老的问卷，它让我们看到这份旧时代的问卷，即便到了今天也仍然具有实用价值，毫不过时。

一、问卷设计与人工智能技术的结合

问卷设计的核心是提问题，提问题是一种非常重要的能力。互联网科技迅猛发展，大数据、人工智能、生物传感技术等给传统调查方法带来了巨大冲击和挑战，但即便是在这样的新时代，提出好的问题仍然是没有过时的重要技能，学会提问题仍然具有显著的价值。

提出好的问题并设计成问卷，甚至可以与人工智能技术结合，用于中医诊断。梁冬在做中医诊所事业，他一直觉得中医不可能规模化、复制化。有一天，他碰到了一位从事人工智能研究的朋友，这位朋友将人工智能技术应用到中医研究上，改变了梁冬的看法。

这位人工智能专家找到高水平中医，反复询问大夫看病时会问什么问题。研究发现，大夫问的问题其实通常就是三四十个。人工智能专家拟合大夫看病的思维和方法，把大夫看病时望闻问切的过程拟合为一系列提问，形成一份问卷，居然开发出一套看病的软件系统。

一个病人来了，大夫给病人诊断后，开出一副药方。同样的这个病人，人工智能专家让一个操作人员来问问卷上的问题，打完钩，把数据输入系统，也开出来一副药方。结果发现，机器开出来的药方与大夫的药方非常接近，甚至让那位大夫觉得机器开的药方比自己开的药方还要好。梁冬说他对自己的体质很了解，他让机器测了一下，机器问了他 40 个问题，给他开出了一个温胆汤的药方，诊断结果和开出的药方令他非常震惊。①

二、普鲁斯特问卷的故事

著名的普鲁斯特问卷(Proust Questionnaire)由 28 个问题组成，这些问题能全面地探询回答者的生活阅历、思想、经验、价值观、兴趣爱好及人格特质。

马塞尔·普鲁斯特(Marcel Proust，1871—1922)是法国伟大的小说家，意识流文学的先驱与大师，因著作《追忆似水年华》而闻名于世。普鲁斯特问卷的设计者并不是马塞尔·普鲁斯特，但这份问卷却因为他的经典回答而出名，并在当年巴黎沙龙中流行。因此，后人将这份问卷命名为普鲁斯特问卷。

普鲁斯特问卷流行于 19 世纪的英国，19 世纪末传到法国。② 普鲁斯特在 13 岁和 20 岁时，分别回答了这份问卷，答案发生了很大的改变。据说，后来研究普鲁斯特的人士以此为依据，来分析作家的成长变化。《名利场》杂志还开辟普鲁斯特问卷专栏，每期刊登知名人士的问卷答案，普鲁斯特问卷也成了各界名人爱好的游戏。

---

① 梁冬、吴伯凡：《数字化革命》，源自互联网音频节目《冬吴相对论》，2017 年12 月 28 日整理。

② https：//www.sohu.com/a/105843552_355024，2016-07-14。

　　直到今天，普鲁斯特问卷也未过时，因为即便科技日新月异，但人性其实并没有发生根本的变化。我们现在来看这份问卷，它依然显示出对人性测量的强大力量，毫不落伍。普鲁斯特问卷是我们个人精神状况的扫描仪，在人生不同的阶段来回答这份问卷，可以看出我们的改变。有兴趣的读者不妨也来回答一下这些问题，给自己做个精神体检，重新认识一下自我。普鲁斯特问卷同时还能用于新闻人物采访，记者在设计采访问题的时候，可以从普鲁斯特问卷中寻求借鉴，甚至可以将里面的问题拿来直接提问。

普鲁斯特问卷

1. 你认为最完美的快乐是怎样的?
2. 你最希望拥有哪种才华?
3. 你最恐惧的是什么?
4. 你目前的心境怎样?
5. 还在世的人中你最钦佩的是谁?
6. 你认为自己最伟大的成就是什么?
7. 你自己的哪个特点让你最觉得痛恨?
8. 你最喜欢的旅行是哪一次?
9. 你最痛恨别人的什么特点?
10. 你最珍惜的财产是什么?
11. 你认为最奢侈的是什么?
12. 你认为程度最浅的痛苦是什么?
13. 你认为哪种美德是被过高地评估的?
14. 你最喜欢的职业是什么?
15. 你对自己的外表哪一点不满意?
16. 你最后悔的事情是什么?
17. 还在世的人中你最鄙视的是谁?
18. 你最喜欢男性身上的什么品质?
19. 你使用过的最多的单词或者词语是什么?
20. 你最喜欢女性身上的什么品质?
21. 最让你感到伤痛的事是什么?
22. 你最看重朋友的什么特点?
23. 你这一生中最爱的人或东西是什么?
24. 你希望以什么样的方式死去?

25. 何时何地让你感觉到最快乐？
26. 如果你可以改变你的家庭一件事，那会是什么？
27. 如果你能选择的话，你希望让什么重现？
28. 你的座右铭是什么？

第二节 问卷的组成

按照版面的大致顺序，一份完整问卷从头至尾的组成成分包括问卷编号、问卷标题、封面信、填答说明、筛选问题、具体问题、结束语和辅助信息，这些组成成分的设计与编写都有各自的规范要求和方法技巧，问卷设计者应该熟练掌握。

一、问卷编号

问卷编号是每个问卷的身份证号码，在设计问卷时将问卷编号设置在问卷上端，可以采取下面这种形式：

问卷编号：

等调查结束将所有问卷回收后，在经过审核确认有效的问卷上填写阿拉伯数字作为每份问卷的识别号码。

二、问卷标题

要给每份问卷起个好名字。问卷标题一般放在问卷正文页面的上端，居中排列，字号要大一些，字体可以与正文有所区别。问卷标题的确定可采取"问卷主题+调查问卷"的形式，如：

上海居民读报情况调查问卷

兰若传媒电视受众情况调查问卷

全国城市电视观众收视行为研究调查问卷

要注意降低问卷标题的敏感性，如下面这个标题可能会吓跑一些被调查者：

婚外恋问题调查问卷

应该说得笼统一些，不妨给这个标题做脱敏处理，改成下列表述会更容易被接受：

关于婚姻质量问题的调查问卷

三、封面信

封面信又称说明信、卷首语，要在问卷卷首处给被调查者写一封信，说明调查的有关情况，消除他们的疑虑，激发他们的参与热情。语气要诚恳、热情，要充分尊重被调查者，要体现出专业素质。

尊敬的先生/女士：

您好！

我是零点市场调查公司的访问员，我们在进行一项关于新兴经济组织中青年群体状况的社会研究。您是我们按照科学方法随机抽中的访问对象。您的意见对我们很重要，这些意见是用来帮助政府部门向青年群体提供更好的服务的，而且我们会对您所提供的意见保密。访问大概需要 20 分钟的时间，希望能够得到您的支持和帮助。

如有问题，请与公司联系。

公司地址：A 市××区××路 363 号××大厦 408 室

联系人：×××先生

联系电话：021-×××××××

零点市场调查有限公司
2002 年 10 月 12 日①

撰写说明信时，以下几点需要多加注意：

---

① 袁岳、周林古等：《零点调查：民意测验的方法与经验》，福州：福建人民出版社 2005 年版，第 151~152 页。

1. 充分尊重对方

我们做调查，要耽误受访者的时间和精力，是我们有求于受访者，我们心里应该充满感激，要充分尊重被调查者的付出。说明信的措辞、语气要充分体现出这种尊重。

不要说"感谢您服从安排"，这句话刚看开头"感谢"两个字，觉得还比较客气，但是读到后面那个"服从"时，我就觉得用得不太好了。"服从"含有个体在他人意志的压力下，被迫产生符合他人要求的行为之意。"服从"这个词是把自己的地位看得很高，看轻了被调查者，没有给予对方足够的尊重，这样表述就显得很不客气，很容易让被调查者产生反感和抗拒。我们在写说明信的时候就要特别注意这样的细节，不如修改为"十分感谢您的合作""感谢您的大力支持和帮助"。

2. 表明身份

调查总是与陌生人打交道，你应该主动介绍自己，给对方以安全感。以下几种身份容易获得被调查者的认可：

(1)政府组织。

政府存在的目的是执掌公共权力，维护社会秩序，管理并促进社会向前发展，政府的存在是为了社会公共利益的发展和整个社会的协调运转。虽然也有一些官员贪污腐败，老百姓比较痛恨贪官污吏，但总体上讲，个别官员的贪腐并没有毁灭政府的威信。通常来讲，政府是容易受到老百姓的认可的，政府组织的调查项目比较容易得到大家的配合。

(2)学术机构。

高等院校或科研院所组织的调查也比较容易得到配合，因为这些学术调查机构进行的研究通常具有学术性或公益性，加上学术机构本身具有的专业权威感和公信力，人们通常也比较愿意参与它们的研究项目。

(3)新闻媒体。

新闻媒体从整体上来讲给人们的印象是比较好的，新闻媒体揭发社会丑陋现象，为民请命，关注弱势群体，维护社会公平正义，在很大程度上代表了社会的良心和眼睛。由于新闻机构的公益性和正面性，人们对新闻媒体是比较信任的。新闻媒体组织的调查也比较容易得到人们的支持，强调新闻媒体身份是一种可行的做法。

(4)调查公司。

商业性调查公司是市场调查的主体，其发展到今天已经形成了一套严格的执行程序，在调查操作方面的科学性、严谨性甚至比学术性机构做得还好。另外，真正做得好的商业性调查公司大多非常强调职业道德规范，注意自身形象的维护，人们对这样的调查公司通常都有很不错的印象。总而言之，正规的调查公司也是容易令人信赖的，问卷封面信中表明调查公司身份，有利于调查工作的顺利开展。

其他以个人名义、境外组织名义、非调查公司名义组织实施的调查，容易受到排斥，合作的可能性比较低。

3. 交代目的

要告诉对方你的调查目的是什么，目的可以宽泛一些，让对方感到调查与他有关，让他认为在做一件有价值的事情，激发被调查者参与调查的热情。

国务院第六次全国人口普查《致全国人口普查住户的一封信》就强调了参与本次调查与国民的关系——影响国家政策的制定，进而影响到国民福利——它与被调查者个人是有关系的：

> 国务院决定，在今年进行第六次全国人口普查，标准时点是11月1日零时。人口普查是一项重大的国情国力调查，它不仅关系到国家一系列社会经济政策的制定，也与您和您家人的切身利益息息相关。您申报内容的真实性，将直接影响人口、教育、就业、养老、医疗、社会福利等政策的制定和完善，也影响到农业发展、城镇规划、儿童和老年人服务设施建设、工商服务网点分布、住房和道路规划建设等，对于提高大家的物质和文化生活水平，具有重要作用。

4. 消除困惑

被调查者往往还会有下面一些困惑：

我很忙，哪有时间去填写？
我的填答重要吗？
问卷好填吗？
如果我被侵权，能够找人投诉吗？

针对上述问题，可以在说明信里强调以下几点内容，以消除对方的困惑，促使其尽快投入调查活动：

(1)调查占用时间不多，可以明确告知对方大约占用多少分钟。

（2）调查能够为改进某方面的工作起到重要的参考作用，或是为某种学术研究贡献数据。强调被调查者代表身份的重要性：您的填答代表了与您有着类似情况的其他人的意见，非常重要。

（3）问卷主要是选择题，答案无所谓对错，很容易填写。

（4）在说明信里留下地址、投诉电话和受理人（联系人）的姓名。甚至可以用文字明确告知对方，如果调查员侵害他们的权益，被调查者可以根据统计法及相关法规，拨打投诉电话，维护自己的合法权益。

下面请读者看一份完整的说明信：

尊敬的乘客朋友：

您好！

为了全面客观地了解我市乘客收看车载电视的基本情况，听取大家的意见和建议，以便为我们改进车载电视工作提供可靠依据，我们特组织这项调查。

您是从全市成千上万名乘客中，通过科学抽样方法选出来的代表。您的仔细填答，将帮助我们了解与您有着类似情况的其他所有乘客的情况与意见。问卷主要是选择题，答案无所谓对错，很容易填写，大约占用您 5 分钟时间。您的意见十分重要，万请您如实填答您自己的真实情况和想法。

再一次感谢您的合作与支持！

公交车载电视收视研究课题组

7 月 20 日

地址：××××××××××××××××××××××××××

邮编：××××××　　　联系人：×××

电话：××××××××××

四、填答说明

1. 对特定指标的说明

有一些概念，不同的人可能会有不同的理解，为了统一认识，需要对这些概念（特定指标）进行界定。这项工作即为"对特定指标的说明"。

问题的表述中涉及一些关键词语，需要格外注意。不同的人会对这些关键词语产生理解上的偏差，进而影响到调查结果的准确性。在设计问题时就要对这些关键词语做出明确的规定，以使大家的理解达成一致的口径，避免标准的错乱。

中国人民大学舆论研究所设计的一份调查问卷，对特定指标的说明很好，我们来看其中两个例子。下面这个例子中括号里的内容是对问题中"收入"的解释，以避免不同的人群对其产生不同的理解：

您目前每个月的各项收入(包括各种固定的和临时的收入)合计大约有多少？

下面这个例子中备选项2、3、5、6括号里的内容是对备选项的解释，可以帮助被调查者按照统一标准正确理解备选项的含义：

请问在您家里什么物品的购买(或消费)主要由您作出决定？(可以多选)

1□ 无
2□ 家庭日常消费品(食品、服装等)
3□ 家庭大件消费品(电器、家具等)
4□ 外出休闲旅游
5□ 家庭重大消费(购房、买车等)
6□ 家庭投资项目(股票、证券、古董等)

2. 填答指导语

填答指导语告诉读者如何填答问卷。如：

填写问卷注意事项

1. 请单独填写，并客观真实地发表意见。

2. 请在与您情况相符的选项方框内打"✓"，并注意答题要求是单选还是多选。

您的年龄____周岁(请在横线上填写阿拉伯数字)。

一般情况下，您通常每天在哪些时段乘坐公交车？(请在各适合的选项上打"✓")

五、筛选问题

有的被访者虽然接受了调查，但其身份可能并不符合该研究项目的要求，或者他们没有能力回答某些问题，这个时候就需要设置筛选问题，适时终止其对某些问题或后续所有问题的回答。

下面这种情况，被调查者若选择了某个选项，则表明其身份不符合研究项目的需求，应该终止访问：

1. 请问在最近三个月内，您家接受过有关收看电视情况的调查吗？
   1□ 接受过　　　　　　　　　　　　　　（终止访问）
   2□ 未接受过
2. 请问您家里有在这些单位工作的人吗？
   1□ 电视台　　　　　　　　　　　　　　（终止访问）
   2□ 广播、电视事业管理部门　　　　　　（终止访问）
   3□ 市场调查机构　　　　　　　　　　　（终止访问）
   4□ 其他

下面这种情况，如果被调查者选择了第 1 题的"3□ 从未观看"，那么他就不好回答第 2 题和第 3 题，应该设置筛选项，让被调查者直接跳到第 4 题：

1. 您观看过网络直播吗？
   1□ 经常观看
   2□ 偶尔观看
   3□ 从未观看　　　　　　　　　　　　　（请跳转到第 4 题）
2. 您观看网络直播的原因是什么？（可多选）
   1□ 放松心情
   2□ 打发时间
   3□ 获取知识
   4□ 学习技巧
   5□ 借助直播互动平台聊天交友
   6□ 因为喜欢某个主播
   7□ 满足好奇心

3. 您通过什么渠道观看了网络直播？（可多选）

1□ 网络电视

2□ 直播平台(如斗鱼、一直播)

3□ 网络社区直播(如知乎 live)

4□ 社交媒体直播链接

5□ 传统媒体直播界面(如南都直播)

6□ 其他

4. 您对网络直播持什么态度？

1□ 支持

2□ 无所谓

3□ 反对

需要注意的是，应该慎重设置筛选问题。因为一旦设置了筛选问题，很可能放跑很多被调查者，使得问卷中一些问题的回答者数量明显变少。有的时候可以将筛选题变成普通问题，通过调整相关问题表述的方式，让所有被调查者都能够回答。上例中可以这样修改相关题干的表述：

2. 如果您观看网络直播，那么其原因是什么？（可多选）

3. 如果您要观看网络直播，您更愿意通过哪些渠道观看？（可多选）

六、具体问题

具体问题是问卷的主体与核心，调查的内容主要体现在这一部分，问卷设计的主要任务也在这一部分。

概括地讲，具体问题包括客观事实方面的问题和主观意见方面的问题。客观事实方面的问题包括被访者个人背景资料和被访者的行为活动问题，主观意见方面的问题主要是指询问被访者内心的想法或态度等具体问题。

1. 个人背景方面的客观事实问题

事实是客观存在的事物，事实是"知识的一般基础和解决争论的最终方法"。[①] 事实问题是为了获取客观存在的事物的相关信息，而提出来的问题。

---

① [美]戴维·温伯格：《知识的边界》，胡泳、高美译，太原：山西人民出版社2014年版，第39页。

被访者个人背景资料本身都是一些事实，它们是描述和认识被调查者的必要项目，对这些问题的调查是一项基本的任务。调查项目通常会对被访者的性别、年龄、教育程度、职业、收入等信息展开收集，上述这五项信息是被访者个人的背景资料，是问卷设计的"五朵金花"，是认识被调查者社会属性的必备项目。

通常问卷中可以安排下列问题，调查被访者的个人背景信息：

被调查者基本情况

1. 您的性别：（限选一项）　　　　　1□ 男　　　　2□ 女

2. 您的年龄：_____周岁（请在横线上填写阿拉伯数字）

3. 您的教育程度：（限选一项）

　　1□ 小学及小学以下　2□ 初中　　　　3□ 高中、中专或技校

　　4□ 大专　　　　　　5□ 大学本科　　6□ 双学位、硕士或博士

4. 您的职业是：（限选一项）

　　1□ 工人/商业服务业普通员工　2□ 企业领导或管理人员

　　3□ 农民或外来打工者　　　　　4□ 政府公务员/机关事业单位干部

　　5□ 一般职员/文员/秘书　　　　6□ 公检法/军人/武警

　　7□ 专业技术人员/教师/医生　　8□ 私营或个体劳动者

　　9□ 中小学生　　　　　　　　　10□ 高校学生

　　11□ 离退休人员　　　　　　　　12□ 其他（请写明　　　　　　　）

5. 您目前每个月的各项收入（包括各种固定的和临时的收入）合计大约有：（限选一项）

　　1□ 无收入　　　　　　　　2□ 1～2000 元

　　3□ 2001～5000 元　　　　　4□ 5001～10000 元

　　5□ 10001～15000 元　　　　6□ 15001～20000 元

　　7□ 20000 元以上①

关于被调查者个人背景资料的这些调查问题通常没有太大变化，可以拷贝在每一个问卷里，并不需要花费太多精力来设计。但需要注意的是，关于收入的调查问题，应该结合社会发展情况予以恰当调整，使之符合人群收入

---

① 主要参考了中国人民大学舆论研究所《上海居民读报情况的调查问卷》，有改动。

的大致分布状况。

2. 行为活动方面的客观事实问题

行为活动方面的问题是指"做了什么""怎么做的"等具体问题，行为活动一旦完成也就成为既定事实，行为活动方面的问题当然也就具有客观事实特征。很多时候，行为活动比言语更真实，更能说明情况。如：

大年三十晚上，您是否从头至尾看完了央视春晚?

1□ 从头至尾全看完了

2□ 看了大部分

3□ 看了小部分

4□ 几乎没看

如果你问客人你做的菜好不好吃，对方可能会礼貌地说好吃，但他不动筷子夹菜的行为却更准确地说明了他的态度——"你做的菜其实并不好吃"。两个人谈恋爱，对方总说太忙没有时间约会，这种行为也就说明了其态度，那些理由、借口其实都经不住推敲，两个人还是早点散伙好。我们也常说"言行一致""行胜于言"，一个人说的话应该与自己的行动相符合，要用行动来证实言论，行动往往更有说服力、更可靠。

来看一个事实与行为问题的例子：

上一次浏览客户端新闻时，您是以什么方式参与互动的?（单选题）

01□ 投票

02□ 评论发帖

03□ 收藏新闻内容

04□ 转发分享新闻内容

05□ 参与客户端组织的活动

"说什么"不如"做什么"更真实，"做什么"更能反映问题。对被访者相关的事实或行为进行调查的问题，很多时候更能反映被调查者的深层态度。相对于直接询问被调查者的态度，对这些问题的回答能够更加真实地反映出他们的情况。

3. 态度、看法等主观意见问题

问卷里也会经常设置主观意见方面的问题，以便更加全面地了解被调查者的态度、看法或喜好。关于被调查者对某些事项的意见、看法或态度的问题，很多都是直接询问他们的主观意见，其优势是直截了当，表达效率高。如：

您认为今年春节联欢晚会好看吗？
1□ 非常好看
2□ 好看
3□ 一般
4□ 不好看
5□ 非常不好看

七、结束语与辅助信息

问卷的最后可以对被访者的合作表示感谢，不要使用"谢谢您的配合"这样的字眼，而要使用"谢谢您的填答"这样的表述。可以提醒访问员赠送礼品给被访者，标示出以下项目供相关人员填写。

被访者姓名/礼品签收人：
被访者住址：   联系电话：
访问员签名：   调查负责人：
调查地点：   调查时间：

第三节 问卷设计的流程

一、整体构思

对问卷的主题进行思考与研究，明确需要获取哪些信息，需要把这些信息分成几个模块。就像写文章需要先构思一样，问卷的设计也要依据问题的逻辑性先从整体上构思，将问卷分成几个部分，每个部分都会包含一些具体的问题。

要确保获取信息的可行性，就要考虑你的问题能否获得真正的回答，被调查者是否愿意回答，是否有能力回答。问卷的设计要与问卷类型以及调查方式相适应，面访的问卷题目可以多一些，邮寄调查问卷的题目就要少一些，普通的网络调查问题也要少一些。

二、前期探索

问卷设计者亲自进行一定时间的非结构访问，以随意的方式找人交谈，与各种类型的回答者交流，寻求问卷表述的方式方法，获得问卷设计的灵感与启发。这种探索性工作可以帮助我们弄明白怎样提问更容易被理解，也能够增加一些原来我们可能并没有想到的问题和问题的答案类别。

三、设计问题

问卷设计应该采用模块化设计方法，每个功能模块由若干道问题构成，结构清晰而又紧凑。一个模块一个模块地设计问题，每个模块的问题都设计完了，整个问卷的初稿也就出来了。

在设计问卷初稿的过程中，应该根据实际情况的需要适时作出调整，让问卷趋于完美与合理。

要注意安排问题的顺序。一般性问题在前，暖身的问题在前，容易回答的问题在前，特殊的问题、相对敏感的问题、回答相对困难的问题放在后面；人们熟悉的问题在前，有陌生感的问题放在后面；封闭式问题在前，开放式问题放在后面。

问题的设计可不是一件轻松的事，我们应该提出有效的问题，这个问题能够帮助我们获取答案，而不应该被对方反问"我怎么会知道"。罗××的朋友梁××给他讲了一个故事。2018 年，梁××去大学校园做了一个调查，调查题目是："什么样的姑娘想整容？"梁××心里其实有一个假设，长得不好看的姑娘应该更想去整容。调查员会这样直接问吗？会问长得不好看的女生更想去整容吗？当然不会了。梁××策略性地改了一下，她问的是："长得不好看的人会不会自卑？"结果，她调查的每一个人都说：我怎么会知道？我相貌中等偏上。

每一个人都这么回答，真是令人崩溃！你要是回答了这个问题，是不是等于承认了自己长得不好看？这显然是一个糟糕的问题。

四、问卷试用

问卷设计完成后要进行检查和修改，"设计问卷时无论多么小心，出错的可能性(事实上是必然性)永远存在。你们一定会犯一些错误，譬如模糊的问题、无法回答的问题、或触犯前述原则的问题"①。即便做过检查和修改,问卷仍然有可能存在问题。问卷的试用就显得非常必要了,通过试用可以发现一些书面检查很难发现的疏漏。

问卷的设计者首先要试用问卷。在自己填答问卷的过程中,一旦发现问卷中存在问题,就要马上进行修改。

自己试用并修改问卷后,再找其他人来试用问卷。"大体而言,让他人试填问卷比自己读问卷找错误更有效果。大多数情况下,某个问题乍看之下很有道理,尔后却发现无法回答。"②

可以打印几十份问卷,请你的家人、朋友和其他被调查者来进行试用,向他们请教问卷哪些地方不好理解,哪些地方容易产生歧义,以便进一步修改完善。

问卷的回收率是评估问卷的一个重要指标。"我认为要进行分析和撰写报告,问卷回收率至少要有50%才是足够的;要至少达到60%的回收率才算是好的;而达到70%就非常好。"③"如果回收率较低,低于60%,那么说明问卷设计中有较大问题,有必要做较大修改。"④

问卷回收后要重点分析填答不完全以及填答错误的地方,填答错误的常见情况及处理措施包括:

(1)被调查者对问题的含义不理解或误解造成填答错误,需要仔细检查问题的语言是否明确、具体。

(2)填写形式上出现错误,可能是由于问题形式过于复杂或指导语不清楚造成的,需要简化问题的表述形式,让指导语更加清晰明了。

五、定稿发布

不断修改、编辑、调整问卷,形成定稿,并印刷问卷或在网络上发布。关于问卷的编制与发布,下面再强调几点注意事项:

---

① [美]艾尔·巴比:《社会研究方法》,邱泽奇译,北京:华夏出版社2000年版,第204页。

② [美]艾尔·巴比:《社会研究方法》,邱泽奇译,北京:华夏出版社2000年版,第204页。

③ [美]艾尔·巴比:《社会研究方法》,邱泽奇译,北京:华夏出版社2000年版,第204页。

④ 韩运荣、喻国明:《舆论学原理方法与应用》,北京:中国传媒大学出版社2005年版,第311页。

（1）问卷的外观样式也很重要，问卷外观样式的主要要求是质量精美、专业化。

（2）格式一定要统一，同样是题干，不能这道题的字体、字号与另一道题不一样。

（3）内部要留出足够的空间，问题之间的空间不能太小，题干段前可以空半行。

（4）不要为了所谓节省成本而使用低档纸张印刷，印刷一定要清晰干净。

（5）重要的地方要注意强调。

（6）不要出现错别字、病句等低级错误。

第四节　问题分类及题型确定

问题的分类可以采用两分法，将其分为开放式问题和封闭式问题。题型则包括填空题、单项选择题、多项选择题、多项排序题、矩阵式列表题、量表题等。

一、开放式问题

开放式问题是让受访者提供他们自己答案的问题，往往需要受访者花费更多的精力思考问题，构思答案，组织语言。如："你怎样理解'我们是龙的传人'这个说法？"这样的问题就需要被调查者梳理自己的思路，做出自己的独立判断和表达，在回答时则未必像选择题那么轻松。

门卫大爷经常问来访者三个开放式问题："你是谁？""你从哪里来？""你要到哪里去？"这是三个哲学上的终极问题，可别小看了门卫大爷，他们简直就是哲学家。"我有两个问题搞不明白，一个问题是为什么人们有意咬自己的舌头时并不疼，而不经意咬到时却很疼？另一个问题是，你为什么现在在咬自己的舌头？""三点水加一个'来'念什么？三点水加一个'去'念什么？"这样的问题都是开放式问题。

提出开放式问题，能够获取丰富多样的回答，这些答案可以用作新媒体内容素材，编辑发布在微信公众号等自媒体上。我曾向大学生提出开放式问题："请谈谈你是怎样养生的？或者谈谈你是怎样损生（生活方式损害身体健康）的？"大学生的回答五花八门，整理成报告，很有趣。不少大学生是注重养生的，保温杯里泡枸杞，甚至有的学生还总结出了养肾与补阳大法。也有一些大学生习惯熬夜、吃油腻食品，在损害自己的健康。

记者采访时，为了营造漫谈的气氛，可以将开放式问题放在前面，从采访对象熟悉的、喜欢的话题开始，问几个简单的开放式问题。不过，对于问卷设计来讲，开放式问题却更多地放在问卷的结尾部分，供被访者提供更加开放的意见，以防止问题有所遗漏。

开放式问题的回答通常并不确定，也不便于后期统计分析，大多数问卷调查中对于开放式问题的设计其实是需要控制数量的，一般也不将开放式问题作为重点。不过，也有例外的情况。

新闻学专业学生应该养成关注新闻的习惯，新闻学院的老师也会要求学生平时收听收看新闻。这对于培养新闻敏感和新闻职业技能是有好处的，你在收受新闻的过程中其实也是在学习怎么进行新闻选题，怎么来报道新闻。那么学生在平日到底是不是经常收听收看新闻呢？

老师可以收集近期的一组新闻报道，设计成开放式问题，让学生来回答。学生如果平时不关注新闻，就很难回答出这些问题，这样的测试要比封闭式问题更有效。为了更加真实地掌握学生的情况，可告诉学生如实回答，答不上来就说不知道，不会受到惩罚。每次测验可以出 10 道新闻测试题，这样便于记分，便于统计分析。比如，本章设计了 10 道开放式问题，用于测试学生 2018 年上半年关注新闻的情况：

新闻关注测试

(1)经国务院批准，国务院关税税则委员会决定对原产于美国的大豆、汽车、化工品等 14 类 106 项商品加征百分之多少的关税？

(2)3 月 21 日上午，中央人民广播电台、中央电视台、中国国际广播电台召开中层干部大会，宣布中央关于组建中央广播电视总台和领导班子任职的决定。谁被任命为中央广播电视总台台长、党组书记？

(3)成都滴滴司机王明清，寻找失散女儿 24 年。4 月 3 日，王明清终于和她的亲生女儿康英团聚。康英已经远嫁他省，康英是从哪个省乘坐飞机回四川与亲人团聚的？

(4)第 31 届电视剧"飞天奖"揭晓，获得优秀女演员奖的是谁？

(5)哪国附近的太平洋垃圾岛，已经有三个法国那么大？

(6)研三学生陶崇园 3 月 26 日从宿舍楼坠亡，有媒体报道说陶崇园的导师要他喊导师"爸爸"。陶崇园在哪所大学读研究生？

(7)3 月 28 日，哪对夫妇抵达距离台湾约 110 公里的与那国岛，引起台湾绿营媒体异常兴奋，将其称为"眺望台湾"？

(8)4月初，哪家公司全资收购了摩拜？

(9)4月2日，中国的什么飞行器已经完成了它的历史使命，重回地球，坠入太平洋"航天器坟场"区域？

(10)京津城际铁路将从5月27日开始对哪等座位票价进行上调？

测试结束后，将每个学生回答的情况记录下来，每道问题回答上来记录为1分，回答不上来记录为0分，满分是10分，学生得了几分一目了然，可以很清晰地表明其关注新闻的情况。也可以统计一个班、一个专业的新闻关注情况，很容易计算出每个问题回答上来的百分比，也能够对整组10个问题的回答总得分作统计。测试学生的新闻关注情况，使用开放式问题，效果就会特别好，其统计分析也很容易操作。

下面附上上述10道开放式问题的答案，供读者参阅：(1)25%；(2)慎海雄；(3)吉林；(4)孙俪；(5)美国；(6)武汉理工大学；(7)日本天皇夫妇；(8)美团；(9)天宫一号；(10)一等座、特等座票价上调。

二、封闭式问题

封闭式问题里往往含有问题的答案选项，受访者在回答这类问题时，就像在做一道选择题。对封闭式问题的回答是有严格的限制范围的，这个严格的限制范围就是问题的备选项。相亲时提出的问题："你家小区停车好停不好停呀？""停车费贵不贵呀？"这样的问题都是封闭式问题，看似简单，实则是在开展婚前调查，充满陷阱和套路，暗藏"杀机"。你若不懂点调查方法，相亲被淘汰了都不知道是怎么回事。

封闭式问题是调查问卷的主要问题形式，调查问卷里通常会为被访者提供完备的备选项，让被访者从中挑选。封闭式问题的设计要特别注意以下两点：

1. 答案选项要完备

答案选项必须能够充分适应各种类型的被访者的情况，如果答案选项不完备，有的被访者的情况在答案选项里找不到对应项目，被访者就无法选择答案，问卷就无法收集这部分被调查者的回答信息。

这就要求问卷设计者一定要考虑周全，要穷尽所能，把各种可能的答案都罗列在问题的下面。另外，为了保险起见，也可在备选项的最后增列"其他(请说明：＿＿＿＿＿＿＿＿＿＿＿)"，凡是问卷设计者没有想到的答案都归到这一项。

2. 答案选项要具有排他性

封闭式问题的答案选项还要具有排他性，也就是说不能让一个答案包含另外一个或几个答案的内容，要保证每一个答案的含义都具有清晰的界限，能够与其他答案明确分离。答案若不具有排他性，就不利于准确获取调查信息，也会给被调查者带来选择的困惑，降低了调查的质量。看下面这个例子：

您阅读《都市主妇》多久了？（请选择一项）
1□ 2 年以上　　　2□ 1~2 年　　　3□ 1 年以内
4□ 半年左右　　　5□ 最近 3 个月　　6□ 没看过

这道题目的答案不具备排他性，第 3 个选项"1 年以内"包含了第 4 个选项"半年左右"和第 5 个选项"最近 3 个月"，对于阅读《都市主妇》"半年左右"或"最近 3 个月"的被调查者来讲，他选择第 4、第 5 中的一项是合适的，但同时选择第 3 项也是合适的。这样设计答案选项就不够严谨，有可能让被调查者无所适从。

三、题型的确定

1. 填空题

填空题是一种开放式问题，要求被调查者在问卷指定位置填写答案的问题，通常需要填写的字数不太多，也比较容易回答。如：

您家一共有几口人？请计算户口和您在同一个户口本上的人。＿＿＿＿人。（在横线上填写阿拉伯数字）

2. 单项选择题

提供备选项，但仅能选择一项答案的选择题。如：

上周五《天天兄弟》节目开播后，你看了吗？（请选择一项）
1□ 看了　2□ 没看

3. 多项选择题

多项选择题是提供被选项、可以选择不限于一项答案的选择题，比如可以选择一项，也可以选择两项、三项或更多项。多项选择题主要有两种形式，一是不限定选项数量，二是限定选项数量。不限定选项数量的题目允许被调查者选择任意数量的备选答案，限定选项数量的题目在答题指导语中明确规定了选择答案的数量。如：

您观看兰若传媒电视节目的原因是？（可以多选）
1□ 节目内容有用　　　2□ 节目内容有趣　　　3□ 主持人出镜
4□ 打发时间　　　　　5□ 为了看广告　　　　6□ 为了看新闻
7□ 其他(请写明＿＿＿＿＿＿＿＿＿)

下面分析一下选择题的优缺点。选择题的优点主要表现为便于回答、编码和统计，其地位非常重要。选择题通常在问卷设计里面占据主要篇幅。

但选择题也有一些缺陷，主要表现在以下两个方面：

（1）备选答案的排列次序容易引起偏差，排在前面的备选项可能更容易引起关注，选择第一个答案的概率往往会高于选择排在后面的其他答案的概率。

（2）备选答案表现态度强烈程度时，没有明显态度的人往往会选择中间数字对应的答案。

选择题的缺陷应该引起注意。可安排正序和逆序两种形式，或采取随机呈现的形式排列答案选项。对于调查态度强烈程度的问题，可以去掉中间项，迫使被调查者表态，也可改成填空题，要求被调查者采用百分制对调查项目打分。

4. 多项排序题

多项排序题是多项选择题的一种变形，它提供了多个备选项，要求被调查者从这些备选项中选择答案，并对选中的这几个答案排序。如：

按照您喜欢的程度，下列媒介元素在您心目中的排名是(请将答案号码填写在排名空白处)
第一位：　　　　　　第二位：　　　　　　第三位：
（1）文字　　（2）照片　　（3）图表　　（4）漫画　　（5）视频　　（6）音频

5. 矩阵式列表题

在数学上，矩阵是指纵横排列的二维数据表格。在问卷设计中，矩阵式列表题是指将两个或两个以上的选择题以矩阵列表的形式集中在一起，供被调查者回答。矩阵式列表题实质上仍是选择题，确切地讲它是选择题的变形，即将多个选择题集中到一起。矩阵式列表题可节省问卷篇幅并提高问卷表达的效率。如：

以上星期为例，您平均每天花多少时间接触下列媒介？（请各选一项打"✓"）

	基本不接触	少于30分钟	31~60分钟	1~2小时	2~3小时	3小时以上
车载电视	1□	2□	3□	4□	5□	6□
普通电视	1□	2□	3□	4□	5□	6□

6. 量表题

有的时候，问卷里需要采用量表技术测量被调查者的态度意见。比如在测量人们对独身的态度时，可以在问卷中设置一个总加量表：

对于下列说法，请表明您的态度：

项 目 表 述	限选一项				
	非常同意	同意	不一定	不同意	非常不同意
+1 独身能够让人们充分享受自由	5	4	3	2	1
−2 结婚后容易攒钱，独身生活成本会更大	1	2	3	4	5
−3 独身是一种另类行为，会被别人耻笑	1	2	3	4	5
−4 为了传宗接代也应该结婚	1	2	3	4	5
+5 独身是一种个人选择，他人无权干涉	5	4	3	2	1
+6 独身能够让自己更幸福	5	4	3	2	1
+7 独身是一种时尚的生活方式，让人羡慕	5	4	3	2	1
−8 对于不想结婚的人应该采取强制措施	1	2	3	4	5

5~12分：非常反对独身。13~19分：反对独身。20~26分：态度较为模糊，中立。27~33分：支持独身。34~40分：非常支持独身。

第五节 问题设计的要点

丹尼尔·克勒曼和阿莫斯·特沃斯基曾描述过一个"亚洲疾病问题"——假设美国正在准备对付一场来自亚洲的突发性流行病,预计将会有600人因感染该种疾病而丧生。现在有两套应急方案 A 和 B,它们的预期结果分别是:

(1)如果采用方案 A,200 人将被拯救。

(2)如果采用方案 B,有 1/3 的概率这 600 人将都被拯救,而 2/3 的概率这 600 人不会被拯救(即丧生)。

看了这两个方案结果的表述,大多数人会选择方案 A。

下面我们换一种表述方式,看看情况如何:

(1)如果采用方案 A,400 人会丧生。

(2)如果采用方案 B,有 1/3 的概率这 600 人将无一人丧命,而 2/3 的概率这 600 人会丧生。

在更换表述后,大多数人会选择方案 B 赌一把。①

其实,这两种表述并无本质上的区别,其结果是一样的。只是因为语言有了变换,大多数受访者的选择就因之发生了改变。不瞒诸位,笔者在大致浏览了上述题目时也成了大多数人中的一员,在第一种表述里选了 A,在第二种表述里选了 B。当然,也会有人并不这样选择。笔者让儿子参加测试,原本希望他能上当,和笔者有一致的选择思路,可是这位初二学生在两种表述里都选择了方案 A,他的理由是概率论,让笔者一时无法对他进行说教。笔者只好默默回到自己的书房,记录下这个插曲。在设计问题时,语言的使用需要慎之又慎。

---

① Kahneman D. *Thinking*, *Fast and Slow*. New York:Farrar, Straus and Giroux, 2011. 参见牟怡:《传播的进化:人工智能将如何重塑人类的交流》,北京:清华大学出版社 2017 年版,第 133~134 页。

一、语言表述要明确

网上流传着一个有关问卷调查的案例：

> 大学课堂上，教授面带微笑走进教室，对学生说："我受一家机构委托，来作一项问卷调查，请同学们帮个忙。"
>
> 问卷发下来，只有两道题。
>
> 第1题：他很爱她。她尖下巴、瓜子脸，弯弯的蛾眉，面色白皙，美丽动人。可是有一天，她不幸遇上了车祸，痊愈后，脸上留下几道大大的丑陋疤痕。你觉得，他会一如既往地爱她吗？
>
> (1)他一定会。(2)他一定不会。(3)他可能会。
>
> 第2题：她很爱他。他是商界的精英，儒雅沉稳，敢打敢拼。忽然有一天，他破产了。你觉得，她还会像以前一样爱他吗？
>
> (1)她一定会。(2)她一定不会。(3)她可能会。
>
> 一会儿，学生们就做好了。
>
> 问卷收上来，教授统计发现，第一题有10%的同学选(1)，80%的同学选(2)，10%的同学选(3)。第二题呢，15%的同学选了(1)，70%的同学选(2)，15%的同学选(3)。"看来，美女毁容比男人破产，更让人不能容忍啊。"教授笑了，"做这两题时，潜意识里，你们是不是把他和她当成了恋人关系？"
>
> "是啊。"学生们答得很整齐。
>
> "可是，题目本身并没有说他和她是恋人关系啊！"教授似有深意地看着大家，"现在，我们来假设一下，如果第一题中的'他'是'她'的父亲，第二题中的'她'是'他'的母亲。让你把这两道题重新做一遍，你还会坚持原来的选择吗？"
>
> 问卷再次发到大家的手中，教室里忽然变得非常宁静，一张张年轻的面庞变得凝重而深沉。几分钟后，问卷收了上来，教授再一统计，两道题同学们100%地选了(1)。

这个案例所阐释的爱的主题值得深思，但从问卷设计的专业角度看，案例中的问题表述却并不值得提倡。

这位教授提供的问卷表述不清晰，无法让被调查者明确问题中人物的关系，导致被调查者对人物关系做出了不同的想象和假设，从而最终影响了调查结果的准确性。

问卷的设计、问题的表述有专门的方法和要求，我们在设计问卷和表述问题时可不能学这位教授。

问题的设计应该注意对概念表述的界定，使大家能够统一到正确的认识上来。比如问卷设计中经常出现的"上星期"，不同的人可能也会产生不同的理解，有的人会理解成"从星期一延续到星期日的 7 天"，有的人会理解成"从星期日延续到星期六的 7 天"，有的人则会理解成"从星期一延续到星期五的 5 天"。界定不明确，认识不统一，最终会影响到数据采集结果的准确性。

二、不提有双重或多重含义的问题

每次提出问题时，应该确保问题点单一，不提有双重或多重含义的问题。艾尔·巴比建议不提模棱两可的问题，"作为一个通则，每当 and（而后、以及、与、和）这个字（词）在一个问题或问卷的陈述中出现时，你们就得核查是否问了一个模棱两可（double-barreled）的问题"。①

下面这道问题中包含了两个含义，通过这样的调查，我们其实无法分清楚被调查者到底是看到电视广告还是看到体育节目才换台：

当您看到电视广告或体育节目时，您会换台吗？
1□ 一定会换台
2□ 常常会换台
3□ 有时会换台
4□ 从不换台

应该把这道具有双重含义的题目拆开来分别问，修改成如下的模样：

当您看到电视广告或体育节目时，您会换台吗？

	一定会换台	常常会换台	有时会换台	从不换台
电视广告	1□	2□	3□	4□
体育节目	1□	2□	3□	4□

① ［美］艾尔·巴比：《社会研究方法》，邱泽奇译，北京：华夏出版社 2000 年版，第 192 页。

下面这道问题包含了太多的问题点，让被调查者无所适从：

你是否同意下面这个说法？

如果日本首相继续参拜靖国神社，而中国也不断提出抗议的话，那么，中国将不可避免地警告日本，并与日本断交，这将是一错误的行为。

1□ 同意　　　2□ 不同意　　　3□ 不确定

应当保留一个问题点，将其修改为：

你是否同意日本首相继续参拜靖国神社？

1□ 同意　　　2□ 不同意　　　3□ 不确定

三、提受访者有能力回答的问题

设计问题时应该不断地自问，受访者是否有能力回答这个问题。受访者可能无法回答的问题应该删除，或者对表述做出修改，换一种提问方法。比如用开放式问题来直接询问一个人骑自行车的总里程数，被调查者通常很难作出回答。而如果询问对方，您昨天骑自行车了吗？就很容易回答了。

术语往往会让被调查者丧失回答问题的能力，问题表述中出现术语时也应该引起警惕。

如果被调查者都是专业领域人士，都熟悉某专业术语，那么可以在问卷中使用术语。如果调查面向大众展开，被调查者并不熟悉和理解术语，那么就应该将术语翻译成老百姓都能轻松理解的说法，或者要对术语作出明确清晰的解释或界定。

下面这个问题来自一份面向大众展开的调查问卷，其中出现的"前贴广告"值得警惕：

您常去的视频网站的前贴广告时长大约为（　　）

1□ 无　　　　　2□ 30 秒以下　　　　3□ 30~60 秒

4□ 60~90 秒　　5□ 90~120 秒　　　6□ 120 秒以上

"前贴广告"是一个术语，应当对此作出解释。被调查者来自不确定的社会人群，并不一定是传媒专业人士，应该假定他们并不熟悉术语。在术语出现的时候应该作出相应处理，将术语换成老百姓都能懂的词汇，或者对术语作出解释。

再来看一道题目：

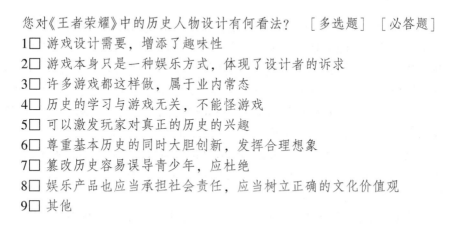

您对《王者荣耀》中的历史人物设计有何看法？　［多选题］［必答题］
1□ 游戏设计需要，增添了趣味性
2□ 游戏本身只是一种娱乐方式，体现了设计者的诉求
3□ 许多游戏都这样做，属于业内常态
4□ 历史的学习与游戏无关，不能怪游戏
5□ 可以激发玩家对真正的历史的兴趣
6□ 尊重基本历史的同时大胆创新，发挥合理想象
7□ 篡改历史容易误导青少年，应杜绝
8□ 娱乐产品也应当承担社会责任，应当树立正确的文化价值观
9□ 其他

《王者荣耀》是一款很火爆的游戏，但即便是再火爆的游戏也有一些被调查者并不熟悉，对游戏中历史人物的设计也并不清楚。所以，在询问被调查者对《王者荣耀》游戏中历史人物设计的看法时，还是应该做出解释，要告诉大家这款游戏中的历史人物是怎么设计的，否则被调查者就只好看着答案选项来瞎猜了，或者干脆就胡乱选几个选项敷衍了事。

四、提具体的问题

要提具体的问题，而不是一般性的问题。需要对问题的时间状语、地点状语做出明确规定，这样做的好处是回答更加真实，也更容易回答。

被调查者如果是一位大学教授，当他看到下面这样的提问时，可能会顾及自己的身份和社会期望，更多选择新闻、教育等严肃性节目，有可能使得答案与真实的情况产生较大偏差：

你一般看什么电视节目？

应该这样问：

上一个星期，你本人最常看的是哪个电视频道的哪个节目？（在横线上记录）

_____ 频道 _____ 节目

五、斟酌措辞

同样的一件事情，措辞有所调整，有时哪怕是调换一下词语的顺序，传达出来的意思可能就有很大区别，让人得出不同的结论。"一位同学听课的时候睡觉"，会让老师不开心。其实老师可以换一种想法，"这位同学睡觉的时候还来听课"，这样一想简直都要被上课睡觉的同学给感动坏了。小和尚问："我念经的时候可以吸烟吗?"不如换种问法："我吸烟的时候可以念经吗?"其实做的是同样的事情，但给人的感觉是不一样的。

斟酌措辞要求我们反复考虑词语表达的细微差异，然后再决定字词的取舍。我们设计问卷、写文章就得经常研究字词，仔细体会字词之间微妙的区别。

比如"富贵"这个词，不仔细辨别就会觉得"富"跟"贵"的意思一样，有钱就是"富"，就是"贵"。其实不是的，"富"是有钱的意思，"贵"是"贵气""显贵"的意思。光有钱那只能叫"富"，是暴发户，却称不上"贵"，你得有"贵气"才行。

再如"清贫"是"清苦贫寒"的意思，"清"含有洁净、单纯之意，是"清气"。家里虽然很穷，但是收拾得很整洁，收拾得一尘不染，有一股"清气"，那叫"清贫"。家里很穷，又不好好收拾，弄得很龌龊，没有精气神，那只能叫"贫"。"清贫"经常用来形容读书人，读书人虽然家里穷，但是他有精神追求，有一种坚守意志的劲头，那也是一种让人尊敬的生活态度。

"认识和语言是严格交织在一起的"[1]，"我们所使用的语言极为复杂。如果每个词都只有一种潜在的含义，而且大家都认同这个含义，那么迅捷有效的交流就更有可能实现。可惜的是，大多数词语都有不止一种含义"[2]。遣词造句的影响非常微妙，问卷设计者必须仔细斟酌措辞。

我们都知道，对同一个事物或同一种状态的描述可能会有不同的词语，而不同的词语会有情感色彩上的差异，这种细微的差异有时就能导致受访者

---

① [法]米歇尔·福柯:《词与物——人文科学的考古学》，莫伟民译，上海:上海三联书店 2016 年版，第 90 页。

② [美]尼尔·布朗、斯图尔特·基利:《学会提问》，吴礼敬译，北京:机械工业出版社 2013 年版，第 60~61 页。

作出不同的回答。如果是褒义词，受访者有可能给予肯定；如果是贬义词，受访者则可能给予否定。

"乞讨"与"众筹"，"土狗"与"中华田园犬"，"算命"与"分析师"，"办公室出租"与"孵化器"，"破坏"与"颠覆式创新"，"穷人"与"价格敏感型消费者"，"钱"与"货币"，相同的事物采用不同的名称，会让人们产生不同的情感反应。有的说法令人厌恶，更容易被排斥；换一种说法则显得很专业，更容易被认同。

如果谈"钱"显得俗气，那么你不妨试试将其换成"货币"这个词。银行在培训职员的时候，凡是涉及"钱"这个事物，也要用"货币"这个词来代替。其用意在于告诉员工，它是你们的工作对象"货币"，不是你们往口袋里揣的、可以在生活中花的"钱"。这对于预防银行职务犯罪是一种暗示，具有积极作用。

"名称的威力如此强大，如果选择得当，它足以使最可恶的事情改头换面，变得能被民众所接受。"[1]我们在设计问卷时，就应当对问题的表述多加斟酌，在遣词造句上多下功夫，找到最恰当的那种措辞。"小心那些饱含感情色彩的词语，它会让你的思维短路"，"它们暂时让思维短路，通过直接连通情感线路来绕过描述性的意义通道，从而欺骗了人们的思想"。[2]

六、警惕否定性词语

当问题题干中出现"不""无""没有"等否定性词语的时候，很容易造成误解，应该修改表述。问卷设计通常采用肯定语气提出问题。

一家网站就延迟退休的话题做了调查（图 5-1）[3]，其问题设计为：

延迟退休无意义，你赞同还是反对？
1□ 赞成　　　2□ 反对

---

① ［法］古斯塔夫·勒庞：《乌合之众：大众心理研究》，冯克利译，北京：中央编译出版社 2004 年版，第 86 页。

② ［美］尼尔·布朗、斯图尔特·基利：《学会提问》，吴礼敬译，北京：机械工业出版社 2013 年版，第 72～73 页。

③ http：//www.laoren.com/，2014-06-22。

 今日话题

延迟退休无意义 你赞同还是反对？

有专家认为，延迟退休实际上是一种自欺欺人的办法，除了引发亿万劳动者的反感和抵触，没有其他任何意义。那么，延迟退休无意义，你赞同还是反对呢？

2196 赞成 1529 反对

图 5-1　赞同还是反对：延迟退休调查

如果被调查者仔细阅读这道问题的话，应该这样理解——"赞成"即认为"延迟退休无意义"，"反对"即认为"延迟退休有意义"。可是在实际调查时，被调查者可能并没有太多时间字斟句酌，难免会有被调查者将其理解为——"赞成"即"赞成延迟退休"，"反对"即"反对延迟退休"，这样的理解就与前面的理解恰恰相反了。

如果按下文所述修改，增强表达的清晰性，就容易理解了：

您认为延迟退休有无意义？
1□ 有意义　　2□ 无意义

或者这样修改：

您赞成延迟退休吗？
1□ 赞成　　　2□ 反对

七、避免提带有倾向性的问题

带有倾向性的问题会直接左右被调查者的选择，从而影响到调查的客观真实性。问题的设计应该注意措辞中不要含有特定的观点倾向。

(1)问题中不要出现结论性和断定性的词语和句子。

您都已经有定论了,我哪敢说不啊。提问带有明显的倾向性,会严重干扰被调查者说出内心真实的想法。下面这种问法是不妥当的:

受到新媒体的冲击之后,传统媒体会消亡,是吗?

应该这样问:

受到新媒体的冲击之后,传统媒体会消亡吗?

(2)提问的时候举例子要慎重。

如果举例子会对被调查者的回答产生诱导或干扰,那么提问的时候就不要举例子。下面这种问法是不妥当的:

你在网络上看到过哪些公益广告,比如关于环境保护的广告?

应该这样问:

你在网络上看到过哪些公益广告?

(3)不要用反问形式提问。

用反问形式提问会产生恫吓效果,逼迫对方迎合你的某种说法,掩盖了被调查者内心的真实想法。下面这种问法是不妥当的:

难道您不认为《新闻报道写作:理论、方法与技术》很实用吗?

应该这样问:

您认为《新闻报道写作:理论、方法与技术》很实用吗?

八、对敏感问题需做脱敏处理

有一些问题牵涉被调查者的隐私或利益，如果你直接去问这些敏感问题，对方通常并不愿意回答你。我们做调查研究时就不应该直接去问，因为直接问，对方很可能会撒谎。

比如，你直接问一个小吃店老板："你们现在还用地沟油吗?"对方很可能会搪塞你："没有啊，我们没有用地沟油啊。"这样的提问往往就是无效的。

对于敏感的事实与行为问题，可以考虑采用第三人称的方式提问，就更容易得到真实的回答。受访者看到问的是别人的行为，而不是自己的行为或想法，问题对他而言不那么敏感了，也就没必要掩饰了，会提供出真实的答案。

也可以将被访者置于"建议者"的位置，比如询问当某人遇到某种问题时，你会建议他怎样做。被调查者的建议正反映了他的真实想法。此外，将敏感问题答案合并，使得答案选项的刺激性降低，也是为敏感问题做脱敏处理的有效方法。

九、减少彼此的麻烦

问卷的设计要特别注意为被调查者考虑，尽量方便对方，尽量减少被调查者的工作量，少给他们添麻烦。下面这个问卷的最后一题就值得商榷：

1. 您的年龄多大？［单选题］
   1〇17 岁及以下
   2〇18~30 岁
   3〇31~40 岁
   4〇41~50 岁
   5〇51~60 岁
   6〇61 岁及以上
2. ……
3. ……
4. ……
5. 您平时观看的视频时长是多少？ ［单选题］
   1〇10 秒以下

2○10~60 秒

3○1~10 分钟

4○11~60 分钟

5○1~2 小时

6○2 小时以上

6. 在以下视频长度中，请根据自身情况选择经常观看的视频时长。[矩阵单选题]

	17 岁及以下	18~30 岁	31~50 岁	51~60 岁	61 岁及以上
10 秒以下	1○	1○	1○	1○	1○
10~60 秒	2○	2○	2○	2○	2○
1~10 分钟	3○	3○	3○	3○	3○
11~60 分钟	4○	4○	4○	4○	4○
1~2 小时	5○	5○	5○	5○	5○
2 小时以上	6○	6○	6○	6○	6○

前面的第 1 题和第 5 题分别调查了对方的年龄和观看的视频时长，没有必要再设置第 6 题来细化调研。问卷的设计者表示，他是想分别看一看不同年龄段的被调查者观看视频的时长情况。一方面，我们应该鼓励设计者的这种想法，他有进一步探究的意识；另一方面，从这种设计我们也能看出，他对问卷设计尚不够熟悉，还没有掌握后期统计的一些知识。其实，有了前面两道题目的设计就足够了，后期统计分析的时候只要将前面两道题的数据做列联分析，统计软件很容易把第 6 题的结果计算出来。

所以，在这个例子中，问卷设计者是给被调查者增添了麻烦，浪费了被调查者的精力和时间。

这样设计问卷还容易给自己带来麻烦。被调查者在填答问卷的时候，对前面的年龄和时长分别作了选择，在第 6 题再填写一遍，由于粗心、程序烦琐等原因很容易出现前后不一致的情况，这又增加了核实的工作量，给自己徒添烦恼。

第六章
抽 样 技 术

统计方法得到了极其广泛的使用，其基本假设已经成了西方大众文化不言而喻的一个组成部分。

——戴维·萨尔斯伯格

虽然统计学取得了辉煌的胜利，但它脚下的根基并不稳固。在未来某个阴暗的角落，另一场科学革命可能正在蓄势待发，随时准备推翻统计学的统治，而这场革命的领导者现在可能就在我们中间。

——戴维·萨尔斯伯格

第一节　抽 样 引 论

一、抽样遭遇大数据

大数据、算法对抽样技术是有冲击的，大数据时代抽样调查还有存在的必要吗？这个问题的确值得我们思考。随机抽样的产生历经了一个历史过程，抽样技术具有科学性，是人类智慧的结晶。即便是在当前大数据时代，抽样技术仍然有存在的价值。甚至即便是在算法见长的公司内部，抽样技术仍然具有顽强的生命力。

今日头条创办于2012年，其日活跃用户数、用户日均启动次数及日均使用时长等数据，都在不到5年的时间里跃居中国移动媒体首位。不过，2017年年末，今日头条却遇到了一件麻烦事——北京市互联网信息办公室针对今日头条"持续传播色情低俗信息、违规提供互联网新闻信息服务等问题"，约谈企业负责人，责令企业立即停止违法违规行为。

今日头条关闭了社会频道，并开始大量招聘内容审核编辑岗位人员。如今，今日头条内容审核编辑团队已经突破 10000 人。[1] 今日头条的整改措施应该说是相当有诚意的，非常彻底，非常坚决。这就是壮士断腕，因为如果现在整改不到位，很有可能今后连存在的机会都没有了。

据今日头条总编辑张辅评介绍，头条号平台自媒体作者超过 90 万，每天都在生产大量的内容，针对用户可能生产传播色情低俗内容、违规内容的问题，今日头条还曾专门从用户中抽样建立了 1000 人规模的专业评估团，每天反馈千余份对于机器推荐效果满意度的问卷。[2] 从这里我们也可以看出，即便是像今日头条这样的以算法见长的公司，也依然使用了抽样问卷调查方法来助益业务的运转。扩展内容审核编辑团队，其实也可以看成是传统调查技术的扩展应用——不能完全依赖计算机技术，还需要人工把关。内容审核编辑相当于特殊的调查员，阅听完内容之后，从两个选项"通过"和"不通过"中选择一项。

大数据、算法等计算机技术是人类取得的先进技术，我们当然需要正视和积极利用这些先进技术，但同时我们也仍然需要看到抽样技术的价值。至少到目前为止，抽样问卷调查仍然没有被废弃，我们要善于学习和掌握抽样技术。

二、抽样的优势

抽样是指按照某种原则和程序，从总体中抽取一部分个体(元素、单位)，通过对这一部分个体进行调查得到的信息，达到对总体情况的了解。

抽样的成立基于以下假设：

(1)部分是整体中的部分，部分包含于整体之中；

(2)部分具有对整体的代表性，部分与整体具有相同或相似的特征、规律；

(3)部分更容易把握，能够提供更加清晰的脉络。

在与普查进行对比的过程中，抽样的优势可以清晰地体现出来。为了说明抽样的优势，我们有必要先来说说普查。普查是对调查研究对象总体的全面调查，调查时间长，需要人员多，花费多，我们应该对普查的这些特点有

---

[1]　铁林：《头条是怎么成为一家万人公司的？》，https://mp.weixin.qq.com/s/cwrxoIDfE8t7q-lSf5Hfyw，2018 年 1 月 4 日。

[2]　建文、张辅评：《今日头条总编辑张辅评——智能推荐：认知和改进完善都需要时间》，https://mp.weixin.qq.com/s/QE5bnx6m6UW4vtYaYZRfVA，2018 年 1 月 3 日。

一个清醒的认识。第四次全国经济普查标准时点为 2018 年 12 月 31 日 24 时，普查时期资料为 2018 年年度资料，以山东省威海市为例，该市组织了 4200 余名普查员手持数据采集终端，对全市 9 万多户单位和约 20 万户的个体经营户进行登记。

全国人口普查的规模更是令人震撼。1982 年我国第三次人口普查，早在 1979 年年底国务院人口普查领导小组成立就拉开了帷幕，调查正式结束已经到了 1985 年 11 月，前后历时长达 6 个年头。

正式参加这次人口普查的工作人员有 600 多万人，光是这些工作人员就足以住满一个大城市。这 600 多万人包括 518 万名普查员，109 万普查指导员，13 万名编码员，4000 多名电脑录入人员，1000 多名计算机工作者。此外，这项普查的开展还需要动员 1000 多万名基层干部群众配合与支持。

第三次人口普查花费的经费是多少呢？大约花费人民币 4 亿元，另外，联合国还资助了 1560 万美元。全国人口普查的花费真是太大了，必须举全国之力才能组织实施。虽然采用普查的形式会耗费大量的财力和人力，但为了掌握整个国家的人口基础数据，也必须每隔 10 年组织实施一次人口普查。

与普查相比，我们不难发现抽样的优势：

(1)节省费用。普查需要调查总体中的每一个个体，通常花费是比较高的。而抽样调查只需要调查总体中一部分个体，不用对所有个体都调查，这就节省了费用。

当总体规模达到足够大时，样本的必需量相对于总体来说，只是受到较小的影响。如表 6-1 所示，在同样的置信水平和抽样误差要求下，总体是 1 万人的时候，需要调查 600 人；总体是 50 万人的时候，需要调查 700 人，增加的人数并不多。

表 6-1 样本量比较

总体	1000	1 万	50 万
样本	350	600	700
占比	35%	6%	0.14%

置信水平 95%，抽样误差 3%，总体异质性较大

(2)缩短调查周期。因为只需要调查少量个体即可完成工作，当然也就节省了时间，使得调查工作的周期大大缩短了。

山东省第三次全国农业普查需要对全省 1800 多个乡镇、约 7.5 万个行政村和 2200 万农户，以及大量规模农业经营户和农业经营单位进行普查登记。① 以农户调查为例，若采用抽样调查，调查的农户只需 3000 户，明显节省了时间和精力。

（3）提高调查数据质量。在一定的费用和时间前提下，被调查的对象少，工作就可以做得精，可以提出更多的调查问题，获取更丰富的信息，数据质量也比普查要高得多了。

三、总体、样本与样本框

1. 总体

总体由个体构成，总体是构成它的所有个体（元素）的集合。个体即元素，也可称为单位、单元。元素是构成总体的最基本单位，总体即元素的全体。社会调查中最常见的元素是个人，最常见的总体是由所有符合界定条件的个人组成的集合。界定总体是非常重要的，它直接关系到调查结果的质量和可靠性。

美国《文学文摘》曾成功预言了 1920 年、1924 年、1928 年、1932 年的总统选举结果，可到了 1936 年它却遭遇了失败，并在不久之后停刊。1936 年的总统选举预测结果调查中，《文学文摘》寄出 1000 万张模拟选票进行抽样调查，回收 230 万张模拟选票统计调查结果。统计数据显示，57% 的被调查者支持兰登，《文学文摘》据此预言兰登会当选总统。可最终投票结果却是罗斯福当选美国总统。

《文学文摘》失败的一个原因是抽样框出现系统性偏差，进一步讲其实也是调查者对总体的理解出现了问题。它实质上是以杂志读者、有电话和汽车的人们为调查总体，忽略了非杂志读者、没有电话和汽车的选民，总体的确定与实际情况是不符的。1936 年的美国社会，订阅杂志、拥有电话和汽车的人数比例是很低的，《文学文摘》显然错误地理解了调查总体。

以前的几次调查，底层选民大多没有参与投票，《文学文摘》杂志能够侥幸成功预测结果。但到了 1936 年总统大选时，美国经济环境恶劣，底层的老百姓被迫要关心政治，对罗斯福新政"杀富济贫"很感兴趣。当这些底层选民要表达自己的政治主张时，《文学文摘》杂志也就失败了。

———————————

① 《大众日报》2017 年 1 月 2 日第 1 版。

2. 样本

样本由总体中的一部分个体组成，它是从总体中按一定原则或程序抽出的部分单位所组成的子集合。

3. 抽样框

抽样框是指一次直接抽样时总体中所有抽样单位(元素、个体)的名单。抽样框决定了抽样操作，抽样是从抽样框中进行的抽样，离开抽样框，抽样就很难展开操作。

抽样框需要构建，抽样框构建的科学性决定了抽样的科学性。抽样框如果不合理或不正确，抽样调查的结果就会与真实情况相去甚远。前述美国《文学文摘》确立的抽样框是该杂志的读者名单、电话簿和汽车驾驶员名录，这个抽样框本身就存在问题，抽样调查的结果当然也就很成问题了。

四、参数值、统计值与抽样误差

1. 参数值

参数值是针对总体而言的，又叫总体值，它是一种真实的客观存在，需要根据总体中所有单位的数值加以计算。

当总体很大的时候，我们通常无法采用普查的方法来调查和计算，所以参数值虽然是一种真实的客观存在，但通常又是未知的，需要用统计值来代表它。

比如，上一年度我国国民图书平均阅读量是一个参数值，理论上是可以计算出来的，只要用全体国民在该年度阅读的图书总数除以总人口数就可以了，这个平均值毫无疑问是存在的。但现实生活中要对我国所有国民进行图书阅读调查却并不容易操作，工作量太大，执行起来很难完成。

虽然国民图书平均阅读量这个参数值是存在的，但通常因为我们并没有去普查，所以其实是无法真正直接计算出来的，这种情况下我们其实并不能确切得到这个数值，参数值从这个意义上讲又是我们不知道的，它是未知的。解决这个问题的办法是采取抽样调查，用统计值来代表它。

2. 统计值

统计值是针对样本而言的，又叫样本值，它是根据样本中各单位的数值计算出来的结果，如样本均值、样本比例、样本方差。

如果样本是随机抽取的，在大样本情况下，可以根据统计值对未知的参数值进行估计，而且这种估计是很可靠的，是值得信赖的。

3. 抽样误差

抽样误差是指由抽样本身的随机性所带来的误差，它是统计值与参数值之间存在的偏差。抽样误差常用百分比表示，通常不可避免。

五、概率抽样和非概率抽样

1. 概率抽样

概率抽样又称随机抽样，是指按照随机原则抽取样本。随机原则即机会均等原则，总体中每一个个体都有同等机会被抽中成为样本中的一分子，它们被抽取到的概率或可能性是相等的。

2. 非概率抽样

非概率抽样又称非随机抽样，是指不按照随机原则抽取样本。非概率抽样主要根据方便原则、调查者的主观意愿或判断、被调查者的意愿等因素来抽取样本，实施起来很容易，但样本的代表性、可靠性通常不如概率抽样。

六、抽样的基本步骤

1. 明确研究目的

看看你的研究目的倾向于下列哪个选项：

(1)对数据的质量要求高，需要对参数值做出推断估计。

(2)只是为了做些简单了解，不要求推断参数值，对数据的代表性不做过高要求。

2. 界定调查总体

调查总体通常与抽样框存在一致性，调查总体的正确界定是一个大前提，否则抽样框的构建就容易出现偏差，调查结果对总体的推断意义就会变差甚至失效。

3. 构造抽样框

抽样的具体操作是在抽样框中进行的，构造抽样框是抽样设计的关键。找到抽样框需要动一番脑筋，抽样框的构造需要考虑可操作性。

4. 选择合适的抽样方法

如果对数据的质量要求很高，需要对参数值做出推断估计，就采用随机抽样方法。

如果只是为了简单做些了解，并不要求推断参数值，对数据的代表性不做过高要求，就采用非随机抽样。

无论是随机抽样还是非随机抽样，都有多种具体的抽样方法，要选择适合你的调查项目的方法。

5. 确定样本量

样本量是指抽取的样本中包含的个体数量，抽样设计需要把这个个体数量确定下来。随机抽样可以通过计算来确定样本量，非随机抽样可以根据经验来确定样本量。

6. 抽样实施

运用具体的抽样方法，从抽样框中抽取个体组成样本，直至满足样本量要求。

抽样必须注重操作的科学性和可行性，你所学习掌握的抽样方法都要面对现实世界的考验。要熟悉社会实际情况，让你的抽样设计变得容易实施。

7. 评估样本

评估你的样本是否能够满足研究的需要，抽样调查所获得的数据质量是否可靠。

第二节　非随机抽样

19 世纪 20 年代，美国开始进行发放"模拟选票"的调查。最早的模拟调查当属 1824 年美国《哈里斯堡宾西法人报》开展的调查，该报在总统选举之前发放 900 多张"模拟选票"，回收了 600 多张，并在这年 7 月 24 日发表了调查结果。

《哈里斯堡宾西法人报》的这种抽样调查带有娱乐性质，人们觉得在正式选举结果出来之前就能事先得到一个结果，这是一件很有意思的事情，相关报道能引起读者很大兴趣，报纸也会卖得特别好。

美国的模拟调查在 19 世纪中期变得盛行起来，研究美国的模拟调查历史会有一些有趣的发现。这些模拟调查除了报纸组织的以外，很多是普通老百姓组织开展的，可谓真正来自民间的民意调查。另外，不少模拟调查是在火车上开展的。有的记者或普通读者坐火车，顺便就在火车上开展调查活动。调查结果投给报社，报纸也很愿意发表。比如，1860 年林肯和道格拉斯的总统竞选期间，《芝加哥论坛报》的记者发表过一篇有关模拟调查的报道：

一次短途旅行，从希尔斯戴尔出发，周四到印第安纳州的戈申，在火车上进行了一次总统投票，下面是投票结果：支持林肯的有 368 位男士、433 位女士，总共 796 票；支持道格拉斯的有 156 位男士、60 位女士，总共 216 票；支持布雷肯里奇（Breckinridge）的有 5 位男士、1 位女士，总共 6 票。林肯总共领先 574 票。①

模拟调查采用的抽样方式并不依据概率原则，属于非随机抽样方式。在人类没有掌握随机抽样方法以前，包括模拟调查这样的非随机抽样调查方式当然就是抽样调查的主要方式。其实即便是在今天，人类已经掌握了随机抽样方法，非随机抽样的使用也并没有消失，非随机抽样应用的频率依然非常高。

早在 19 世纪 20 年代，美国开始进行发放"模拟选票"的调查，这是有关总统选举预测的最早民调。虽然后来抽样方法不断改进升级，发展出科学的随机抽样方法，如今人类更是掌握了各种先进技术，但是作为非随机抽样调查的模拟投票依然没有根绝，它仍旧给人们带来游戏的趣味，满足了让大家迅速表态、迅速知晓结果的需求。就在特朗普与拜登竞选美国总统紧张投票的时候，2020 年 11 月 4 日，美国驻广州总领事馆举行了一场模拟投票。100 多位中外人士参加了这次模拟投票。Allan 领事宣布现场模拟投票结果：特朗普得票率 38%，拜登得票率 62%，现场支持拜登的人占多数。有中国朋友问过多位领事，他们把票投给了谁，结果这些美国人一概拒绝回答。领事们说，作为美国现任工作人员，他们不能对外公布自己的倾向，无论谁当选，他们都要认真为这届政府服务。这个投票结果其实并不重要。2021 年 1 月 7 日，美国国会参众两院联席会议确认，特朗普获得 232 张选举人票（占 43%），拜登获得 306 张选举人票（占 57%），拜登获胜。美国驻广州总领事馆举行的这场模拟投票在本质上是一个游戏，它提供了一种舆论表达方式，具有修辞的力量，增强了现场互动的趣味性和分享价值。它让在场的人们表达了自己的态度立场，提前告知了一个答案。

非随机抽样在抽选样本时不是依据随机原则，而是根据方便原则或研究人员的主观判断选择样本，主要包括方便抽样、判断抽样、自愿抽样、配额抽样等几种方式。

① 里面的个别数据似乎有误，如果支持林肯的有 368 位男士、433 位女士，则林肯得票数应为 801（368+433），而非 796，林肯的总领先票数也要相应调整。为了尊重原貌，此处保留原文。相关内容参阅［美］苏珊·赫布斯特：《用数字说话：民意调查如何塑造美国政治》，张健译，北京：北京大学出版社 2018 年版，第 77~84 页。

一、方便抽样

方便抽样是指依据便利的原则、容易实现的原则来抽取样本。

方便抽样经常就近寻找被调查者，因为这样操作起来更加容易。山东大学威海校区对面有一所小学，研究少年儿童接触和使用新媒体的情况如果就近抽样，那就直接到这所小学好了，这种抽样是本着方便研究者、容易实现的原则开展的，属于方便抽样。

在街头随意拦截行人调查也属于方便抽样。有时记者会采用这种抽样方法，到大街上拦截行人采访，美其名曰"记者随机采访"，其实这种说法是不对的。记者拦截行人是明显的方便抽样，并没有遵循随机原则，当然也不能叫"随机采访"了。

二、判断抽样

判断抽样是依据对实际情况的了解和经验，事先确定某种判断标准来确定样本。如果要研究大学生中的失败者，我们可以采取判断抽样的方法。我们根据自己对大学生实际情况的了解和认识，事先确立一种标准，比如依据专业课程不及格作为一种标准，来寻找不及格学生做调查，这就是一种判断抽样。

判断抽样经常选择典型个体、极端个体作为样本加以调查研究。

典型个体是对于总体来讲具有代表性的个体，具有普通或平均属性特征。当总体规模比较小，研究者对总体情况比较了解和熟悉时，典型个体的选择会更准确，样本的代表性也会更好。反之，典型个体的选择可能会有较大偏差，样本的代表性也会降低。

极端个体是指总体中具有极端特点的那些个体，如最富裕的人和最贫穷的人，最开放的人和最保守的人，成绩最好的人与成绩最差的人，等等，这些个体具有极端特征，便于调查者探究个体间的差异。

研究人员有时需要格外关注那些偏离平均水平的个体，调查那些极端个体偏离总体平均水平的原因，有时会更有意义。

问卷设计之初可以采用判断抽样，选择极端个体来作探索性研究，了解那些观点差异很大的极端个体的意见和情况，为问题及其答案备选项的设计寻找启发和思路。

三、自愿抽样

调查实施者不是主动抽取样本，而是被动等待，由自愿接受调查的单位自动组成样本。

比如火车上的乘客意见簿，虽然填的人很少，但它也给乘客提供了一个意见表达的渠道，有愿意填写意见的乘客可以表达自己的意见。网上调查很多都是自愿样本来填答问卷，调查人员把问卷放在网上，等待感兴趣的网友来填答。

邮寄调查采取的抽样方式通常也是自愿抽样，回寄问卷的被调查者组成了自愿样本。

自愿样本有时可以做到很大，容易让人们误认为那么大的样本量肯定会有很强的代表性，能够用来推断总体。实际上，这样的大样本往往并不可靠。

1936 年美国《文学文摘》杂志发放了 1000 万份问卷，回收了 230 万份问卷。《文学文摘》回收的那 230 万份问卷组成了自愿样本，这个样本量真是太大了，但它在预测总统选举的结果时还是一败涂地。《文学文摘》调查结果的不准确，除了与总体和抽样框的确立出现偏差有关以外，还与它采取的自愿抽样方式密切相关。《文学文摘》采用邮寄调查，获取的是自愿样本，那些自愿填写并回寄问卷的人并不能代表那些没有回寄问卷的人，更不能代表那些没有收到问卷的人。很多时候，自愿抽样获取的样本量越大，样本的代表性反而有可能越差。

四、配额抽样

配额抽样是一种体现科学精神的非随机抽样方法，值得好好研究。

配额抽样在抽样方法的演化历史上具有里程碑意义，它的基本思想是"同构缩小"——通过抽样力争获取一个与总体具有相同结构的样本——这种思想体现了抽样的科学精神。与其他非随机抽样相比，配额抽样向前进了一大步，把其他非随机抽样方法远远甩在了后面。

配额抽样将总体单位中的各单位划分为若干个类别，根据"同构缩小"思想，将样本数额按照与总体相同的比例分配到各个类别中，在规定的数额内由调查人员抽选样本。

配额抽样的故事还得从 1936 年的美国总统选举预测调查讲起，这年《文学文摘》杂志抽样调查发放了 1000 万份问卷，预测结果却是错的。不过，有一个年轻的新闻学博士只调查了 3000 人，就成功预测了罗斯福会当选总统。这位年轻的博士叫乔治·盖洛普，他采用的就是配额抽样方法。

盖洛普对抽样调查做了两项非常关键的改进技术，一是抽样方法采用以少胜多的配额抽样法，同构缩小，增强了样本对总体的代表性；二是调查采用由访问员直接面访被调查者的方法，而不是邮寄问卷的方式，有效提高了问卷回收率。

配额抽样可以分为独立控制配额抽样和交叉控制配额抽样。另外，配额抽样虽然很巧妙，但它毕竟仍然属于非随机抽样，其固有的缺陷也是值得反思的。

1. 独立控制配额

各个类别标准之间不做关联要求，每个类别的样本量都是单独控制的。

比如表 6-2 中，要求你在 A 区找到 100 个人，这 100 个人的性别、年龄段、职业只要符合总的要求就好，不做硬性关联规定。男女都可以，18~29 岁、30~39 岁、40~49 岁都可以，公务员、企业干部、学生、事业单位人员、工人都可以，不是说公务员必须有多少，其他职业的人员分别有多少。

表 6-2　　　　　城区、性别、年龄、职业独立控制配额

城区	A 区	B 区	C 区	D 区	E 区	F 区	合计
	100	100	200	200	100	100	800
性别	男			女			合计
	400			400			800
年龄	18~29 岁		30~39 岁		40~49 岁		合计
	200		400		200		800
职业	公务员	企业干部	高中生或大学生	事业单位人员	工人		合计
	160	120	80	160	280		800

独立控制配额抽样容易使具备特定标准特征的样本集中在某个类别标准里，比如要求调查 400 名男性，结果这 400 名男性全集中在 A 区、B 区、C 区里。交叉控制配额可以较好地解决这个问题。

2. 交叉控制配额

各个类别标准之间要做关联控制，每个类别的样本同时还要满足其他类别的要求。

表 6-3 是对城区和年龄做交叉控制配额抽样，比如在 A 区要找 100 人，但对这 100 人是有更具体的要求的，对每个年龄段的人数都有严格规定。

表 6-3　　　　　　　　　城区、年龄交叉控制配额

城区	年龄			合计
	18~29 岁	30~39 岁	40~49 岁	
A 区	40	40	20	100
B 区	40	40	20	100
C 区	40	120	40	200
D 区	40	120	40	200
E 区	20	40	40	100
F 区	20	40	40	100
合计	200	400	200	800

再增加一个"性别"标准，城区、职业和性别交叉控制配额(表 6-4)，就更复杂了：

表 6-4　　　　　　　　城区、职业和性别交叉控制配额

职业		公务员		企业干部		高中生或大学生		事业单位人员		工人		合计
性别		男	女	男	女	男	女	男	女	男	女	
城区	A 区	10	10	10	10	5	5	10	10	15	15	100
	B 区	10	10	10	10	5	5	10	10	15	15	100
	C 区	20	20	20	20	10	10	20	20	30	30	200
	D 区	20	20	10	10	10	10	20	20	40	40	200
	E 区	10	10	5	5	5	5	10	10	20	20	100
	F 区	10	10	5	5	5	5	10	10	20	20	100
合计		80	80	60	60	40	40	80	80	140	140	800
		160		120		80		160		280		

3. 配额抽样的缺陷

配额抽样虽然在非随机抽样里是最科学的一种抽样方法，但它毕竟没有遵循随机原则，还是存在一些无法根除的缺陷。

(1)选择的主观性问题。配额抽样的一个缺陷是，抽样者在寻找被调查者的时候无法排除主观性。

如果被调查者胳膊上有刺青，看起来像是黑社会打手，抽样调查者很有可能会避开这样的被调查者；既然在一楼就能找到符合标准的人，那调查者为了省力气，可能就不愿意爬到最高楼层去找被调查者了；本来打算进入用户家里调查，但这户人家的恶狗正在狂吠，调查者可能也就不再进去做调查了。

调查者在采用配额抽样的时候，无法完全排除个人主观喜好、利益考量、心情因素等的干扰，这会使得被调查者的选择具有一定主观性，它没有做到随机抽样，其样本的代表性当然是有局限的。

(2)标准的数量限制问题。配额抽样还存在另一个缺点，那就是当类别标准过多的时候，往往很难找到合适的样本。

在实际的调查活动中，通常把类别标准控制在 4 个左右，至多不要超过 6 个。每增加一个类别标准，你找到被调查者的概率都要减少一半。你的类别标准越多，找到符合条件的人就越困难。

下面举个例子：

论坛里有一个征集男友的帖子，发帖者想寻找一位京城男孩。她介绍了自己的基本情况——年龄 24 岁，身高 1.63 米，体重 45 公斤，新闻系本科毕业，在北京一家报社工作，籍贯湖南。她强调了以下征友标准一条都不能少：

(1)婚姻情况：未婚；

(2)性别：男士；

(3)身高：1.8 米以上，不超过 1.83 米；

(4)体重：150~160 斤；

(5)年龄：27~29 岁；

(6)籍贯：北京；

(7)工作地点：北京；

(8)收入：有稳定工作，收入不能低于我；

(9)相貌：不能戴眼镜，脸上不能有痘，要配得上我的；

(10)条件：身体好，踏实，有责任心、上进心和幽默感。

一位回应者作了如下答复：

> 我算了一下，北京大概每年有7万新生儿，27~29岁就是大概21万人。
>
> 楼主将目标锁定在 21 万人当中，其中还有半数女生，所以男士大概有 10.5 万人。中国男人平均身高 1.7 米。按高斯分布粗略估算，27~29 岁出生的 1.8~1.83 米的北京男人有 7000 人左右。
>
> 体重实在难以估计，我替楼主乐观地估计 27~29 岁的 1.8~1.83 米的北京男人，暂时将体重控制在 150~160 斤的有 4500 人。
>
> 收入不低于你——我估计高于你的收入，在北京应该还大有人在，收入高于你的可以分为两种人。一种是高学历，其他归为另一种。而高学历占人口的比例是多少，不言自明，这条过后，乐观估计有 1000 兄弟阵亡，还剩 3500 人。
>
> 不戴眼镜，不长痘，如果楼主不是在搞笑的话，这两条能筛掉将近 3000 人。
>
> 现在还剩 500 人，第 10 条还得刷下来一批。27~29 岁虽然算不上大龄男士，但是有女朋友正常吧。所以除去结婚的、订婚的、离过婚的、有女朋友的……
>
> 现在能幸存的兄弟已经是凤毛麟角了，二三十年的时间能让弟兄们按楼主的标准生长发育，实属不易。

第三节 随机抽样

一、选举调查与随机抽样

1. 1948 年盖洛普的失手

在非随机抽样方法中，配额抽样是一种非常巧妙的抽样方法，具有科学精神。但是配额抽样方法毕竟不属于随机抽样方法，不能将它用于推断总体。盖洛普采用配额抽样方法成功预测了总统选举结果，但这还是带有幸运性质的。到了 1948 年预测美国总统选举时，盖洛普就没那么幸运了。

这年美国总统选举预测，盖洛普同样采用同构缩小的配额抽样方法，他的调查结果显示杜威会当选总统，实际结果却是杜鲁门最终获胜。报纸提早把盖洛普的预测发表出来了，杜鲁门当选总统后，拿着一张提早发行的报纸,一副嘲笑新闻界的神态。

盖洛普 1948 年的失败提示人们,配额抽样从本质上讲是存在缺陷的,必须推进抽样技术的发展,随机抽样方法的应用非常必要。另外,对于总统选举民意调查来讲,还有一个问题也非常关键,那就是并非全民都会去投票,调查应该针对会投票的选民才行。所以,1948 年盖洛普预测失败后又确立了两项重要的方法论原则:一是采取随机抽样方法;二是以会投票的选民为推论对象,找到会投票的人作为真正的调查对象。

随机抽样方法是真正科学的抽样方法,完全排除了人为主观因素,让每个个体都有被抽中的概率,调查结果对总体的代表性显著增强,统计结果会很准确,可以用调查结果来推断总体情况。

采用随机抽样方法的效果十分明显,调查结果会准确得惊人。1936 年盖洛普采用配额抽样方法虽然成功预测了罗斯福会当选总统,但他预测的数据是 55.7%,而实际数据却是 62.5%,二者相差还是很大的。1984 年盖洛普采用随机抽样方法对总统选举作民意测验,只调查了 1985 位选民,预测结果是里根会以 59% 的选票当选总统,第二天的实际选举结果是里根获得了 59.1% 的选票。多么神奇的随机抽样调查,其结果与实际数据仅仅差了0.1%。采用了随机抽样方法,后来的美国总统选举民意测验结果的可靠性才真正得到了保障。

2. 2016 年美国大选调查

采用随机抽样调查方法预测美国总统选举,一直非常成功,但到了2016 年却又遭遇了失败。2016 年,希拉里·克林顿与唐纳德·特朗普角逐美国总统宝座,结果出人意料,特朗普赢得选举。大选之前,民意调查数据一直看好希拉里·克林顿,而结果却是特朗普当选总统,这不禁让我们对此次民意调查出现失误的原因产生好奇,难道随机抽样调查真的失效了吗?

美国专家对 2016 年美国总统大选民意调查的失误进行了严谨而又充分的研究论证,他们发现得到明确证据支持的解释主要有三个:第一,临近选举日时,部分选民改变了之前的选举决定,从之前的不确定选谁转向了选择特朗普;第二,民意调查的样本中拥有大学学历者过多,而低学历选民代表性不足;第三,与 2012 年美国总统选举相比,2016 年美国总统选举中实际投票的选民结构发生了变化。[①] 民意调查的误差来自调查实施的诸多环节,

---

① Courtney K, Mark B, Scott C, et al. An Evaluation of the 2016 Election Polls in the United States. *Public Opinion Quarterly*, 2018, 82(1): 1-33.

各个环节的误差累积成为总误差。误差不可避免，但应该控制。抽样调查是一项系统活动，各个环节的误差如果控制不够，则有可能偏离正确的结果。研究发现，2016年美国总统选举预测调查的误差主要包括抽样调查过程中的测量误差(理想的测量和实际的测量之间的差异)、覆盖误差(目标总体与抽样框对应的总体之间的差异)、无应答误差(受访者完全应答的估值与实际不完全应答的估值之间的差异)和调整误差(对样本估值进行事后调整时造成的误差)。[①] 上述四个方面的误差不断累积，终于致使总误差偏离了正确的结果。

2016年美国总统选举预测调查虽然失败了，但这与1948年美国大选时配额抽样调查的失败并不是一回事，也不表明随机抽样调查失效了。1948年盖洛普采取的配额抽样属于非概率抽样，并不遵循随机原则，无法推断总体。此后美国总统选举预测调查采取随机抽样方法，预测结果一直非常准确可靠。概率论及随机抽样的原理并没有动摇，2016年美国总统选举预测调查的失误，来自抽样调查在测量与代表性两条路径上各个环节的误差累加，它提醒我们，在开展抽样调查时应该加大从抽样设计到调查实施诸多环节的质量控制，要提防总误差的致命性伤害。我们不能因为这次调查的失误而彻底否定随机抽样的科学性，抽样调查从根本上只区分为随机抽样调查和非随机抽样调查，大数据时代没有催生其他新的抽样种类。大数据方法采取的不是抽样原理，它与抽样调查采取了不同的数据获取思路，大数据方法并不能剥夺抽样调查的合法性，随机抽样调查依然是最为先进科学的抽样调查方法。

二、简单随机抽样

简单随机抽样是指从总体 N 中随机抽取 n 个单位作为样本，有放回和不放回抽样两种方法。

1. 抽签法

把抽样框中的每个单位都编上号码，写在签子上，把签子充分混合后，等概率地从这些签子中抽取样本作为调查对象。

抽签法的应用实例很多。农民分地的时候经常采用抓阄的办法，抓阄其实就是抽签法的运用。校长选举也有可能用到抽签法。1989年，东京大学选举校长，结果两名候选人票数一样，解决这个难题的办法是抽签定人选。

---

① 任莉颖：《美国政治研究中的抽样调查方法》，载《美国研究》2020年第3期。

抽签甚至还会让人成为统治者，"抽签将军"就是一个实例。日本室町幕府将军足利义教是个残暴的人，他之所以成为将军，恰是得益于一次抽签。足利义教的爸爸是室町幕府第三代将军足利义满，哥哥足利义持是将军继承者。足利义教本来不可能成为将军，他很小的时候就按照规定出家了，入住青莲院。可是后来他的哥哥足利义持死了，而且足利义持的儿子死得更早，足利义持又没有指定继承人。幕府大佬们就决定采取抽签的办法，从足利义持的四个弟弟当中选出一位，结果足利义教有幸被选中。由于上述原因，足利义教被揶揄为"抽签将军"。日本史学者今谷明还专门写了一本历史书，书名就叫《抽签将军足利义教》。

亚里士多德在他的《政治学》中，对塔兰顿人采取抽签法产生官员的做法表示了赞许。塔兰顿人的官职一类由选举产生，另一类由抽签确定。选举产生官员便于更好地执政，抽签的办法则有利于平民参与政治，可以将其看成是组建平民政体的一个有效操作方法。亚里士多德进一步在书中写道："还可以这样来达到这种效果，把同一职位分成两半，既由抽签产生的人又由选举产生的人出任该职。"①

2. 随机数字表法

随机数字表是由阿拉伯数字 0 至 9 完全随机排列组成的表格，读者可以在本书附录中查阅随机数字表。

当总体较大时，比如总体数量超过 100 甚至 200 时，制作签子就会很麻烦，使用抽签法就会变得困难，此时可以考虑使用随机数字表。当然了，如果总体规模进一步增大，随机数字表法也可能变得不容易操作。

怎样使用随机数字表法抽样呢？我们结合一个例子来具体说明一下。假如要从 500 名学生中抽选 20 个学生做调查，$N=500$，$n=20$，抽样的具体操作过程如下：

（1）给总体中的每个单位编号，按照总体 N 的位数来编号。这个例子中 $N=500$，是三位数，每个单位的编号也应该是三位数，分别为 001，002……499，500。

（2）打开随机数字表，任意确定一个数字，比如可以采用扔火柴棍的方法来确定这个数字。

（3）从这个任意确定的数字开始，按照位数横向连续读取数字组，在这

① ［古希腊］亚里士多德：《政治学》，颜一、秦典华译，北京：中国人民大学出版社 2003 年版，第 219 页。

个例子中三个数字为一组连续读取。

(4)凡是数字组在编号以内的进入样本，凡是超过或重复的数字组则舍弃，直至样本量达到 n 为止。

假如我们从下列随机数字表中的第三个数字 0 开始读取数字：

93 05 31 03 07 34 18 04 52 35 74 13 39 35 22 68 95 23 92 35 36 63 70 35 33 21 89 11 47 99 11 20 99 45 18 76 51 94 84 86 13 79 93 37 55 98 16 04 41……

依据随机数字表的使用方法，我们会选中符合要求的样本编号，删去超过或重复的数字组：

93 05 3，1 03，07 3，4 18，045，235，~~74 1~~，3 39，35 2，2 68，~~95 2~~，3 92，35 3，~~6 63~~，~~70 3~~，~~5 33~~，21 8，~~9 11~~，47 9，~~9 11~~，20 9，~~9 45~~，18 7，~~6 51~~，~~94 8~~，4 86，13 7，~~9 93~~，37 5，~~5 98~~，16 0，4 41……

作一整理，按从小到大顺序排列，找到调查样本的编号：

045，053，073，103，137，160，187，209，218，235，268，339，352，353，375，392，418，441，479，486。

3. 随机数的产生

古代产生随机数的一个重要工具是骰子，骰子原是用有蹄动物的踝骨制成的。很多古代文明都相信，掷骰子的结果由天神所掌控。根据柏拉图在《斐德若》里的记述，苏格拉底说他听说埃及曾有一位名叫忒伍特的神，正是忒伍特第一个发明了掷骰子，此外这位大神还发明了跳棋、数目、计算、几何、天文和文字。[1]

到了现代，随机数产生器成为获取随机数的重要工具。1927 年，英国统计学家狄柏特收集英格兰各地方行政区域面积值中间的数字，组成了一张包含 41600 个随机数的表。1938 年，英国统计学家费雪爵士和叶慈，用两副扑克牌及其所对应的对数值，为随机数表另外增加了 15000 个随机数。

1938 年至 1939 年间，英国统计学家肯德尔爵士和心理学家史密斯，一起研究并创造了一台随机数产生器，它可以用机械装置制造十万个随机数。他们用马达驱动一片直径约 25 厘米的圆形硬纸板，这片硬纸板上有十等分刻度，依次标有数字 0~9，每当电流经过电容让霓虹灯亮起来的时候，操作者就可以看到数字并将其记录下来。

---

① 刘小枫：《柏拉图四书》，北京：生活·读书·新知三联书店 2015 年版，第 390~391 页。

1946 年，数学家冯·诺依曼提出了平方取中法来确定随机数。其具体操作步骤是，随意选取如 1946 这样的数字，计算其平方数为 3786916，将这个数字前面加 0 写成 03786916，取其中间的四位数 7869，如此再重复对这个四位数计算其平方数，取下一个数值的中间段数字。

1955 年，兰德公司发行了《百万随机数表》。①

4. 随机数的性质

日本著名技术作家和程序员结城浩，写了一本密码技术方面的图书《图解密码技术》，其中谈到随机数，他称随机数是"不可预测的源泉"，结城浩对密码技术中随机数及其性质的论述有利于扩展我们的认识。根据结城浩的论述，随机数的性质有三种等级：随机性、不可预测性、不可重现性。这三个性质，越往后等级就越高。所有的随机数都具备随机性，但并不是所有的随机数都具有不可预测性或不可重现性。

随机性是指"不存在统计学偏差，是完全杂乱的数列"；不可预测性是指"不能从过去的数列推测出下一个出现的数"；不可重现性是指"除非将数列本身保存下来，否则不能重现相同的数列"。抽样调查中使用的随机数通常只要具备随机性即可，并没有不可预测性、不可重现性的要求。而密码技术中使用的随机数只具有随机性是不够的，还需要具备不可预测性和不可重现性。即便攻击者知道了过去的一个随机数列，也没办法预测到下一个生成的随机数，否则就有可能被攻击；除了把这个随机数列本身保存下来以外，没有其他方法可以重现这个数列，这样才更加安全。

随机数可以通过软件来生成，但具备不可重现性的随机数仅靠软件却是无法生成的。原因在于软件的运行需要依靠计算机，而计算机的内部状态其实并不是无限的，软件生成的数列一定会出现重复，只是这个重复的周期有可能会很长，但再长也是有周期的，而有周期就必然会重现，这样的随机数就不具备不可重现性。要生成具备不可重现性的随机数，需要从不可重现的物理现象中寻觅信号，比如打字输入的时间间隔、移动鼠标的位置信息、计算机电路中产生的热噪声等。

掷骰子是古代产生随机数的一个常用方法，有趣的是，掷骰子产生的随机数列具备不可重现性。掷骰子产生的数列无法用公式来表示，反复掷骰子

---

① ［美］克利福德·皮寇弗：《数学之书》，陈以礼译，重庆：重庆大学出版社 2015 年版，第 7、181、187 页。

产生的数列同时具备随机性、不可预测性、不可重现性。①

5. 基本评价

下面我们对简单随机抽样作一总结和评价：

(1)简单随机抽样非常便于人们理解，它很直观，是我们学习随机抽样方法的入门之法。

(2)它是最基本的随机抽样方法，从某种意义上讲，其他随机抽样方法都是由简单随机抽样派生出来的。

(3)当总体差异性较高时，采用简单随机抽样方法有时候抽出来的样本会很集中，代表性差，抽样误差大。

(4)它适合总体数量不是很大的情况，如果总体数量很大，对总体中的所有元素编号几乎是不可能的，它就变得很难操作。

(5)在实际应用中尤其是大规模调查中，很少采用简单随机抽样方法，我们还需要学习和掌握其他随机抽样方法。

三、分层抽样

"层"是指层次，"层"有高低之分，否则就区分不出层次了。分层抽样就是要把总体先分出层次来，然后在每个层里抽样。用专业一点的话说，分层抽样是指将总体按一定的原则分成若干个子总体，每个子总体称为一层，抽样时在每个层内分别进行。

下面举个例子：要从 6 个人中抽取 2 个人来调查他们的平均收入，用这 2 个人的收入平均数来代表 6 个人的平均收入情况。假设中年组的被调查者为 A、B、C，青年组的被调查者为 D、E、F，他们的年收入情况如表 6-5 所示：

表 6-5 分层抽样收入调查

第 1 层编号	年收入（万元）	第 2 层编号	年收入（万元）
A	26	D	6
B	28	E	8
C	30	F	10
合计	84	合计	24

---

① ［日］结城浩：《图解密码技术》，周自恒译，北京：人民邮电出版社 2016 年版，第 287~305 页。

总体均值是他们的真实的年收入平均值：

$$（26+28+30+6+8+10）/6=18（万元）$$

采用简单随机抽样抽取 2 人，有可能抽到中年组两个年收入高的人，也有可能抽到青年组两个年收入低的人，这样就会得到极端值。若抽到中年组收入高的 B 和 C，则调查得到的平均值为：

$$（28+30）/2=29（万元）$$

若抽到青年组收入低的 D 和 E，则得到的平均值为：

$$（6+8）/2=7（万元）$$

29 万元和 7 万元，距离真实的 18 万元相差均为 11 万元，这个差距真是不小。

采用分层抽样可以大大缩小这个差距，让结果离真实情况更加接近。将其分成两层，同样是抽取 2 人，每层抽取 1 个。假如都取到每层的最大值，中年组抽到 C，青年组抽到 F，则得到的平均值会最大：

$$（30+10）/2=20（万元）$$

假如都取到每层的最小值，中年组抽到 A，青年组抽到 D，则得到的平均值会最小：

$$（26+6）/2=16（万元）$$

20 万元和 16 万元，距离真实的 18 万元相差均为 2 万元，这个差距比起采用简单随机抽样的 11 万元可是小太多了。

分层抽样适宜于：(1)同一层内的个体具有较好的同质性；(2)层与层之间具有明显的异质性。

四、整群抽样

1. 含义

由若干总体单位组成的集合称为"群"，总体被分解为群，抽样直接抽取群，对抽取到的群中的所有单位都进行调查。理想状态下，"群"与"群"之间具有同质性，没有高低之分。

社会调查实践中，经常将乡镇管辖的农村、城市里的居委会、学校里的班级、小区里的居民楼作为群。如一所中学有 60 个班级，每个班级有 50 名学生，现在需要调查 100 名学生，那么我们可以采取整群抽样方法来确定被调查者。将每个班级看成一个群，60 个班级就是 60 个群，将这些班级编号，采用简单随机抽样或等距抽样方法，从这 60 个群(班级)中抽取两个群(班级)，对这两个班级的所有学生展开调查。

2. 实施原因

(1)实施调查方便，节省费用和时间。

整群抽样简化了抽样过程，不是直接对总体中所有个体进行抽样，而是对个体所属的群进行抽样，操作起来就会容易得多。群的数量当然明显少于个体的数量，这样一来，抽样的实施就容易完成了，大大减少了工作量，明显节省了费用与时间。

(2)缺乏总体单位的抽样框，不得已而为之。

抽样设计常常面临一个困扰，那就是不容易构造抽样框。很多时候我们并不掌握全体成员的名单，这使得我们很难将总体中所有个体进行编号来构造抽样框，而没有抽样框，我们其实也就无法完成抽样。在这种情况下，采用整群抽样方法，就可以比较容易地化解燃眉之急了。用群来构造抽样框，然后按照随机原则来抽取群，这样抽样就很容易操作了。

3. 缺点

如果群与群之间的差别比较大，采用整群抽样方法，抽样误差会比较大，样本的代表性波动比较大，样本的代表性有可能会变差。

整群抽样更适合群与群之间差异不大的情况。当群内个体间差异很大，而群与群之间差异不大的时候，采用整群抽样才比较妥当。

五、系统抽样

1. 含义

系统抽样是指将总体中的单位按照某种顺序排列，在规定的范围内随机抽取起始单位，然后按照一定的规则确定其他样本单位。

2. 等距抽样

最简单的系统抽样是等距抽样，将总体 N 个单位按直线排列，根据样本量 n 确定抽样间隔($k \approx N/n$，取整数)，每隔 k 个单元就抽取一个作为调查样本。

对于大学生的抽样调查，潘绥铭等学者介绍了一种以大学生宿舍的各个楼层为基础的等距抽样方法。这种方法具有显著的实用价值，它按照"右手原则"来使用"地理位置抽样法"，具有可操作性——抽样方法不仅仅是理论上的设想，它更需要能够操作和落实，我们在抽样设计的时候必须考虑具体的操作步骤和实施过程：

(1)按照楼层数建立一个涵盖所有楼层的抽样框。

(2)抽样间距=总楼层数/预计的邀约人数。

（3）进行等距抽样，确定抽取的楼层。

（4）在抽中的楼层中，如果仅需抽取 1 人，则统一抽取上楼梯之后右手的第二个房间。

（5）如果在该楼层要抽取 2 人，那么第二个人的抽取方法是，走到楼道的尽头，抽取左手的倒数第二个房间。如果是抽取 3 人，则第三个人是抽取楼道中央靠右手的那个房间。

（6）在每个抽中的房间里，抽取右手第一张床的下铺。如果有多人在场，需要注意告诉被抽取的学生，只能自己一个人前来访谈，而且不得替换。

（7）如果抽取的房间里没有人，则需要间隔半天之后，再次进行邀约。第二次仍然没有人，则可以替换为紧挨着的下一个房间(右手的第三个房间)。如果抽取第二个人、第三个人的时候也是两次未遇，则替换紧挨着的下一个房间。①

六、多阶段抽样

多阶段抽样是指不是一次直接从总体中抽取最终样本，而是经过两个或两个以上阶段才能抽到最终样本单位。

严格地讲，多阶段抽样并不能算是一种具体的随机抽样方法，非随机抽样中也可以应用它。多阶段抽样更多的是一种操作理念或手段，因为一次抽样很难操作，所以要分成几个阶段来操作，让抽样的实施变得容易，这才是多阶段抽样的精髓。

多阶段抽样的操作步骤包括：

（1）从总体中采用随机方法抽取若干个小总体(初级单元)；

（2）再从这些选中的初级单元中随机抽取若干个单位。

对于多阶段抽样来讲，相对增加开头阶段的样本数，适当减少最后阶段的样本数，抽样误差会减小，反之会加大。

抽样绝不仅仅是理论上的想象，抽样是一个实践的过程。抽样的实施必须综合而又灵活地运用相关知识，让操作可行才是问题的关键。多阶段抽样给了我们变通执行的操作方法，让困难的抽样变得可行，值得我们践行。

---

① 潘绥铭、黄盈盈、王东：《论方法：社会学调查的本土实践与升华》，北京：中国人民大学出版社 2011 年版，第 114~115 页。

第四节　样本量的确定

样本量是指抽取到的样本包含的个体数量，样本量的大小是抽样设计必须考虑的一个重要内容，它解决的是"调查多少人"的问题。样本量大小受调查目的、总体大小及性质、客观条件等因素的影响和制约，样本量可以通过计算确定，正规调查最好采用大样本。

一、影响因素考量

1. 调查的目的

如果调查是为了推断总体情况，样本量就应该大一些。如果调查的目的不是为了推断总体情况，不需要很精确，只是为了大致了解一些被调查者的意见，样本量则可以小一些。

在其他因素不变的情况下，抽样设计确定的抽样误差越小，样本量就应该越大；抽样设计确定的置信度越高，样本量也应该越大。

2. 总体的大小情况

总体的大小也影响着样本量的大小。

在抽样误差、置信度等其他因素不变的情况下，当总体不大时，样本量会随着总体的增大而明显增大，总体越大，样本量也应该越大。

在抽样误差、置信度等其他因素不变的情况下，当总体很大时，样本量虽然也会随着总体的增大而增大，但这种变化并不明显。当总体增大到一定规模后，样本量并不需要再随着总体的增大而增大了，可以保持不变。比如在同等精度的要求下，对一个大城市调查所需要的样本量与对一个省份甚至一个国家调查所需要的样本量其实并无明显的区别。

3. 总体的性质特点

总体内的个体之间差异明显，调查所需要的样本量要大一些。反之，当总体内的个体之间差异不大时，所需要的样本量要小一些。

4. 客观条件限制问题

抽样调查是一项实践工作，不是纯粹的理论工作，必须考虑操作的可行性，必须考虑客观条件的限制问题。客观条件的限制问题主要包括时间、经费、人员等因素，如果客观条件宽裕，样本量可以大一些；如果客观条件限制比较大，时间紧，可供使用的经费少，参与调查的人员少，那么样本量也就只能少一些了。

二、样本量的计算

随机抽样样本量的计算，需要事前确定置信度和抽样误差，然后通过公式加以计算。

1. 预先确定置信度

置信度是指参数值(总体的未知真值)落在用统计值所构造的某一区间内的概率。通俗地讲，置信度就是在一定的误差范围内，当我们用统计值来代表参数值时的把握程度。比如置信度是95%，意指总体的未知真值落在用统计值构造的某一误差范围内的概率是95%；或者说，在特定的抽样误差范围内，我们有95%的把握说统计结果是正确的。

置信度通常用百分比来表示，我们进行抽样设计的时候，需要事先根据需要人为确定置信度。

2. 设定抽样允许误差范围

抽样误差是指统计值与参数值之间存在的偏差，它是由于抽样本身的随机性所带来的误差，不可避免。

我们在计算样本量的时候，需要设计抽样允许误差范围。抽样允许误差范围即允许最大抽样误差，又称抽样极限误差、置信区间，它是指在一定的把握程度下，保证样本统计值与总体参数值之间的抽样误差，不超过某一给定的最大可能范围。可以用百分比来设定抽样允许误差范围，比如3%、4%、5%等。

3. 利用公式计算样本量

对于纯随机抽样来讲，计算样本量的公式为：

$$n = (t/2\Delta_p)^2$$

n 表示样本容量。

t 表示与置信度相对应的临界值，需要通过查询获知。置信度是事前自行设定的，比如设定置信度为95%，查询置信度0.9500可以找到对应的 t 值为1.96(表6-6)。

Δ_p 表示抽样允许误差范围，即允许最大抽样误差，这是研究者自行设定的，比如自行设定允许最大抽样误差为3%。

对于大多数的调查来讲，在进行抽样设计时我们建议将置信度设置为97%、95%或90%，将抽样允许误差范围设置为3%或5%。这样设置计算出来的样本量其实也不是特别大，比较容易操作，效果会很好(表6-7)。你若非得将置信度设置为70%，抽样误差设置为10%，计算出来的样本量是27，从理论上来说当然也行，但读者看了就会觉得你的调查价值不大，也不会重视你的调查结果。将置信度设置为97%，抽样允许误差范围设置为3%时，计算得到的样本量为1320；将置信度设置为90%，抽样允许误差范围设置为5%时，计算得到的样本量为272。从1320到272，这是一个比较理想的样本量取值范围。

表6-6　　　　　　　　　　置信度及其对应的 t 值（部分）

置　信　度	对应的 t 值
0.7017	1.04
0.7540	1.16
0.8030	1.29
0.8501	1.44
0.9011	1.65
0.9500	1.96
0.9606	2.06
0.9707	2.18
0.9807	2.34
0.9901	2.58

这个公式的推导过程如下：

$$n = t^2 p(1-p)/\Delta_p^2$$

p 为比例值，取值范围为 $0 \sim 1$，取 $p = 0.5$，此时计算样本量 n 会最大，可以得到一个保守的样本量，更可靠更有把握：

$$n = t^2 p(1-p)/\Delta_p^2 = t^2 0.5 * 0.5/\Delta_p^2 = t^2 0.25/\Delta_p^2$$
$$= t^2/4\Delta_p^2 = t^2/(2\Delta_p)^2 = (t/2\Delta_p)^2$$

表6-7　　　　　　　　　　公式法样本容量

抽样误差	置　信　度	
	95%	99%
10%	96	166
9%	119	205
8%	150	259

续表

抽样误差	置 信 度	
	95%	99%
7%	196	339
6%	267	461
5%	384	664
4.5%	474	819
4%	600	1037
3.5%	784	1354
3%	1067	1849

三、需要强调的关键点

美国印第安纳大学教授金赛，原来专门研究昆虫生态学。1938年，金赛所在大学的女生要求学校开设性教育课程，金赛承接了教学任务，从此走上了性学研究的道路。1948年，金赛出版了长达804页的学术专著《男性性行为》，这部著作和金赛在1953年出版的另一部著作《女性性行为》又被合称为《金赛性学报告》。《男性性行为》首次印刷了20万册，在两个星期内就被抢购一空，可见当时人们多么热爱金赛的学术成果，学习的热情多么高。

金赛《男性性行为》对12000名受访者开展了面访调查，但他认为12000人的样本量是不够的，至少应该调查10万人才能对整个美国社会的情况有足够的代表性。那个年代尚没有像今天这样发达而又普遍的计算机，金赛收集到的所有调查数据都要依靠手工记录，抄写在卡片上，并借助一个简单机械进行分类。数据的记录和统计分析等工作主要由三四个中年研究人员来完成，光是数据分析就耗费了好几年的时间。[①]

其实，金赛对样本量的认识是不对的。根据随机抽样原理与知识，即便是对总体为美国全部人口的调查来讲，如果采取随机抽样的话，样本量超过1000就具有足够的代表性，样本量达到3000就非常好了。金赛及其研究团队对12000名受访者开展调查，这个样本量是很大的，调查的工作量是非常

---

① ［美］阿尔弗雷德·C.金赛：《金赛性学报告》，潘绥铭译，海口：海南出版社、三环出版社2007年版，第31页、导读第22页。

繁重的。当时金赛又没有计算机，在这种情况下就更应该控制样本量了，更没有必要将样本量增加到 10 万人。

关于样本量的确定，以下几点需要重视：

（1）大样本是样本量较大的样本，小样本是样本量较小的样本。统计学上的大样本是指样本量达到或超过 30，社会调查上的大样本则通常要求样本量达到或超过 500。

（2）总体具有均值和标准差，即便不是正态分布，只要样本量 n 足够大（$n \geqslant 30$），从总体抽出的样本平均数也会近似地服从正态分布。这是统计学上将样本量达到或超过 30 确定为大样本的一个原因或依据。

（3）在随机抽样调查中，大样本对总体的代表性要优于小样本。

（4）样本量达到总体单元数的 5% 及其以上者为大样本。

（5）样本量虽不足总体单元数的 5%，但大于 500 者也算大样本，若小于 500 则为小样本。

（6）样本量不足总体单元数 5% 者为小样本。

（7）承接调查项目最好采用大样本，即样本量在 500 以上，大多数承揽的正规调查项目的样本量为 1000 ~ 3000。通常没有必要将样本量设置得过高，一般不用超过 3000。

关于样本量的确定可参考表 6-8。

表 6-8　　　　　　　　　经验法确定样本容量参考

总体规模	样本占总体比重
100 以下	50% 以上
100 ~ 1000	20% ~ 50%
1000 ~ 5000	10% ~ 30%
5000 ~ 10000	3% ~ 15%
10000 ~ 100000	1% ~ 5%
100000 以上	1% 以下

学习了抽样技术，下面来思考一个问题，将抽样知识应用到实际问题的解决中。在使用现代汉语出版的著作中，"的"和"了"是经常使用的汉字。那么，你认为这两个字哪个用得会更多呢？请采用抽样调查方法展开调查，用调查数据回答这个问题。

第七章
调查实施

> 人们在一起可以做出单独一个人所不能做出的事业：智慧、双手、力量结合在一起，几乎是万能的。
>
> ——诺亚·韦伯斯特
>
> 请记住，环境愈艰难困苦，就愈需要坚定毅力和信心，而且，懈怠的害处也就愈大。
>
> ——列夫·托尔斯泰

第一节　调查准备

一、组建管理团队

调查的实施是一项团队活动，首先需要组建管理团队，管理团队成员至少要包括项目主管和调查督导员。

项目主管负责对整个调查项目的管理和领导，主管应该具有统筹与组织能力，控制调查进度，保证调查质量。

调查督导员负责对调查员的监督管理与具体指导，督导员应该具备丰富的调查实施经验，具有强烈的责任意识，能够对调查员进行有效监督和指导。

二、招募调查员

调查员负责具体的访问工作，他们从事最基层的数据收集工作，他们的工作质量决定了搜集上来的数据质量，决定了调查的成败。通常在调查项目正式实施之前开始招募调查员，应该结合具体的调查项目，从性别、年龄、文化程度、品质性格等方面挑选调查员。

从性别角度看，问卷调查尤其是入户面访调查中，男性容易给人以不安全感，女性亲和力强，宜优先考虑女性。"在文化研究中，女子有许多特殊方便的地方。这是人情之常，觉得女子是不可畏，而且容易亲近的。文化研究需要亲切的观察，女子常能得到男子所调查不到的材料。"[1]田野调查中男性调查员有体力以及自身安全方面的优势，但这也并不必然表明女性性别角色就会处于劣势。台湾人类学者刘绍华在凉山开展调查，刘绍华的女性性别不但没有阻碍她的调查，反而在很大程度上促进了她调查工作的开展，"在利姆，我的性别角色类似于跨性别者，此种介于两者中间的性别角色多数时候有利于我的研究"[2]。

大多数抽样问卷调查中，调查员年龄以 18~30 岁较为妥当，文化程度以大学学历为佳。

此外，还要重点考察调查员的品质性格，认真仔细、踏实肯干、乐于交往、善于保密等应该成为重点考察指标。抽样问卷调查中调查员多从大学生中招募。大一的学生过于青涩，工作能力较差，大四的学生面临毕业，精力容易被考研、找工作等事务分散，所以应该重点考虑招募大二、大三的学生当调查员。

三、培训调查员

调查员招募工作完成以后，要对他们进行系统培训，主要采取讲授、模拟等方式进行集中培训，在集中培训结束后再由督导员与调查员联合试访、陪访，总结经验教训，帮助调查员尽快步入正常的调查轨道。

对调查员的培训是保障调查实施质量的必备环节，千万不要将其看成可有可无的事情。培训师不要因为自己熟悉了培训内容，就认为调查员也熟悉了这些内容。即便调查员以前从事过调查工作，接受过类似培训，每次调查项目的开展前也要重新接受培训。每一次培训都要系统全面，讲解的内容不要偷工减料，要带领调查员从头至尾认真学习，统一认识、统一理解。

培训工作既要注重内容的全面性，还要注意突出重点。培训师要对调查实施过程中容易出现问题的地方予以强调和提醒，要对调查实施过程中的关键环节予以重点讲解。培训内容主要包括下列几个方面：

（1）调查项目与行业背景介绍；

（2）工作规范与要求；

---

① 费孝通：《六上瑶山》，北京：群言出版社 2015 年版，第 130 页。

② 刘绍华：《我的凉山兄弟：毒品、艾滋与流动青年》，北京：中央编译出版社 2016 年版，第 163 页。

（3）调查方法与技巧；

（4）问卷内容讲解。

四、物质准备工作

调查员要注意仪表，着装应大方整洁，头发、指甲要干净，所带的问卷袋子大小要合适，应当给人以朴素、干练、整洁的感觉。

应该为每个调查员做好必要的物质准备工作，并提醒调查员，每次调查出门前都要检查所带的物品是否齐全，调查结束后离开现场前都要检查是否将该带走的物品都带走了。调查员需要携带的物品主要包括：

（1）调查员手册。调查员手册中对调查的环节与程序、调查方法与技巧进行了简要而系统的阐释，供调查员工作过程中备查。

（2）足够数量的调查问卷。

（3）调查过程中需要展示的图片或其他物件。

（4）样本单位名单、受访者的地址表格、地图等。

（5）介绍信、工作证等证明文件。

（6）送给受访者的小礼品。

（7）笔、手提袋等，如果天黑以后调查则需备好手电筒，雾霾天需备好口罩等。

第二节　调查访问

一、依据抽样方案

在具体调查的时候，一定要严格遵循抽样方案的要求，不得私自更改确定被调查者的方法和要求，否则，将为调查的规范性带来严重伤害，影响恶劣。

尤其需要强调的是，如果调查采取随机抽样方法，调查员则必须严格遵循随机性原则开展工作，在调查时一定要忠实于随机抽样方案，保证抽样的随机性，不能随意改变抽样规则。

二、自我介绍

向受访者介绍自己的姓名、调查项目及主持单位，告知对方调查目的，说明保密性原则、接受访问的自愿原则，有针对性地回答受访者的疑问，创造一个轻松、愉快的气氛。表达意思要准确，语言要规范、流利。自我介绍不要占用太多时间，要尽早提出调查问题，使被调查者的注意力从是否接纳调查者的思考中转移到调查工作中来。

三、展开访问

调查员要高度熟悉问卷内容，按照规定的操作程序提出问题，在问题的措辞、提问方式上不能按照自己的理解随意修改。

访问过程中还要注意引导。当受访者滔滔不绝、离题太远的时候，当受访者一时想不起来怎么回答的时候，调查员都应该给予及时引导。

如果受访者滔滔不绝、离题太远，调查员应该及时把话题引导到正轨上来。如何打断滔滔不绝者？果断插入谈话间隙，重复滔滔不绝者最后的话语，然后迅速将话题转移。这样做既能够有效地将话题引导到既定调查主题上来，又顾及了对方的面子，比较礼貌。

当受访者一时想不起来怎么回答问题的时候，调查员也要采取合适的方法，给予引导。引导不是提出新问题，而是帮助受访者正确回答已经提出的问题。

下面看一个记者是如何在采访过程中引导受访者回答问题的。记者询问一位大姐，你今天做了多少个饼了？大姐很忙，说我也记不得了。记者接着问，用完一袋面粉了吗？大姐说，用完一袋面粉了。记者又问，一袋面粉能做多少个饼？大姐说，能做 200 个。记者说，那你今天做的饼有 200 个了吗？大姐说，当然有了，我今天已经做了 200 个饼了。

记者问一个大姐今天做了多少个饼了，这样的问题还真不好回答，大姐没有闲工夫帮你做统计，得抓紧干活赚钱。但是记者并没有放弃提问，而是继续启发受访者，询问对方是否用完一袋面，这就是引导。记者的努力没有白费，有效帮助了受访者回答问题，从中不难看出引导的力量。

引导不应该带有倾向性，不要用自己的主观意见来影响受访者，引导的过程中要保持客观中立。给予帮助，而不是给予倾向，这是引导的关键。

做好非语言控制，注意声音、眼神、动作姿态在传达信息过程中的作用。访谈中，目光的交流很重要，但通常不宜长时间直视对方的眼睛，除非你想把对方吓跑。朗兹在一本教人谈恋爱的书中说："当你直接大胆地盯着某人的眼睛时，他（或她）的体内就会分泌出苯乙胺之类的化学物质，让人产生置身情网的感觉。因此，和你的意中人进行密集、强烈甚至带有威胁意味的目光接触，是让他(或她)爱上你的第一步。"①对于社会调查来讲，访问员既要注视对方，但又要恰当移动视线，或许将目光停留在对方的鼻子上更稳妥。注视要自然得体，要让对方感到自己很受关注和重视，但又不致产生非分之想。

要掌握好提问的节奏，把握谈话的方向和要点，尽力排除外界干扰。

访谈记录要准确、清楚、工整，做到不漏、不错、不重复。被调查者愿意自己填答的，要认真检查其填答后的问卷。

四、如何处理拒访

调查越来越多，拒访也随之增加。从提升调查质量的角度讲，一旦开展调查，就应该尽量减少拒访。调查访问过程中如果遇到拒访，应该根据具体情况灵活处理：

(1)由于时间拒访。可向被调查者解释说，这个调查不会占用您太多时间，大约 5 分钟就能答完。

(2)不愿意自己的情况被陌生人知道而拒访。要使他们明白调查只用于汇总分析，不是研究某个个人的情况，他们的回答对制定某项决策或科学研究很重要，况且整个调查活动都非常强调对被调查者个人情况的保密工作，不会给他们个人带来任何麻烦。

(3)受访者不愿回答某个问题。可向他解释本次调查对所有人都是这么问的，并且所有的调查将被综合到一起进行分析。如果受访者仍然拒绝回答，那么就在这个问题旁注明"拒答"，然后就接着问下面的问题。

(4)实在不行就放弃。通常可以对拒访者劝说两次，超过两次则有逼迫之嫌，给人带来不快。被调查者确实不愿意受访时，就要适可而止，不要死磨乱缠，使调查进程受到影响。

五、使用纸质问卷还是笔记本电脑

普通的调查使用纸质问卷或笔记本电脑开展调查都可以，敏感的问卷还是使用笔记本电脑开展调查为好。

---

① [美]莉尔·朗兹：《如何让你爱的人爱上你》，毛燕鸿译，北京：新世界出版社2011 年版，第 38 页。

潘绥铭从事性社会学调查研究工作，他强烈建议使用笔记本电脑来调查，[①] 这种建议是非常有道理的。使用笔记本电脑的好处显而易见：

（1）笔记本电脑具有高科技色彩，是一种很好的道具，能够让人更加容易相信你是真正做研究工作的。

（2）笔记本电脑不是人，被调查者可以放心地填答问卷，不用顾忌对方的反应。

（3）使用笔记本电脑填答问卷，不会留下自己的笔迹，填答类似"性社会学"这样的调查问卷，可以避免尴尬，让被访者更放心地去填写。

（4）电脑辅助问卷调查具有明显的技术优势，可以马上检查出逻辑错误。比如被访者年龄填写为 50 岁，职业却写成中小学生，电脑对于类似的填答会马上检查出来，提示对方正确填答问卷。

（5）使用电脑辅助问卷调查，会把调查、编码、数据录入整合在一起，明显节省了时间，节省了成本。

六、需要强调的事项

（1）调查员一定要按照要求认真履行职责，在访问过程中要本着高度负责和诚实的精神，完成好任务，这关系到整个调查研究项目的成败，关系到我们能否真实准确地掌握相关情况。

（2）按时并保质保量、完整地交回完成的调查问卷。

（3）徇私舞弊既败坏职业道德，又危害整个调查活动，绝不允许没有调查就私自填写问卷的情况发生。

（4）必须对被调查者的情况保密，不将被调查的个人情况透露给其他任何人。

（5）在整个访谈过程中保持中立。

调查员必须特别注意提问时保持中立，绝不要给受访者任何暗示。绝不要流露出某种表情或语调，使受访者以为他们的回答是"正确的"或"错误的"。调查员应当专注于倾听受访者的回答，而不是自己猜测。不要事先将受访者设想为某种类型的人。

（6）不要改变问卷上提问的词语和句子，尤其不要省略时间状语。每问完一个问题，应当有一个停顿，以便让受访者有足够的时间进行思考。

———————————

① 潘绥铭、黄盈盈、王东：《论方法：社会学调查的本土实践与升华》，北京：中国人民大学出版社 2011 年版，第 168～175 页。

（7）帮助与服务。调查员的职责是为被访者提供帮助和服务，当被访者不熟悉问卷，对填答的要求理解有偏差时，调查员应该及时提醒，帮助被访者顺利完成问卷的填答。

七、结束与致谢

调查结束后，迅速检查一下问卷，向被调查者表示诚挚的感谢。

报偿的支付应该根据经费、问卷难度等具体情况灵活确定，量力而行。

正规的调查可以支付感谢金。感谢金的支付标准可以参考当地小时工资水平，潘绥铭遵照的是"约等于当地平均日工资的一半"的标准，在农村地区向每位成功被访者支付感谢金 30 元，在城市则支付 40~50 元。①

难度不是太大的调查可以送出小礼品，表示感谢。大学生组织的调查，如果缺少经费的支持，甚至不送小礼品也可以，但要当面用语言表达诚挚谢意。

调查员应按时并保质保量、完整地交回完成的调查问卷，填写调查员工作记录单并将其上交给督导员。

第三节 调查督导

督导是指对调查实施展开监督和指导，需要安排督导员巡回检查和指导调查工作。

一、监督调查

督导的一项重要工作是做好调查实施的监督工作。

在调查培训阶段就要告知调查员，督导环节会对调查实施过程进行全方位的监督，以引起他们的重视，督促调查员树立质量意识，严格按照规定程序和要求开展调查，对自己高标准、严要求，不要抱有任何侥幸心理，不要试图蒙混过关。

督导员需要到现场监督调查员的工作，检查调查员是否严格按照规定的程序和要求开展工作，若发现调查员的工作不符合要求，就应及时指出其存在的问题，纠正其不规范的操作。

---

① 潘绥铭、黄盈盈、王东：《论方法：社会学调查的本土实践与升华》，北京：中国人民大学出版社 2011 年版，第 155 页。

监督还包括对调查问卷的监督检查。督导员要对自己负责督导的调查员问卷进行检查，调查指导中心还要抽取部分问卷进行回访，以核定调查员的工作完成情况和问卷质量。

对调查实施的监督经常通过回访抽查来完成，回访也是对调查员的一种震慑。由督导人员在已经接受过调查的受访者中随机抽取 5%～15% 的受访者，[①] 安排专人回访，审核访问员的调查过程。重点询问以下内容：

(1)调查员是否来调查过？

(2)调查员是否调查了指定的受访者？

(3)从问卷中挑选部分关键问题、事实性问题重新提问，检验调查员是否严格按照规定要求调查了这些问题。

(4)调查员是否送出了礼物？调查过程中的态度如何？

要警惕调查员违规操作、作弊行为，重点关注和核查以下行为：

(1)不严格按照抽样设计方案访问被调查者。

(2)用打电话、即时通信工具沟通来代替面访。

(3)要求或组织人们重复填写问卷。

(4)故意漏掉困难的问题、敏感的问题。

(5)调查员没有走出去调查，而是自己坐在屋里填写问卷。

二、指导调查

督导除了对调查工作的监督，还包含一项重要的服务内容，那就是做好调查实施的指导工作，为调查员提供指导服务。

督导工作既是对调查工作的监督，也是对调查工作的服务，要为调查员提供及时的指导，帮助调查员顺利开展调查工作。调查员开展调查工作的过程中尤其是刚开始的阶段，难免会遇到一些问题和困难，督导员应当为他们提供必要的咨询和指导，帮助他们想办法应对困难，解决问题。

督导工作要控制好调查的进度。刚开始时大家还不熟悉工作流程，进度节奏要慢一些。调查工作开展一段时间后，大家都熟悉了操作流程，此时要加快节奏。收尾阶段要适当控制一下节奏，防止忙中出错。

督导工作还需要做好必要的文档管理，要求调查员填写工作记录单(表7-1)，及时总结和报告调查进程及存在的问题。

---

① 郝大海：《社会调查研究方法》，北京：中国人民大学出版社 2015 年版，第 201 页。

表 7-1　　　　　　　　　　　　调查员工作记录单

调查员姓名：		调查员编号：	
调查员中心：			
项目名称：			
工作任务：	问卷面访	执行日期：　月　日—　月　日	
样本接触情况	成功样本共___份		
	不成功样本共___份	1. 地址错__ 份 2. 拒访__ 份 3. 3 次无人__ 份 4. 受访对象不合条件__ 份 5. 配额已满__ 份 6. 其他__ 份 （注明：　　　　　）	
	接触样本总数=成功样本总数+不成功样本总数，共___份		
问卷领取和礼品领取情况	领取问卷数___份，归还问卷数___份 领取礼品数___份，归还礼品数___份		

问卷外信息及访问员心得：

督导评语：

第八章
网络调查

　　如果没有互联网，美国也许还是今天的美国，但是中国肯定不是今天的中国。

——吴晓波

　　知识现在具有了网络的属性，这网络，存在于商业、政府、媒体、博物馆、图书馆，以及人们沟通时的想法中。

——戴维·温伯格

　　网络调查高效便捷，是调查方法运用的一个重要发展趋势。网络调查主要依靠计算机程序来实现其功能，没有计算机技术的支撑，就无法实现网络调查。网络调查可以分为网络问卷调查和网络文献调查。网络问卷调查以互联网为问卷调查实施平台，它针对上网用户展开调查，让被调查者在某个设定的站点接受询问，即时提交填答信息。网络文献调查是文献调查方法在网络平台上的应用，也是一种非常重要的获取网络数据的方法。

　　日本杂货品牌无印良品每年向累计 10 万人次的线上会员开展网络问卷调查，在"大家一起思考居住的形式"网站发布调查问卷。

　　无印良品根据问卷调查收集到的意见，调整了样板房布局，照顾了居住者的生活行动路线。无印良品在样板房一楼设置了家务室，里面集中了洗衣机空间、晾衣服空间、熨烫衣服空间、浴室和卫生间。用户洗澡前把衣服放到洗衣机里清洗，衣服洗完了就能在这里晾晒，还可以在这里熨烫、收纳起来。凡是跟洗涤有关的事情在这个家务室里都能解决，省得居民在家里跑来跑去，非常方便。

　　无印良品从 2004 年开始卖房子，第一年里只卖出去一套房子。房间布局调整后，2013 年无印良品就卖出去了将近 300 套房子。无印良品从网络问卷调查中找到了顾客需求意见，并据此改进了产品设计，有效提升了销售业绩。①

---

　　① ［日］日经设计：《无印良品的设计》，袁璟、林叶译，桂林：广西师范大学出版社 2015 年版，第 176~177 页。

第一节 网络问卷调查

一、网络问卷调查平台

提供网络调查服务的网站使用起来非常方便，调查者注册成为用户后，就可以在网站发布问卷开展调查。

二、网络问卷调查的优点

1. 简化了调查程序

网络调查不需要印刷问卷，不需要外派调查人员。调查的过程也是数据录入、检查和统计的过程，规避了录入出错问题，简化了调查过程。问卷填答完了马上就能看到调查统计结果，节省了大量的时间和费用。

2. 控制更加全面

答题时间控制：如果一道题的回答连 4 秒都不到，这样的回答很难保证质量。网络调查问卷在呈现的时候分成几个部分，每个部分呈现几个问题，预留一定的时间，不允许过快填答问卷，可以防止胡乱填写。

备选项顺序循环：在前面的备选项更容易被选择，为了规避这种备选项位置固定而导致的选择概率问题，网络调查问卷借助计算机程序，可以灵活变化备选项顺序，给每个备选项以平等的机会。

逻辑错误检查：网络调查问卷可以利用计算机程序，对相关联的问题进行逻辑错误检查，有效避免了纸质问卷调查中访问员与受访者作弊等问题，并能够对调查问卷做百分之百的复核检验。

3. 呈现方式更加形象

网络调查可以充分地发挥网络平台的多媒体功能，调查内容的呈现方式更加丰富多彩，除了文字以外，可以方便地借助图片、声音、影像的力量，将调查内容更加形象地呈现给被调查者。

三、网络问卷调查的局限

网络调查的局限性主要表现在以下几个方面：

1. 样本对象的局限性

随着互联网的发展，全球网民数量越来越大，但在很多国家仍有为数不少的国民并没有成为网络用户，也并不是所有人都是网民，这就导致在很多时候网民群体与调查总体结构会存在偏差，网络抽样调查获取的样本对象具有局限性。

2. 很多调查做不到随机抽样

网络调查实施起来比较方便，很多人喜欢在网上发布问卷开展调查。不过很多网络调查其实是做不到随机抽样的，对于这一点我们还是应该保持清醒的头脑。笔者在《青年记者》主持的调查栏目，就属于这种情况，如果前期过多采用邀请熟人的方式来填写问卷，有可能会使得样本过于集中，样本的代表性容易受到质疑。

有一天，笔者接到《青年记者》编辑部转来的一封读者邮件，这位读者在邮件中说："我阅读了贵刊2017年1月(上)发表的《网络直播用户意见解析》。我对里面的数据以及这份报告是否具有代表性和可信性有一些疑惑。这个调查中本科及以上学历的样本占了调查样本总量的80%，而在我国大部分网民的学历是高中及以下。这个您可以从中国互联网信息中心公布的第39次《中国互联网络发展状况统计报告》中进行考证。用这样的数据显然无法代表我国网民对于网络直播真实的意见与使用目的。"

这位读者反映的问题其实是很值得我们思考的，很多网络调查并不容易采取随机抽样，对这样的调查获取的数据价值当然也不能高估。笔者只好如实回复了这位读者：

"我们做的网络调查采用的是非概率抽样方法，样本的选取主要通过问卷星推荐服务和个人邀请完成，2017年1月发表的调查报告在个人邀请时主要面向了在校大学生，使得本科学历占比明显增加。但本着真实的原则，我们不能随意修改统计结果，只能如实报告。

"目前对于大范围的网络调查我们很难采用概率抽样方法，我们尚不能采用中国互联网信息中心的调查网络。我们通过问卷星开展的网络调查大多属于非概率抽样调查，调查结果不能用于推断总体，仅用于对被调查者的意见和情况进行描述，为相关人员提供一些参考。

"但是读者给我们的提醒是很有必要的，读者对样本代表性的考虑是有价值的。我个人曾多次思考网络抽样调查的代表性问题，考虑到样本代表性问题和调查选题的局限，我个人也深有黔驴技穷的感觉，并多次提出终止栏目写作的建议。针对读者提出的问题，我们以后打算减少个人邀请，主要采用问卷星推荐服务获取样本。这样会对报告代表性问题的改善有所帮助。"

3. 信息的真实性和准确性问题

有的微信用户明明是中国人，地区却非得填个外国地名。网友资料显示是一位年轻女性，谁料想这个网友可能是一个大老爷们儿。调查项目要求女性来填答问卷，偏偏会有一些热心男士冒充女孩来接受调查。网民是隐匿的，网民填答问卷的动机不好把握，网民填答的信息真实性和准确性就不那么可靠了。

4. 组织重复填写问卷的现象

网络调查的重复填写更容易组织和实施，应该引起警惕。有的调查人员将问卷链接转发到微信群、QQ 群，同时发红包邀请大家填写，并且鼓动大家重复填写。发红包答谢大家是对的，但鼓动人们重复填写问卷就大错特错了。这种行为严重损害了调查过程的严谨性，也损害了调查工作的形象。组织人们重复填写问卷，这样的调查还有什么意义呢！

第二节　抽样对策

对于网络调查来讲，网络抽样是一个关键环节。网络抽样需要解决两个问题，一是样本量问题，二是样本的代表性问题。想办法找到受访者，确保有足够多的受访者参与网络调查，解决了样本量的问题。但仅仅解决了样本量的问题还不够，还需要考虑如何增强样本的代表性，需要考虑在网络调查中采取随机抽样的可能性和途径。

一、如何寻找受访者

1. 直接邀请

网络调查较多采取被动调查方法，即将调查问卷放到网站等待受访者自行访问、接受调查。如果你只是偶尔做一次网络调查，可以通过微信、QQ或当面邀请的方式让好朋友来填答问卷。如果你的邀请很诚挚，你的同学、朋友应该会给你面子，填答你的网络问卷。

2. 支付报酬

也可以通过支付报酬的方式，鼓励人们参与网络调查。有效回答一份问卷就给予适当的报酬，累计达到一定金额则给被调查者汇款，鼓励被调查者积极参与网络调查。

3. 购买服务

如果你经常做网络调查，那不妨干脆购买样本推荐服务。笔者在主持某报《青年记者》调查专栏时，每个月都要做一次网络问卷调查，如果每次都靠交情来动员大家填答问卷，恐怕我们就没交情了。我的办法是直接购买样本推荐服务，非常快捷。

你会发现，越来越多的问卷在网上发布，希望人们来填答，可大家的时间是有限的，所以采取直接邀请的方式很有可能招致别人的反感，越来越难以奏效。购买样本推荐服务很好地解决了这个问题，你花不多的钱就可以快速完成调查，不用欠人情，这真是最划算的事情了。能用钱解决问卷填答这个问题，就没必要用交情来解决，交情比钱贵多了。

二、优化抽样的方法

1. 保证用户身份的唯一性

每个被调查者都要注册为用户，每个 IP 地址只能填答一次问卷，防止有人以赚钱为主要目的，冒充多个被调查者填答问卷。

2. 网上调查与网下调查相结合

网上调查代表网民的情况，网下调查代表非网民的情况，给予二者适当比例的名额分配，让结果更加符合实际情况。

三、能否做到随机抽样

网民中是否存在着调查目标群体，规模有多大？只有网民中的有效调查对象足够多时，网络调查才有意义，才可能得出有效结论。

网络调查能否做到随机抽样？这是一个非常关键的问题。

如果我们不刻意设计网络抽样，没有遵循随机原则开展网络调查，只是把一份问卷放到网上去，很多时候是无法做到随机抽样调查的。我们看到的大多数网络调查其实都是非随机抽样调查，就像街头问卷调查一样，遵循的是方便原则而非随机原则。这样的调查也可以做，但我们需要知道它是非随机抽样调查，不要对其结果看得太重。

可以做到随机抽样的网络调查才更有价值。网络随机抽样调查的实现，至少可分为以下三种情况：

1. 研究总体为网民的课题

国民总体包括网民和非网民，虽然上网对很多人来讲已经习以为常，很多人觉得网络就像空气、水、电那样是我们日常生活不可或缺的资源，但即便像中国这样的互联网应用大国，也并非所有国民都是网民，仍然有为数不少的人不能上网。网络抽样问卷调查的回答者通常是限于网民这一身份前提的，非网民没有办法接触和回应网络调查。网络抽样问卷调查主要适用于研究总体为网民的课题，而不适用于研究总体为国民的课题。以全体国民为研究总体的课题，如果采用网络抽样调查，首先就会遭遇总体的非契合困境，随机抽样调查更无从谈起了。

网络抽样问卷调查中，研究总体为网民的课题则完全有可能做到随机抽样。新闻传播学研究中经常有针对网民行为和观念的研究，这些研究如果采取抽样调查方式开展，最好的一个途径当然就是网络调查。对于研究总体为网民的课题来讲，采取网络抽样调查，网民就是研究对象，与调查目标群体是完全重合的，此时抽样可以依据随机原则展开，实现网络随机抽样调查。

2. 企业组织范围内的网络调查

与面向城市、省份甚至全国的调查相比，企业组织范围内的调查总体规模是相对较小的，调查是较为容易操作的。企业组织掌握着非常完备的员工名单情况，构建抽样框具有便捷的条件和基础。企业组织范围内的网络调查可以很容易地做到随机抽样，只要严格按照随机原则选择好被调查者，然后让他们通过网络填答问卷，就可以实现网络随机抽样调查。

3. 在更大范围内构建固定样本的调查

对于经常开展抽样调查的机构来讲，可以考虑在线下采取随机抽样方法构建固定样本，之后开展线上问卷调查的做法，用这种办法可以实现以城市、省份甚至全国为总体范围的网络随机抽样调查。在起始阶段构建固定样本所需投入的费用较高，但从长远来看却是一件值得投入的事情，随着调查的不断开展，先期投入的成本会逐渐稀释，关键是这种操作确保采用了随机抽样，真正保障了网络抽样调查的质量。调查机构根据主要调查业务运营的实际情况，选择确立以城市、省份或全国作为总体区域，在现实世界采用随机抽样方法确定被调查者，构建自己的固定样本，下载软件到被调查者的计算机上，双方签订协议，支付相应费用，通过软件记录被调查者的上网行为，适时发放网络调查问卷，收集被调查者的信息反馈。

在线下采用随机抽样方法构建了固定样本，那么网络调查就能做到随机抽样调查，其结果的代表性就会增强，就可以用来推断总体。网络技术是先进的，但当前网络与问卷结合开展的抽样调查却不但不先进，反而在倒退，采用的抽样方法是类似于街头拦截调查、邮寄调查、自愿样本等老旧的非概率抽样方法。由于发布问卷便捷，当前这种网络问卷调查已经泛滥，甚至对人们的网络交往形成困扰。网络调查在数量上应该精简，在质量上需要提升，真正拯救网络抽样调查的方法是随机抽样，在更大范围内采用随机抽样方法构建固定样本。得到概率论和统计学的加持，网络抽样调查才有生命力。

第三节 网络问卷设计

本书所讲的问卷设计方法同样适用于网络调查问卷，这里不再赘述。需要强调的是，对网络调查问卷的形式要做出调整，符合网络调查的个性要求，题目数量要减少，问卷设计要更加简洁。

一、形式变化

网络问卷调查依托网络平台开展，问卷形式在很大程度上由网络平台所规定。网络问卷与纸质问卷在形式上会有一些调整，问卷设计者应该注意这些形式上的变化。

纸质问卷每个备选项前都有数字编号，在网络问卷中这些编号却通常会被省略。

纸质问卷在排版时大多会注意节省版面空间，一行的空间里会排列多个备选项。网络问卷的排版却会有更多留白，无须担心空间成本，可以让每个备选项单独占一行，这样也更加清晰，辨识度更高。

二、题型要更简易

网民的耐性比面访调查中的受访者差，网络问卷调查要尽量使用简易题型，减少被调查者的费力程度，让被调查者能够在更短的时间内填答完毕。

一位研究生设计了一份网络问卷，其中有一道排序题。笔者认为这道排序题对于参与调查的网民来讲有些复杂，担心他们没有太多的耐心来认真填答，反而会影响调查的质量，如下所示：

请按重要性的原则，将以下新闻客户端可实现的功能进行排序（排序题）

○提供新闻资讯

○个性化精准推荐

○社交功能

○直播功能
○便民服务功能
○和其他平台的互通连接

笔者建议这位研究生将这道题目改成选择题，让参与网络调查的网友从中选择出一个他/她认为最重要的功能。设计问卷的一个要诀就是换位思考，想象一下假如你是一位受访者，你在回答这样的问题时会有怎样的感受。如果你自己感觉不舒服，那就应该修改你的问题。

三、备选项不要划分太细

填答网络问卷的被调查者是网民，网民的注意力更不容易集中，备选项应该具有明显的区分度，被调查者才能轻松选择。把备选项划分太细其实是没有必要的，被调查者没有那么大的精力来仔细区分那些具有细微区别的备选项。

比如，下面这道题目的设计就会让被调查者抓狂——"感受中华文化之美""传承中华文化""学习中华文化"等备选项反复出现"中华文化"，其中的区别需要被调查者反复体会。可被调查者在网上填答问卷哪有那样的闲情逸致，就怕他们一时急躁，怒火中烧，半途放弃问卷的填答。

您认为文化类综艺节目吸引人的原因是？[多选题]
○感受中华文化之美
○本土化节目制作，非舶来品
○学习中华文化
○提高个人修养
○传承中华文化
○节目环节设置吸引人
○引发观众的情感共鸣
○制作精良
○风格清新
○节目品位高
○喜欢节目主持人
○喜欢节目评委

○喜欢参与选手

○纯消遣，打发时间

○其他

再来看下面这一道题目的设计，也存在很严重的问题：

您喜爱的文化类综艺节目呈现方式有哪些？［多选题］

○问答类

○对话类

○访谈类

○解说类

○讲座类

○讲堂类

○游戏类

○比赛类

○真人秀类

○脱口秀类

○综合类

○其他

单看备选项中的"讲座类""讲堂类"，就让被调查者丈二和尚摸不着头脑，我就询问问卷设计者，这两个选项应该怎么区分呢？对方回答说，设计问卷的时候查过资料，"讲堂类节目就是类似于《百家讲坛》那种形式，更为通俗、生动。讲座类节目，就相当于咱们课堂授课，是比较早期的节目形式了，具有特定的学习人群，同时也把这些人群作为节目的固定受众"。

对于这个解释，即便我们现在静下心来也要看上半天，仔细琢磨其中的细微区别，而问卷中压根就没有这个解释，被调查者又要怎么理解呢？其实即便问卷中有这个解释，被调查者也懒得去琢磨了。这样设计备选项是给被调查者制造麻烦，同时也是给我们自己制造麻烦。被调查者填答了这样的问卷，我们后期处理的时候会很为难，我们也不清楚被调查者是不是真的分清了这两个备选项。这样的备选项就应该合并。

四、网络问卷示例

下面这份问卷是笔者受《青年记者》杂志委托，在问卷星网站上发布的网络调查问卷，一共有 16 道题目，需要四五分钟就能填答完。由于在网上发布问卷时，网站系统会自动给予填答按钮设置，所以在设计网络调查问卷时并不需要在备选项前加数字序号。

热播电视剧调查问卷

尊敬的朋友：

您好！分享您的意见，让您的意见改变这个世界！此项调查由《青年记者》杂志社发起，调查结果用于电视剧研究。

您的意见对于本项研究非常重要。调查采取匿名方式进行，结果以统计数据呈现，不会泄露您的个人信息，万请您如实填答您的情况和想法。

再一次感谢您的合作与支持！

《青年记者》杂志社

2013 年 11 月

基 本 情 况

(1) 您的年龄？（单选）

○17 岁及以下

○18~30 岁

○31~40 岁

○41~50 岁

○51~60 岁

○61 岁及以上

(2) 您的性别？（单选）

○男

○女

(3) 您的学历？（单选）

○初中及以下

○高中、中专或技校

　　○大学专科

　　○大学本科

　　○硕士研究生

　　○博士研究生

(4)您的职业是：(限选一项)

　　○工人/商业服务业普通员工

　　○企业领导或管理人员

　　○农民或外来打工者

　　○政府公务员/机关事业单位干部

　　○一般职员/文员/秘书

　　○公检法/军人/武警

　　○专业技术人员/教师/医生

　　○私营或个体劳动者

　　○中小学生

　　○高校学生

　　○离退休人员

　　○其他(请写明　　　　　　)

(5)您目前每个月的各项收入(包括各种固定的和临时的收入)合计大约有：(限选一项)

　　○无收入

　　○1~2000元

　　○2001~5000元

　　○5001~10000元

　　○10001~15000元

　　○15001~20000元

　　○20000元以上

收视目的与行为

(6)您看电视剧的目的是？(最多选两项)

　　○消磨时间

　　○学习知识

　　○了解不同的生活方式

　　○愉悦身心

○追星

○从众

(7)您最近一次看电视剧采用了什么设备？（单选）

○电视机

○手机

○平板电脑

○笔记本电脑

○台式电脑

(8)您昨天花费在看电视剧上的时间是多少？（单选）

○没看

○大约半个小时

○大约 1 个小时

○大约 2 个小时

○大约 3 个小时

○大约 4 个小时

○4 个小时以上

内容喜好类型

(9)您最想看的电视剧类型是什么？（可多选）

○古装剧（如《康熙王朝》）

○穿越剧（如《宫锁心玉》）

○武侠剧（如《神雕侠侣》）

○翻拍剧（如《新版三国》）

○现代偶像剧（如《原来是美男》）

○现代生活剧（如《小爸爸》）

○情景剧（如《家有儿女》）

○谍战剧（如《潜伏》）

○革命战争剧（如《亮剑》）

○动漫剧（如《名侦探柯南》）

○其他

(10)您最不喜欢的电视剧类型是什么？（可多选）

○古装剧（如《康熙王朝》）

○穿越剧（如《宫锁心玉》）

○武侠剧(如《神雕侠侣》)

○翻拍剧(如《新版三国》)

○现代偶像剧(如《原来是美男》)

○现代生活剧(如《小爸爸》)

○情景剧(如《家有儿女》)

○谍战剧(如《潜伏》)

○革命战争剧(如《亮剑》)

○动漫剧(如《名侦探柯南》)

○其他

(11)您喜欢看喜剧性的结局还是悲剧性的结局?(单选)

○喜剧性的结局

○悲剧性的结局

吸 引 因 素

(12)电视剧吸引您的因素是什么?(多选)

○故事情节

○明星演员

○前期宣传

○特效制作

○情感

○人生观

○其他_____

(13)您是否认为主角的扮演者是影响您观剧的一个重要因素?(单选)

○是

○不是

电视剧制作

(14)您认为电视剧的集数多少合适?(单选)

○10 集以内

○11~20 集

○21~30 集

○31~40 集

○41~50 集

○51~60 集

　　〇61 集及以上

(15)您是否在意电视剧中植入广告?(单选)

　　〇不在意

　　〇在意

(16)您喜欢哪些国家或地区制作的电视剧?(最多选三项)

　　〇中国内地(大陆)

　　〇中国香港、中国台湾

　　〇美国

　　〇欧洲

　　〇韩国

　　〇日本

　　〇泰国

　　〇印度

　　〇其他地区

第四节　网络数据的获取

　　网络调查不能仅仅局限在网上发放问卷,还应该善于采取网络文献调查的方式获取数据。通过实施网络文献调查,可以获取政府数据、国际组织数据、第三方统计数据、学术数据、企业数据、个人数据等种类丰富的信息。

一、政府数据

　　国家数据(http：//data. stats. gov. cn)是国家统计局发布统计调查数据的专门网站(图 8-1),提供月度数据、季度数据、年度数据、普查数据、地区数据、部门数据、国际数据、数据可视化产品。

　　中国政府网(http：//www. gov. cn)是中华人民共和国中央人民政府门户网站(图 8-2),是国务院和国务院各部门,以及各省、自治区、直辖市人民政府在国际互联网上发布政府信息和提供在线服务的综合平台。它设有政策、互动、服务、数据、国情、国家政务服务平台等频道,提供国务院政策文件及解读、督查、主题服务查询、宏观经济运行情况等数据。

图 8-1 国家数据网站

图 8-2 中国政府网

地方政府网站及地方政府部门的网站，尤其是省级、市级人民政府官方网站发布的信息数据具有权威性，是获取政务数据的有效渠道。

国外政府数据获取可以重点关注：

开放政府联盟网站（https：//www.opengovpartnership.org，图8-3）；

美国政府数据开放网站（https：//www.data.gov）；

英国政府数据开放网站（https：//data.gov.uk/）；

欧盟统计局网站（https：//ec.europa.eu/eurostat）。

图8-3 开放政府联盟网站

二、国际组织数据

除了政府部门以外，一些国际组织也设有网站提供数据。世界卫生组织官方网站（https：//www.who.int，图8-4）设有中文、英文、阿拉伯语、法语、俄语等多个版本，提供健康主题信息、突发卫生事件、全球卫生观察数据及统计报告。世界经合组织、世界银行、联合国数据库、欧洲社会调查等网站也拥有丰富的数据，是获取数据的重要来源。

三、第三方统计数据

AC尼尔森（https：//www.nielsen.com）网站设有人口统计、数字、娱乐、快速消费品与零售、创新、市场与财务、媒体等频道，提供消费者研究业务数据，帮助用户全面把握全球消费者趋势和习惯。

百度指数（http：//index.baidu.com）对搜索关键词进行数据分析和挖

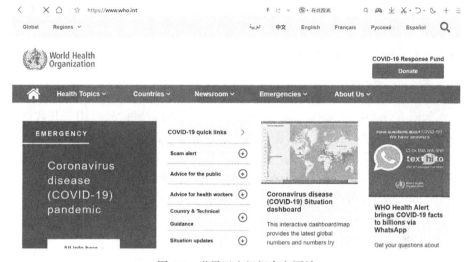

图 8-4　世界卫生组织官方网站

掘，给出更为详细的行业或话题数据。

阿里指数（https：//index. 1688. com）基于电子商务平台市场动向数据分析，提供行业大盘、属性细分、采购商素描、阿里排行等电商数据。

腾讯网下设开放平台（https：//open. tencent. com），提供腾讯位置大数据。

四、学术数据

高校网站上通常设有网上图书馆频道，购买或拥有数据库服务供师生进行网络查询，如万方数据资源系统、中国生物医学文献数据库、美国科研出版社电子期刊等。很多高校都购买了大名鼎鼎的中国知网（CNKI）服务，知网学术文献总库就包含了学术期刊论文、硕士学位论文、博士学位论文、会议论文等，高校师生利用自己的账号可以很方便地在知网上查阅学术数据。新闻传播工作者也应该善于使用这些学术资源，采取网络查询的方式获取学术数据、使用学术数据。

自媒体"备胎说车"经常使用学术数据做节目，在一期题为《车子发动机的怠速越低越好吗》的节目中，主播使用了《天津汽车》杂志论文《电喷发动机怠速过高或过低的处理》、华南理工大学论文《基于扭矩的发动机怠速控制研究》、河北工业大学论文《汽车发动机怠速控制技术的研究》、合肥工业大学论文《GDI 发动机起动与怠速的控制设计和实验研究》的学术数据。比如，主播节目中说："《天津汽车》期刊有论文《电喷发动机怠速过高或过低的处理》。当中讲：发动机怠速转速一般设置在 650～750r/min，不同车子有可能会有差别，但 600～800r/min 都是比较正常的。"①

五、企业数据

天眼查(https：//www.tianyancha.com，图 8-5)，坚持只采用公开数据，构建了完备的集数据采集、数据清洗、数据聚合、数据建模、数据产品化为一体的大数据解决方案。作为"商业安全工具"，天眼查收录了包含企业、学校、基金会等 1.8 亿多家社会实体信息，90 多种维度信息全量实时更新，实现了从洞察风险到预警风险的全方位把控。利用天眼查网站或手机 App，可以随时随地查公司、查老板、查老赖。

图 8-5　天眼查网站

按照法律规定，上市公司必须公布财务状况，我们可以通过网络途径查询上市公司相关数据。如腾讯网(https：//www.qq.com)的"关于腾讯"中"投资者"类目下面有腾讯各个年度的财务报告及中期报告、证券及债券信息。

国家企业信用信息公示系统(http：//www.gsxt.gov.cn，图 8-6)，可以查询企业信用信息、经营异常名录、严重违法失信企业名单等。

---

① https：//mp.weixin.qq.com/s/eGDhJjl7EAXvrNEn4PB9Ug，2020 年 3 月 21 日。

☆ www.gsxt.gov.cn

国家企业信用信息公示系统
National Enterprise Credit Information Publicity System

▼ **企业信用信息**　　　经营异常名录　　　严重违法失信企业名单

Q 请输入企业名称、统一社会信用代码或注册号　　　　　　　查　询

热搜榜: 广东皓景新材料科技有…　融金在线资本管理（北…　融金在线资本管理（青…　　　更多

　信息公告　　　　企业信息填报　　　　小微企业名录　　　　使用帮助

图 8-6　国家企业信用信息公示系统

六、个人数据

个人网站、博客、微博、微信、短视频及直播平台等，是获取个人信息资料的有效渠道。

第五节　从大数据到机器读心术

人类步入 ABC 时代，A 是人工智能(Artificial Intelligence)，B 是大数据(Big Data)，C 是云计算(Cloud Computing)。大数据技术对传统调查方法产生了冲击和挑战，同时也为调查方法的发展带来了机遇。我们应该高度关注大数据技术的发展，思考和理解大数据调查方法的原理，在条件具备的前提下积极利用大数据方法。另外，生物传感技术、人工智能技术等高新科技也都会对社会调查产生影响，在社会调查领域也有不同程度的应用，值得我们关注。

一、大数据用于社会调查

1. 大数据方法与抽样调查

大数据容量巨大，具有更加复杂的多样性，生成速度更快，价值密度

低。大数据的一个特点是大，数据大到用常规手段无法收集和统计，那才叫大。小学生统计苏轼诗词，区区几十万字，却妄称是"大数据"，这是对"大数据"的曲解和滥用。

对于网络调查来讲，更能体现互联网技术优势特征的调查方法是大数据方法，这种调查融合运用了网络爬虫技术和大数据技术，直接对网络数据进行抓取和挖掘，获取调查数据依靠软件程序自动进行，方便快捷。这种方法通过网络爬虫技术对各大门户网站、博客、微博、论坛、贴吧等网络信息源进行数据抓取，对抓取到的网络数据进行挖掘和分析。

全国人口普查也在推进大数据技术的应用。国务院第七次全国人口普查领导小组办公室负责人表示，2020 年第七次全国人口普查，采取电子化方式开展普查登记，探索使用智能手机采集数据；广泛应用部门行政记录，推进大数据在普查中的应用，提高普查数据采集处理效能。①

毫无疑问，采用大数据方法获取网络数据是一种先进的方法，我们需要密切关注、高度重视和积极利用大数据技术。

网络数据的抓取与传统社会调查方法区别很大，这种区别表现在样本获取、数据规模以及操作程序等诸多方面。

传统调查方法遵循的是抽样理念，用样本来表征或推断总体，以小博大，样本规模、数据规模与大数据方法相比均要小得多，操作程序主要包括抽样、调查和统计分析，人工操作是核心。

网络数据抓取采用大数据理念，强调获取网络大数据，用整体来表征整体，而不是用部分来代表整体，它采取的是普查方式，调查对象的规模、抓取到的数据规模均要比传统抽样调查方法大得多，大数据方法的主要工作由计算机程序自动完成。大数据给社会调查带来的一个重大影响表现为对抽样方法的冲击，"在大数据时代，我们可以分析更多的数据，有时候甚至可以处理和某个特别现象相关的所有数据，而不再依赖于随机抽样"②。

2. 对大数据的反思

我们对大数据方法还需要做深入思考，我们需要辨析网络世界舆情与现实世界舆情的关系，需要思考采用大数据方法抓取到的网络数据对全体公民

---

① http://www.ce.cn/xwzx/gnsz/gdxw/201911/09/t20191109 _ 33569376. shtml，2019-11-09。

② ［英］维克托·迈尔-舍恩伯格、肯尼思·库克耶：《大数据时代：生活、工作与思维的变革》，盛杨燕、周涛译，杭州：浙江大学出版社 2013 年版，第 17 页。

意见的代表程度。

真正的大数据是全面数据，全面数据的采集成本和采集难度会很大。大数据到底大到什么程度，只有掌握大数据的机构最清楚。大数据变化快、流动性强，这意味着大数据的采集需要频繁进行，而频繁采集同时又必然面临隐私问题，每次采集都需要获得用户的同意。如果用户不同意，数据采集质量就会受损，强行采集则面临伦理困境。大数据是混乱的材料，大数据的应用是要从垃圾中提取有价值的数据，是要变废为宝，大数据中真正有价值的还是经过提取之后的数据，从这个意义上讲，数据是大数据的核心。

大数据跟我们每个人相关，但我们绝大多数人其实并不掌握大数据，当然也不能从中直接获益。大数据掌握在极少数的机构手里，掌握在腾讯、阿里、百度等大公司手里。我们每个身处互联网的人其实不过扮演了大数据采集节点供应器的角色，让自己的数据汇入大数据的洪流之中。一个冷笑话讲道，主人在家里磨刀，公鸡问今天家里要来客人吗？主人说是的，今天家里要搞宴会，你也会参加。这个冷笑话让人倒吸一口凉气，在我们热情拥抱大数据的时候，其实我们真的很像那只大公鸡，我们绝大多数的个体并不是大数据宴会的真正客人，我们只是大数据的贡献者甚至是牺牲者。

3. 大数据抑或大数据孤岛

中国电视数字化产业参与主体很多，形成了许多大数据孤岛。每个城市的 IPTV 用户收视数据分散在中国电信、中国联通和中国移动的各个省公司里，数字双向有线用户数据则为每个省、直辖市的有线运营商所有，更加分散。智能电视终端的收视数据分属海信、TCL、创维、长虹、康佳、小米、乐视等十余家主要厂商，外人很难获得。数据是每家运营商和厂商的命，它们不愿跟外界分享这些数据，形成了事实上以运营商、地域、品牌为特点的数据孤岛，试图通过这样的大数据来准确了解收视全貌当然也是相当困难的事情了。[①]

喻国明、耿晓梦研究发现，目前来看，如何有效接近和利用被大公司垄断的大数据资源，仍是一个不好解决的难题。尽管理论上对大数据的价值强调了那么多年，但"迄今为止真正基于大数据的舆情研究依旧凤毛麟角"[②]。

---

① 柯惠新：《收视率调查视角下的大数据与抽样数据》，https：//mp. weixin. qq. com/s/xzROe9J74n0DjcY2dDtYFA，2018 年 9 月 21 日。

② 喻国明、耿晓梦：《新中国的舆论调查研究：从议题变迁、意见样态到范式转向》，《编辑之友》2019 年第 9 期。

张涛甫、徐亦舒也强调了大数据存在的局限性，数据的"污染"问题不容小觑，辨别虚假数据并排除被资本力量、政治力量"污染"的数据，是一件并不容易的事情；大数据并不是全数据，数据的完整性存在严重缺陷；数据搜集及使用过程中涉及的用户隐私问题，也亟待解决。[①] 现实生活中的大数据存在诸多困境，我们既要重视和关注大数据，又要对它保持完整而又清醒的认识。

二、网络监测技术的运用

1. 网络监测系统设计原则

大数据方法依赖网络监测系统的设计，网络监测系统的设计需要遵循全面、准确、及时、稳定的原则。

全面原则是指网络监测系统对网络信息数据的抓取要尽量全覆盖，全面监测门户网站、博客、论坛、微博等网络载体，不遗漏重要的舆情数据。

准确原则是指网络监测系统能够对庞杂的数据进行精确分析，将最有价值的舆情数据筛选出来，进行分类展示，凸显关键舆情信息。

及时原则是指网络监测系统能够第一时间抓取到网络数据，第一时间对数据进行分析，第一时间呈现给用户，及时发出预警信号。

稳定原则是指网络监测系统要采用先进算法，模块组合合理有效，程序运行顺畅，系统易于扩展，数据处理平稳可靠。

2. 主要计算机技术的采用

(1)网页蜘蛛技术。网页蜘蛛又称网络爬虫，这是一种形象的说法，其实质是按照某种规则自动抓取网络信息的计算机程序，它像蜘蛛一样在网络空间里爬行，搜寻信息数据。搜索引擎的首要工作原理就是利用网页蜘蛛去自动搜寻网络信息。网页蜘蛛通常会选择链接较多的重要网站 URL 当作种子集合，开始数据抓取，并通过页面链接路径爬到新的页面抓取数据。网页蜘蛛通常采用广度优先搜索算法采集页面，下载相应的网页进行解析，反复操作直到爬取整个网络才停下来。"将广度优先搜索与网页过滤技术结合使用，先用广度优先策略抓取网页，网络爬虫采用多线程，某个线程下载完页面后提交至解析的缓冲区线程池，线程池调用解析器解析网页提取 URL，

---

① 张涛甫、徐亦舒：《重新出发：新传播生态下中国舆论研究的回顾与反思》，《编辑学刊》2017 年第 2 期。

并把解析到的 URL 加入 URL 记录中。然后过滤掉其中无关的网页。"[1]

（2）云计算技术。云计算是切实可行的分布式计算方式，分布式存储，并行计算。计算不是在本地计算机或单一的远程服务器上开展，而是分布在大量的分布式计算机上，有效解决了海量数据挖掘难题。参与云计算的服务器有几十万台甚至百万台，规模庞大，计算能力前所未有。云计算采用了计算节点同构可互换、数据多副本容错等技术，其运算的可靠性也比本地计算机更强。云计算可以按需购买服务，数据管理成本可以大幅度降低，经济效益非常明显。

（3）网络处理技术。网络处理技术主要包括话题发现与追踪技术、网络分析技术等技术类别。话题发现与追踪技术是指舆情监测系统能够从网络世界中寻找到热点话题，根据发言频率、信息源权威度等指标，准确识别热点话题、敏感话题，并对相关话题的发展变化加以追踪，及时捕捉相关信息，抓取舆情数据。网络分析技术对抓取到的数据进行智能化分析，具体包括自动分类、相似性排重、自动生成热点、负面舆情研判、转载计算、统计图表自动生成、自动抽取关键词、自动摘要等。

三、A/B 测试：用户数据收集应用

A/B 测试是指为网络页面制作两个版本，在同一时间内进行测验，让访客群组随机访问不同的版本，收集各群组的用户数据，加以比较和评估，最后选择出效果最好的那个版本。

赫芬顿邮报采用 A/B 测试，确立网站头条新闻标题的写法。读者的请求达到服务器后，服务器会通过自动分流技术，为不同的用户分配不同的版本。同一新闻内容的报道，读者会被随机分配到不同的标题版本，服务器会记录和收集读者的阅读行为数据，阅读行为数据优异的标题将成为这条新闻的最终标题。"进行 A/B 测试时，测试用户的选取是十分关键的环节，为保证试验结果的准确性，一是要保证一定的样本数量，二是要考虑用户细分。"[2]

对于网络媒体用户研究来讲，实时监测用户的行为数据是十分便捷的事

---

① 丛庆：《互联网舆情信息采集分析系统关键技术研究》，天津大学硕士论文，2012 年，第 20~21 页。

② 张梓轩、王冰：《A/B 测试原理在新闻生产中的运用及其对新闻业融合转型的潜在影响》，载《中国出版》2017 年第 24 期。

情，用户的行为数据最能说明他们的喜好和态度。算法在页面上的跟踪以及对用户行为数据的抓取，突破了传统媒体受众调查方法的局限。新闻标题、图片、文字段落、音频、视频、文章推荐等的设置，均可进行类似测试，实时掌握用户行为数据并据此作出调整和改变，最大限度地让用户满意，优化传播效果。

四、生物传感智能机器人的读心术

网络时代科技发展日新月异，读心成为可能，生物传感技术、情感交互技术、人工智能技术等在网络时代社会调查领域的应用尤其值得关注。采用这些高科技，省去了提问的环节，受测试者不说话，机器也可以直接读出受测试者的心理活动变化数据，不可谓不神奇。

新华网 Star 生物传感智能机器人就掌握这种读心术，可以直接收集受测试者的情感变化数据并生成报告。2018 年 3 月 5 日，李克强总理在人民大会堂作政府工作报告，新华网影视传感评测实验室邀请 30 位社会各界人士同步观看总理报告，接受 Star 生物传感智能机器人的读心测验。

现场观众的情绪生理变化被传感器捕捉下来，通过人机交互等技术转化为数值，传递到后台计算机，以数字形态描绘出每个人的情绪曲线。从情绪曲线上，可以非常直观地看出观众的兴奋值、情绪波峰、情绪波谷及情绪变化趋势。观众情绪唤起强度明显升高，则表明观众这个时候注意力非常集中，对相关内容很关注。新华网 Star 生物传感智能机器人可以精准捕捉被测试者"同频共振"瞬间、"心潮澎湃"瞬间，同时还能出具测试报告、生产生理传感新闻报道。①

---

① 《"更懂你"是什么感觉，答案在这里》，新华网公众号，http：//mp. weixin. qq. com/s/DEFoe35NAXA_jAL6rOPLFQ，2018 年 3 月 7 日。

第九章
质 性 方 法

　　观察自己从来不是件简单的事，而随着时间的流逝，难度还可能越来越大。

——尤瓦尔·赫拉利

　　统计越完全越好，观察越普遍越好。

——笛卡儿

第一节　正确看待方法

　　质性方法又称质的研究方法、质化研究方法、定性研究方法、定性方法。"定性研究"是中国内地(大陆)原本惯用的说法，"质性研究""质的研究""质化研究"等说法是由于受到中国台湾、香港、澳门地区学术概念影响而采取的时尚称谓。笔者查阅中国知网发现，现在国内期刊发表的论文多用"质性研究"的说法，"质的研究""质化研究"的用法已经很少了。质性方法是与量化方法相对应的一类研究方法(典型的量化方法是抽样问卷调查方法)，主要包括文献调查、观察、深度访谈等研究方法。

一、不要迷信量化方法

　　不同的学者对量化方法与质性方法有不同的偏爱，偏爱某类研究方法的学者甚至会排斥另一类研究方法。其实这是大可不必的，"如此势不两立的抗争态势，却也让人颇容易忽略了，这两类研究取径其实一直共存于社会科学之内，没有独尊任何一类"。① 我认为，在过于尊崇量化方法的背景下，我们其实更有必要强调质性方法的重要性，不要忽略质性方法的价值。

---

　　① ［美］Robert K. Yin：《质性研究：从开始到完成》，李政贤译，台北：五南图书出版股份公司 2014 年版，第 327～328 页。

　　山东大学校长樊丽明教授在谈到文科发展存在的问题时，批评了过度量化倾向。樊校长说，就经济学管理学门类而言(事实上其他社会科学领域也存在量化崇拜问题)，"方法过度量化问题比较突出。在课程设置、学分要求和学位论文要求上，程度不同地存在着技术至上、忽视思想，非数理计量不成论文等问题"。①

　　中国人民大学新闻学院杨保军教授则批评了"令人头晕目眩的方法炫耀"。杨教授说"这一类研究总体上可以说形式很美、思想很丑"，"现在的很多研究，没有研究者的独立见解，也看不出研究者的思想观点，只是用一些规范的实证方法、新生的网络技能建构一套研究框架或模式。这些研究者用这种研究框架今天套这个事件，明天套那个事件，不痛不痒解说几句，学术研究真是变成了论文的生产流水线，这在根本上玷污了学术研究的探索求新精神"②。

　　一些量化研究发了很多问卷，收集了不少数据，试图用大样本量的抽样调查来推断总体，然后开展了"令人头晕目眩的方法炫耀"。殊不知，这些研究很多采用的都是非概率抽样，并不能用来推断总体，量化分析"高大上"，抽样方法却极其落后，不过依然唬住了很多人。虽然论文当中进行了一堆让人觉得很厉害的量化分析，但数据获取的前提却站不住脚，又何苦这样穷折腾呢？与国内社科领域一些学者盲目崇拜量化方法形成鲜明对比的是，其他国家越来越多的社会学家却开始认为："事实上，定性方法要比定量方法更高级，也足够客观，更适合用于研究人类行为和社会生活。"③我们的学者，实在没有必要把主要精力用到打磨手术刀上，天天跟人炫耀自己的手术刀多么靓丽，却忘记了自己的真正使命是什么。

二、两类方法的区别

　　质性方法与量化方法的区别主要表现在以下几个方面：

1. 适用问题不同

　　质性方法与量化方法具有不同的取向，关注和适于研究的问题有比较大的区别。量化方法关注和适于研究的问题主要是更加宏观的、整体上的、相

---

① 樊丽明：《"新文科"：时代需求与建设重点》，《中国大学教学》2020 年第 5 期。
② 杨保军：《新闻规律论》，北京：中国人民大学出版社 2019 年版，第 480 页。
③ [英]安东尼·吉登斯、[英]菲利普·萨顿：《社会学基本概念》，王修晓译，北京：北京大学出版社 2019 年版，第 42~43 页。

对普遍的问题，侧重于客观事实信息的收集和研究，尤其适合探析变量之间关系的问题。质性方法关注和适用研究的问题主要是更加微观的、个体上的、相对特殊和典型的问题，侧重于研究具有主观意义的问题，"特别是有关具体情境之中的互动问题"。①

2. 研究目的不同

与随机抽样问卷调查方法不同，质性研究的目的不在于推论总体，它也无法推论总体的情况。质性研究的目的在于深入研究作为总体成员的某些类型，提供更加可感的材料，让研究报告的读者产生思想情感上的共鸣，加深认识。

3. 着力点不同

质性研究的着力点在个案部分，而不在于总体。对个案部分的深刻认识，也是研究所需要的。因为个案是总体中的个案，个案也在反映着本质。大部分质性方法具有花钱少、省时间的显著特点。质性方法有其独特的价值，也能揭示本质规律，帮助人们获取知识。

4. 工具和程序不同

量化研究往往要采用标准化工具展开资料的收集和分析，比如使用问卷和统计软件这样的工具来开展研究，用问卷收集数据，用统计软件来分析数据。量化研究具有非常严格的操作程序，比如采用抽样问卷调查研究时，就有调查方案设计、问卷设计、抽样设计、抽样实施、调查实施、问卷回收、编码与录入、统计分析、调查报告撰写等一系列环节。从传统意义上来讲，质性研究采用的工具往往是研究者自身，研究者个人就是工具，要依靠自己的理解、感悟来研究，其研究程序也更加灵活多变，充满不确定性，"整个研究的进程经常会随着研究的开展而不断进行改变、修正、调整和反复，研究者也不使用可供检验的程序来收集和分析资料"②。

三、技术渗透与应用

需要补充说明的是，传统意义上，质性研究往往以研究者为工具，但随着计算机技术的发展，现在计算机辅助质性研究软件也已经开发出来，并在

---

① 风笑天：《定性研究与定量研究的差别及其结合》，载《江苏行政学院学报》2017年第2期。

② 风笑天：《定性研究与定量研究的差别及其结合》，载《江苏行政学院学报》2017年第2期。

深度访谈、小组讨论、案例研究、参与观察等质性研究中得到越来越多的应用。

NVivo 就是这样一款用于质性研究的分析软件，它能够自动对研究资料进行初步分析和快捷整理。在我收到的一封邮件中，发件人这样描述该软件的强大诱惑力：

（1）大数据时代，数据的类型多种多样，而 NVivo 几乎可以处理所有数据，包括文档、音视频、图片、问卷及网络文字等，帮你轻松应对海量、多类型分析数据。

（2）在刚开始分析材料、毫无头绪的时候，NVivo 能够迅速检阅所有数据，自动识别纷杂数据中的关键词和主题，为你提供可能的分析思路和方向。

（3）NVivo 能够自动对数据进行初步分析和快捷整理，提供大量的"半成品"，能使用同一项数据产生多篇论文，提高你的研究效率。

（4）人脑的记忆是有限的，很难发现庞杂材料中隐藏的联系，NVivo 可以链接所有关联性的内容，找到材料中的规律，这很可能成为你的研究发现。

德国学者伍多·库卡茨在《质性文本分析：方法、实践与软件使用指南》一书中，对计算机辅助质性文本分析作了集中论述。下面结合伍多的论述，作一简要介绍。

可使用录音设备精准记录访谈内容，使用计算机软件完成音频或视频文件的转录，转录软件有 ExpressScribe、Inqscribe、HyperTranscribe、f4 等。在将口语访谈内容转化成文本时，需事先制定转录规则，这些规则包括但不限于以下几项：（1）将方言转换成普通话；（2）一字不差地转录；（3）受访者身份需要匿名处理，地点、时间可用大范围词语表示；（4）访谈者段落标记为 I（Interviewer），应答者段落标记为 R（Respondent），并加数字区分，如 R1、R2、R3。

转录文本生成后，以 DOC、DOCX 或 RTF 格式保存，并进行必要的编辑、修改和校对。将转录好的文本输入质性数据分析软件，如 NVivo，进行文本主题分析、文本评估分析、文本类型建构分析以及其他高级分析。

第二节 文 献 调 查

关于文献调查，金克木曾说："调查活人有种种障碍，何妨调查死人、古人？以文字符号组成的，表达语言而暗藏思想的，和产生时的内外背景息息相关的，是文献。"①

　　"研究"的英文单词是"research"，这个单词的构成意味着"不断寻找""反复查找"，研究需要四处翻拣、不断寻找文献资料。美国科学基金委员会、美国凯斯工学院研究基金会调查统计显示，一个科学研究人员在一个科学研究项目中用于研究图书情报资料的时间，占全部科学研究时间的1/3至1/2。梁启超也曾说："资料，从量的方面看，要求丰备；从质的方面看，要求确实。所以资料搜罗和别择，实占全工作十分之七八。"②可见文献的搜集、阅读与研究是十分重要的。对于我们人文社会科学工作者来讲，不可一日无阅读，文献阅读就成了一种必备的、甚至是天天都在使用的调查研究方法。文献阅读为写作提供了养料，很多时候，没有文献阅读也就没有研究和写作。

一、搜集二手资料

　　我们做的问卷抽样调查是直接从研究对象那里获取所需要的数据和资料，这些数据和资料是我们第一手获得的原始数据，具有原创性。

　　文献调查搜集的通常是二手数据，是现存的某种文献资料，这些资料和数据已经摆在那里了，我们获得这些资料和数据要轻松得多，只要你找到这些文档然后加以阅读、分析就可以了，"如果答案可以在图书馆里找到，还要设计一项实地研究，那是很愚蠢的"③。

　　互联网络发展状况的相关数据已经成为重要的基础数据。由于对全国互联网络发展状况展开调查是一项需要耗费巨大人力、物力的工作，因而一般个人和机构其实也不可能开展这样的全国调查。在这种情况下不如采用文献调查，搜集现成的二手资料加以研读，非常省事。中国互联网络信息中心（CNNIC）每年会公布有关中国互联网络发展状况的统计报告，我们只要找来这份报告就好了。中国互联网络信息中心《中国互联网络发展状况统计报告》，从互联网基础建设状况、互联网应用发展状况、政府应用发展状况、

---

① 金克木：《书读完了》，黄德海编，上海：上海文艺出版社2017年版，第43页。

② 王琪：《撰写文献综述的意义、步骤与常见问题》，https：//mp. weixin. qq. com/s/mnSTyRfqmIoFH9AuUM2lbA，百度学术，2017年12月20日。

③ ［美］C. 赖特·米尔斯：《社会学的想象力》，李康译，北京：北京师范大学出版社2017年版，第288页。

产业发展状况、互联网安全管理等方面，为读者提供了翔实的统计数据。如果你期望了解相关情况，只要到中国互联网络信息中心网站下载这份报告，就可以很轻松地掌握这些数据，完全没有必要自己重新去做一次调查，收集原始数据了。

二、评估二手资料

要对二手资料报以"怀疑之尊重"，至少要问以下五个方面的问题：

1. 收集者是谁

收集这些数据的机构信誉如何？委托单位有什么特点，是否有足够的财力支撑这些数据的采集？

收集者信誉不好，其提供的数据材料难免让人生疑；委托单位提供的研究资金不足，数据材料的质量也会受到影响。我们采用这样的二手资料，就要三思而后行。相反，收集这些数据的机构信誉好，研究人员在业内权威可信，口碑好，有足够的财力支撑数据资料的收集，这样的二手资料通常来讲质量就会过硬，也更值得信赖。

2. 为什么收集

最初他们为什么去收集这些数据？让数据为某个机构说话，有意收集有利于某个公司的数据资料，这样的数据收集目的就很值得警惕，从一开始就偏离了客观原则，其数据也不值得信赖。收集数据的目的主要是为了学术研究，客观性强，数据质量通常也会高，更有参考价值。

3. 怎么收集

数据采集的过程规范吗？方法科学吗？

必须考察二手资料提供者是如何收集这些数据资料的，收集数据资料的过程和方法是否经得起推敲。原先的研究者采集数据的操作过程很规范，采用的数据收集方法很科学，这样收集来的数据资料才靠得住。否则，就要打一个问号了。

4. 何时收集

过时的资料会迅速贬值，甚至会变得一文不值。要评估二手资料原来的收集时间，保证这些资料的时效性。

5. 内容适用吗

关键的是这些二手资料应当符合你的研究目的，能够满足你的需求。

三、文献资料分类

1. 内部资料

内部资料是指从组织机构内部寻找到的有关经济、活动的各种记录，如：

（1）公司简报、经验总结，各种调研报告、照片、录像资料；

（2）各种财务报表、会计凭证，订货单、进货单、发货单，发票，收银小票；

（3）各种统计资料；

（4）合同文本。

开店需要做市场调查，了解特定街区店铺的营业额情况。如果你去问店铺老板或者收银小妹，一天营业额是多少，对方通常懒得搭理你，即便搭理你，也很可能是告诉你一些虚假数据。真正可行的办法是自己去调查，其中就会用到文献研究方法，这种调查搜集的文献资料是内部资料——被调查店铺的收银小票。

收银小票上有三类信息非常重要，一是日期和时间，二是编号，三是商品名称和价格。收银小票的编号通常每天都会清零，重新记号；也有可能不清零，连续记号。在店铺开门时你去买第一单，拿到收银小票，记下收银小票的编号。在店铺打烊前再去买一单，拿到收银小票，记下最后的编号。这样你就能很准确地掌握这家店铺一天的营业单数，然后用每单营业额的平均数乘以营业单数，就可以掌握这家店铺一天的营业额了。

当然，这种调查方法还需要你掌握或估计每单营业额的平均数，你可以拿店铺的菜单来估算，或者实地观察一些顾客的购物情况，然后计算出来。从操作上来讲，其实也不是很难。文献调查搜集的通常是二手数据，但利用收银小票调查店铺营业额得来的结果，其实可以算是一手数据。

如果你正在开店或是有开店的想法，为了了解市场经营状况，了解竞争对手的情况，你可以采取上述方法来展开调查。另外，如果你是商户，想获取行业数据，你还可以到美团、支付宝、口碑网、饿了么等第三方平台去获取数据。[①] 这种调查方法也属于文献调查，获取的数据则应该看成是二手数据，更进一步讲，它是第三方网络平台调查后对外公布的数据，属于外部

---

① 参考喜马拉雅网络音频节目《开店笔记》2016年7月"如何估计别人营业额"，析出时间为2018年2月1日。

资料。

榨菜是一种售价低廉的食品,被认为是作为流动人口主体的进城务工人员的一种主要消费品,"榨菜指数"被用来表征进城务工人员流动状况。

重庆涪陵榨菜集团是国内榨菜产品的龙头企业,年产榨菜产品 10 万吨,包括广东在内的华南地区是其重点销售区域。2007 年涪陵榨菜华南地区的市场销售额占比近 50%,而到了 2011 年其销售占比却下滑到了 29.99%。

与此相反,涪陵榨菜 2010 年到 2012 年间在华中、西北地区的销售占比却出现了增长,在华中地区从 8% 上涨到 10.57%,在西北地区从 9.2% 增长到 11.8%。其在华中、西北的榨菜销售业绩分别增长 67.4% 和 65.2%,而同期华南地区的增速仅为 8.82%,在涪陵榨菜全国 9 大销售区域内倒数第一。①

涪陵榨菜的销售数据可以从企业内部获取,没有必要采用抽样调查的方法获取这些数据。

这些数据被解读为规模庞大的进城务工人员正从华南地区,反向回流到中西部地区。也就是说,大批进城务工人员原来在包括广东在内的华南地区打工,他们消费了大量的榨菜,致使当时华南地区的涪陵榨菜销售占比非常高。当他们回流到中西部地区后,榨菜的消费主体也随之撤出华南地区,致使华南地区的涪陵榨菜销售占比明显下降,而中西部地区的涪陵榨菜销售占比明显增加。这是用榨菜的销售变化情况来推断进城务工人员这一流动人口主体的流向情况,进而反映出中国城镇化的进程,听起来也是有一定道理的。

2. 外部资料

外部资料特指不是由组织机构内部提供的,而是由媒体、学者、政府部门等公开发布的材料。借助外部文献资料进行调查研究,是人文社科领域常用的研究方法,甚至不少知名的人文社科著作也是作者深入研读外部文献资料,然后才撰写出来的。

史学大师史景迁写了一本书《王氏之死》,这是一本历史学学术著作,兼顾学术性与可读性,书名用了四个字"王氏之死",一下子就抓住了读者的注意力。史景迁很会讲故事,他的文笔真是好得不得了。史景迁对该课题的研究主要采用的就是外部文献资料。

这本书的大部分情节发生在 1668—1672 年的山东省郯城县,史景迁用

---

① http://ndhouse.oeeee.com/html/201308/27/169430.html,2013 年 8 月 27 日。

了很多篇幅回顾了王氏之死的历史背景。1668 年 7 月 25 日郯城发生过一次旷古未有的特大地震，震级为 8.5 级，释放能量约为 1976 年 7 月 28 日唐山 7.8 级地震的 11 倍。蒲松龄家在淄川，也深切感受到了这次地震的威力，他撰写了《地震》一文对此作了详细描述。除了地震，郯城这个地方还连续遭受了饥荒、盗匪、疾病、蝗虫和屠城的清军。郯城的老百姓日子过得非常苦，这种困苦生活甚至连续长达半个世纪。故事的主角之一王氏与人私奔了，后来又返回村中，一天夜里她被丈夫掐死了。

史景迁在研究这个课题时，采用的资料主要来自三种文献，即冯可参编撰的《郯城县志》(1673)、黄六鸿著《福惠全书》(1690) 和蒲松龄的《聊斋志异》。

冯可参是个卸任知县，日子过得很惨淡，他纂修的《郯城县志》提供了比较多的历史统计数据，有利于还原出郯城的历史图景。

郯城知县黄六鸿退休后住在苏州，生活舒适，他是一个敏锐的观察者，著有《福惠全书》，记述了很多事例。王氏之死的案子就是黄六鸿在任时审判的，《福惠全书》对此做了比较详尽的记录，史景迁有关王氏之死的叙述大多直接来自黄六鸿的这本书。

蒲松龄虽然不是郯城人，但他切身感受过 1668 年郯城大地震的威力，并于 1670 年和 1671 年到过郯城。山东人蒲松龄 17 世纪 70 年代在老家从事文学创作，对郯城大地震也作过文字描述。蒲松龄与王氏其实在时空上基本重合，史景迁试图借助蒲松龄的《聊斋志异》来还原当时郯城小人物的内心世界。①

外部文献资料主要包括以下类别：

(1) 电台、电视台提供的相关信息。

(2) 书籍、杂志、报纸。以新闻学与传播学研究常用的杂志为例，可以重点关注阅读《新闻与传播研究》《国际新闻界》《新闻大学》《现代传播》《新闻记者》《中国出版》《编辑之友》《出版发行研究》《科技与出版》《新闻界》《出版科学》《当代传播》《现代出版》《中国科技期刊研究》《编辑学报》等。

(3) 互联网、数据库。

(4) 科研报告、学术论文。

(5) 政府工作报告、普查资料、统计年鉴、调查报告。

---

① ［美］史景迁：《王氏之死：大历史背后的小人物命运》，李孝恺译，桂林：广西师范大学出版社 2011 年版，第 15~19 页。

（6）各种会议发放的文件和资料。

四、皮书简要介绍

皮书当然属于外部资料了，但是因为它的权威性和重要性，我们还是有必要作一个简单介绍。

皮书按颜色分有蓝皮书、绿皮书、黄皮书、白皮书等，皮书最早以白皮书的形式出现于 18、19 世纪的英国。

白皮书一般特指政府文告；蓝皮书通常代表的是学者的观点或者研究团队的学术观点；绿皮书带有可持续的意思，与农业、旅游、环境等有关；黄皮书主要同世界经济、国际问题研究有关。

社会科学文献出版社在每年的岁末年初会推出大型系列皮书，内容涉及这一年度经济、农村、城市、人口、教育、就业、文化传媒、法治、区域等经济社会生活的方方面面。

这些皮书都是各个专业领域里的权威研究报告，对相关专业领域的问题进行了调查、研究、分析和预测，具有很强的现实针对性和原创性，每年都会更新相关数据和研究成果，值得关注。表 9-1 列出部分皮书书名，供读者参考。

表 9-1　　　　　　　　　　　部分皮书书名

经济蓝皮书	社会蓝皮书	茶叶产业蓝皮书
经济蓝皮书春季号	社会保障绿皮书	测绘蓝皮书
经济信息绿皮书	老年蓝皮书	就业蓝皮书
宏观经济蓝皮书	教育蓝皮书	人才蓝皮书
农村经济绿皮书	环境绿皮书	人口与劳动绿皮书
民营经济蓝皮书	气候变化绿皮书	文化蓝皮书
发展和改革蓝皮书	民族蓝皮书	公共文化蓝皮书
城乡创新发展蓝皮书	宗教蓝皮书	文化创新蓝皮书
城市蓝皮书	法治蓝皮书	文化遗产蓝皮书
城市竞争力蓝皮书	妇女绿皮书	科学传播蓝皮书
省域竞争力蓝皮书	妇女发展蓝皮书	区域蓝皮书

续表

企业蓝皮书	妇女生活蓝皮书	北京蓝皮书
民营企业蓝皮书	妇女教育蓝皮书	广州蓝皮书
中国总部经济蓝皮书	政府创新蓝皮书	深圳蓝皮书
金融中心蓝皮书	电子政务蓝皮书	河南蓝皮书
商业蓝皮书	创新蓝皮书	陕西蓝皮书
商品市场蓝皮书	民间组织蓝皮书	四川蓝皮书
住房绿皮书	企业公民蓝皮书	武汉蓝皮书
房地产蓝皮书	企业社会责任蓝皮书	武汉城市圈蓝皮书
汽车蓝皮书	慈善蓝皮书	郑州蓝皮书
医疗卫生绿皮书	产权市场蓝皮书	浙江服务业蓝皮书
食品药品蓝皮书	资本市场蓝皮书	温州蓝皮书
金融蓝皮书	财经蓝皮书	环渤海蓝皮书
世界经济黄皮书	旅游绿皮书	长三角蓝皮书
国际形势黄皮书	交通蓝皮书	珠三角蓝皮书
世界社会主义黄皮书	体育产业蓝皮书	中部蓝皮书
上海合作组织黄皮书	餐饮蓝皮书	西部蓝皮书
美国蓝皮书	循环经济蓝皮书	长株潭城市群蓝皮书
欧洲蓝皮书	会展经济蓝皮书	泛北部湾蓝皮书
亚太蓝皮书	商会蓝皮书	福建经济竞争力蓝皮书
中东非洲黄皮书	传媒蓝皮书	环海峡经济区蓝皮书
拉美黄皮书	广告主蓝皮书	海峡西岸蓝皮书
俄罗斯东欧中亚黄皮书	能源蓝皮书	香港蓝皮书
日本蓝皮书	煤炭蓝皮书	澳门蓝皮书
日本经济蓝皮书	电力蓝皮书	台湾蓝皮书
韩国蓝皮书	农业竞争力蓝皮书	
越南蓝皮书	林业竞争力蓝皮书	

五、参考文献引用

文献阅读与研究对于从事人文社会科学研究工作来讲非常重要，我们在撰写论文或研究报告时往往需要参考一些文献，参考文献的运用需要注意规范、真实和多样化。

(1)标注参考文献是对原作者知识产权的尊重，避免了侵权嫌疑，也便于我们以后查询验证相关论述。

(2)参考文献对论文或研究报告的质量具有表征作用，我们应该重视参考文献的运用。从这个意义上讲，参考文献也具有"装饰"的作用。期刊编辑或读者往往会依据你的参考文献，对你的论文质量作判断。

(3)多参考引用最新的、权威的文献。少引用参考旧的、通识性的文献，具有历史意义的旧文献除外。多参考学术著作、学术期刊，少引用教材、不重要的电子材料。

(4)多引用学术口碑好的期刊，不要引用过度依赖版面费的期刊文章——这种期刊的一个特点是刊登的论文数量非常多，论文篇幅非常短，运营者把刊物办成了印钞机。

(5)可以引用网络材料，但网址最好不要太复杂，如果网址占用了好几行，实在是有碍观瞻。

(6)引用文献时，使用 Word 软件或 WPS 软件中的"引用"功能，自动为你的文章加脚注或尾注。不要手动添加引用。

(7)参考文献的引用要真实。不要引而不标，明明引用了参考文献却不标注，事后往往很难查找出处，甚至有可能引来知识产权纠纷。也不要标而不引，只是把参考文献当成论文的装修工具，标注了参考文献但实际上并没有引用，这样的做法是虚伪的。

(8)多直接引用，加引号引用原文。

(9)参考文献的使用要多样化，不要重复使用单一的参考文献。必须高度重视参考文献的质量。

六、文献调查评价

1. 优点
文献调查的优点主要有三个：
(1)花钱少；
(2)资料容易寻找；

（3）节省时间。

文献调查往往成为调查研究的首选方法，如果我们能够从现存的文献资料中找到我们需要的数据和材料，当然可以不用再去费力做实地调查了。

一般情况下，只有当二手资料已经用完了，二手资料不能满足我们的研究需要时，我们才考虑去收集原始数据。

2. 局限性

对于文献调查，米尔斯有一句忠告，值得我们思考。米尔斯说："如果过于'精通文献'，也不是太好，你可能会沉溺其间无法自拔。"①文献调查的局限性主要表现在以下几点：

（1）二手资料的适用性问题。现存的文献未必能够完全适应你当下的调研任务，有的材料与你的任务可能并不相关。

（2）二手资料的准确性值得警惕，有的资料的准确程度可能很低。

（3）资料有可能过时了。即便是具有内容相关性和准确性的二手资料，一旦失去了时效，价值也随之大打折扣，同样不能满足研究需要。

第三节 观 察

一、观察及其训练

1. 全方位感知

研究者通过对研究对象的观察，来获取信息并进行记录。观察不是只是用眼睛看，看与观察之间存在较大差别。观察中的"观"含有用眼睛看的意思，同时也指调动所有感觉器官去感知，"察"则是指由表及里进行深入体察，深入分析，获取真知。观察不仅仅是看，看到不等于看懂，更不等于看透。观察是既要看到，又要看懂，甚至还要看透。看到是视觉刺激，看懂是领会其意，看透则是洞悉真相。观察的终极意义是要看透人、事、物，要呈现出真相。

中国古代有种重要的案件侦破手段——五听。五听是指辞听、色听、气听、耳听、目听等五种听断方法。五听虽然名曰"听"，但实质是观察。《周礼·秋官·小司寇》对五听作了明确陈述："以五声听狱讼，求民情：一曰

---

① ［美］C. 赖特·米尔斯：《社会学的想象力》，李康译，北京：北京师范大学出版社2017年版，第302页。

辞听，二曰色听，三曰气听，四曰耳听，五曰目听。"汉朝经学家郑玄对此作了非常到位的注释："观其出言，不直则烦；观其颜色，不直则赧然；观其气息，不直则喘；观其听聆，不直则惑；观其眸子，不直则眊然。"意思是说，依据五个方面来听断诉讼，综合判断当事人的陈述是否真实：辞听即依据言辞听断，观察当事人是怎么说话的，理屈者(不说实话的人)言辞闪躲杂乱，漏洞频出；色听即依据神色听断，观察当事人的表情神色，理屈者神色异样，因羞愧而脸红；气听即依据气息听断，观察当事人陈述时的呼吸，理屈者会呼吸急促；耳听即依据聆听反应听断，观察当事人的听觉反应，理屈者听觉失去常态，过于敏锐而做出本能举动；目听即依据眼神听断，观察当事人的眼睛，理屈者眼神迷乱，不敢正视，鬼鬼祟祟。

2. 观察的优点

人们的非语言行为往往能够更加真实地传递其内心的想法，通过细致的观察可以获得更加真实、可靠的信息。观察灵活性强，便于操作。即便采取其他调查方法，也应该在调查过程中加强观察。没有认真的观察，就没有成功的调查。

观察是重要的社会科学调查研究方法，它甚至也能为自然科学的研究带来启发。

1907年塑料之父贝克兰注册酚醛合成树脂专利，标志着塑料的正式发明。塑料的发明开创了人类新生活，但也给人类生存环境带来巨大压力。根据科学估算，塑料需要500年以上的时间才能在自然界当中降解。

对此，一位中国科学家找到了一个好方法，这个方法的研究过程也是很复杂的，具体研究起来前后花了13年的时间。

2004年春节，北京航空航天大学杨军教授在家里做稀饭，他发现装小米的塑料袋被咬坏了很多的洞，塑料袋里面有虫子在爬，也有蛾子飞出来。对这个生活细节的观察很重要，它给杨军教授带来了灵感。杨军教授就想，虫子咬破了塑料袋，是否也吃进了塑料？如果虫子吃了塑料，它能消化得了吗？如果这些问题能够被证实，那么这将是一个非常重要的发现。

杨军教授及其团队经过研究，证实了蜡虫可以吃塑料，而且蜡虫肠道里的微生物可以降解塑料。他们从蜡虫肠道分离并鉴定降解聚乙烯细菌，证实了蜡虫肠道是聚乙烯高效降解菌的来源。他们还研究证实了黄粉虫可以降解聚苯乙烯，其实就是说这种虫子可以用塑料当食物来源，吃塑料也能长身体，能够把塑料转化成肌肉。他们把研究成果发表在环境科学领域里顶尖期刊《环境科学与技术》，产生了很大的影响力。CNN、赫芬顿邮报等媒体评价说这是革命性的发现，是过去十年环境科学领域最大的突破之一。①

3. 观察的训练

观察能力可以通过练习加以提升，观察的训练方法主要包括以下几点：

(1)放松心情，调整呼吸，让自己平静下来。

(2)找一个物件，比如一个水果、一本书、一个水杯等，将其摆放在自己的面前。

(3)用60秒至90秒注视这个物件，尽最大所能看清这个物件的每一个细节。

(4)闭上眼睛，在脑海中慢慢勾勒出这个物件的完整图像，细节要清晰。

(5)如果感觉有些细节不够清晰，请睁开眼睛仔细看，直至可以完整清晰地勾勒出这个物件的每一个细节。

(6)当你发现观察物件用时越来越短，结果越来越准确，你可以开始练习对人的观察。对人的观察不能仅限于外貌，还要包括人物的言谈举止，要注意人物在说话时的声调、情绪、表情、动作。观察人物的训练要实现一个目的，即一眼看到这个人尽可能多的信息。

(7)撰写观察笔记。

(8)观察训练是一个长期过程，需要持续进行，最终将其内化为一种能力。

二、人员观察和仪器观察

按照观察是否借助机械设备划分，观察法主要分为人员观察和仪器观察两种类型。

(1)人员观察：研究者进入观察监测区域，主要依靠研究者的个人感觉器官来感知和获取信息，采用事后追忆的方式进行记录。

(2)仪器观察：研究者利用摄像机、照相机、录音设备等专用仪器进行观察、监测、记录，提高了观察的准确性和记录的可靠性。

研究聋哑人手语表达，可以使用摄像机进行观察记录。为了研究威海自然手语的特点，笔者的几位学生选取了4500个手语词汇并进行手语视频的录制。为了更好地研究自然手语在性别上的不同体现，她们在威海市选取了两名语前聋市民作为视频的拍摄对象：一位男性，64岁；一位女性，58岁。

---

① https：//mp. weixin. qq. com/s/4Kp0BIpxj9S8WCSkF8-THQ，2017 年 12 月 17 日。

在拍摄过程中，研究人员发现选取的这两名拍摄对象对于自然手语的表现存在着一定的差异。

在某些手语的表达上，女性聋人的表达更为简单，男性聋人的表达稍微复杂一些。比如，在表达"明亮"这个词语时，女性聋人的表达是"太阳"，而男性聋人又在此基础上加上了"星星"的表达。加上"星星"的表达，只是在手势上更能表达明亮的意义，可是在手语语法上却不够严谨。

两位聋人在手语表达的过程中，对手语词汇的掌握程度也存在着差异。女性聋人对手语词汇的掌握程度明显要强于男性聋人。当然，这并不意味着所有的女性聋人对手语词汇的掌握程度都高于男性聋人，这主要取决于聋人文化水平的高低。研究人员了解到，大部分聋人的受教育程度比较低，手语词汇的掌握范围只局限于日常词汇，表达那些专业词汇或者文学性较强的词汇存在着困难。据威海橄榄叶爱聋中心手语老师讲，很多聋哑人正是因为受教育程度低而不能从事中上层工作，他接触到的聋哑人甚至从来没有追求过中上层工作，有一份工作已经是很难得了。

研究团队在拍摄过程中发现了一个比较直观的现象——聋人在自然手语的表达上比较随性，表达往往都是模仿日常生活的动作与形象，表达很简单，也很形象。在拍摄调查过程中研究人员还发现，男性聋人与女性聋人关于某些日常词汇的手语表达存在着细微差异，但是对于出现在《中国手语》上比较固化的词语表达却基本相同，这也从侧面反映了自然手语与标准手语的差别。研究过程中，那位男性聋哑人一度想要放弃拍摄，他向研究人员表达了一个观念：自然交流被拆开、被约束，不自然，不舒服。

研究团队人员和手语指导老师交流发现，手语表达存在一定的包容性，威海市聋哑人使用的手语中既有《中国手语》上的规范性表达，也有拼音性表达，还有自然情态表达。

三、独立观察和参与观察

按照观察者是否参与研究对象的活动来划分，观察法可分为独立观察和参与观察两种类型。

(1)独立观察：观察者不参与研究对象的活动，不介入、不干扰研究对象的正常活动，冷眼旁观，通过观察获取客观真实的信息。

(2)参与观察：观察者加入研究对象群体，与研究对象共同活动，并在参与活动过程中观察事物。

参与观察是人类学、社会学研究中常用的方法。人类学研究强调开展田野调查，其实主要采用的就是参与观察法。参与观察法是人类学研究的核心方法。访谈法了解的是人们怎么说，参与观察法帮助研究者获得隐含的微妙的信息，"帮助人类学家通过观察人们的行为从而了解其隐含的意义。因为，许多行为的意义是更为隐晦与微妙的信息，无法通过启发式访谈法获得"。"参与观察法，使研究人员能够确定文化习俗和信仰，而在先前的研究设计中，他们通常无法预料到这些。"①

"参与观察""实地研究""民族志""田野调查"，这几个名词还需要解释一下。学者们较为普遍地认为，这几个名词的内涵十分相似，甚至可以看成是同一回事。大致来讲，社会学学者更习惯用"实地研究""参与观察"这样的说法，"民族志""田野调查"更常见于人类学学者的著述。②"民族志是一种为了寻找和探究社区、团体及其他社会组织的社会文化模式与意义的科学方法"③，民族志既是一种方法，也是一种记录和展示。"志"字的一个本义为记载，我们通常把"志"理解为记载的文字、文章，如"地方志""杂志""墓志""碑志""三国志""聊斋志异"。所以"民族志"当然也有这方面的含义，即它是描述社群文化的文字或影像，是一种写作方式或记录成果。作为方法，无论名称是"民族志"还是"实地研究"，其核心也都是"参与观察"。郭建斌梳理发现，在新闻传播学领域，采用民族志研究取向开展的研究也有不少。④

"田野"的本义是"田地和原野"，田野是指自然环境。田野调查中的进入田野是指，"离开自己的社区、习惯的环境和熟悉的行为认知模式，进入另一个即将开展研究的社会"。⑤田野调查是与书斋研究相对应的，在自己

---

① ［美］汤姆·毕昂斯托夫：《反思数码人类学》，见［英］丹尼尔·米勒、［澳］希瑟·霍斯特主编：《数码人类学》，王心远译，北京：人民出版社 2014 年版，第 70 页。

② 风笑天：《社会研究方法》，北京：中国人民大学出版社 2018 年版，第 313~314 页。

③ ［美］斯蒂芬·L. 申苏尔、［美］琼·J. 申苏尔、［美］玛格丽特·D. 勒孔特：《民族志方法要义：观察、访谈与调查问卷》，康敏、李荣荣译，重庆：重庆大学出版社 2012 年版，第 1 页。

④ 参见郭建斌：《民族志传播：一幅不十分完备的研究地图——基于中文文献的考察》，《新闻大学》2018 年第 2 期。

⑤ ［美］斯蒂芬·L. 申苏尔、［美］琼·J. 申苏尔、［美］玛格丽特·D. 勒孔特：《民族志方法要义：观察、访谈与调查问卷》，康敏、李荣荣译，重庆：重庆大学出版社 2012 年版，第 51 页。

的书房里翻书也可以得到知识信息，但那显然没有进入田野，通常只能获得二手资料。到工厂车间、媒体编辑部、棚户区、工地、农村社区调查也是一种研究，这种研究是田野调查，也是人类学研究中所说的民族志。田野调查强调的是到研究对象所在的地方开展调查，它所利用的还是参与观察、访谈等具体方法。比如，李银河研究农村性别权力关系问题，来到河北省的后村开展田野调查，调查农村已婚妇女在男女平等方面的状况，内容涉及被调查者作为女儿、作为妻子和母亲、作为劳动者等方面的问题。李银河后来出版了《后村的女人们——农村性别权力关系》①，全面呈现了在后村开展的田野调查结果。我们从这本书中不难发现，作者采用了访谈、观察、统计、文献研究等多种方法来完成调查与研究工作。所以说，田野调查强调的是调查在哪里开展，在某种意义上它当然就不是一种具体的方法，它需要综合运用多种调查方法来完成资料数据的收集。

四、制订观察计划

观察计划应包括观察的地点、时间，观察对象、内容，记录方式等。比如，为了研究融合新闻生产活动的现状，我们可以委派新闻学专业实习生到新闻媒体进行实地观察，制订如下观察计划：

1. 观察地点
实习所在媒体，观察重点在新闻编辑部。
2. 观察时间
9月至12月。
3. 观察对象
媒体组织、新闻记者。
4. 观察内容
(1)媒体组织层面。
融媒体编辑部硬件建设：融媒体编辑部空间布局、区位功能、机器配置、办公桌椅及其他家具、物质层企业文化建设情况。
融媒体编辑部软件建设：新闻采编流程，新闻产品发布去向，采编发使用的软件系统。

---

① 李银河：《后村的女人们——农村性别权力关系》，呼和浩特：内蒙古大学出版社2009年版。

工作人员队伍构成情况：背包记者情况(背包记者的数量，器材配备)；超级团队建设情况(有多少个团队组合，每个团队有多少个成员，成员的技能状况如何)。

采编会议：领导讲话的语气、内容和指示，成员意见，会议透露出的运营状态、存在的问题、取得的成绩等。

(2)记者个体层面。

记者对新闻业发展前景的态度，是否存在职业倦怠？

记者对媒体融合的认识，支持、反对还是无所谓？

记者的新闻业务操作过程。

记者与同事之间的关系，与领导之间的关系。

记者与采访对象间的互动。

记者掌握多媒体技能的状况。

记者的性格，观察过程中记者发表的观点、看法，记者的个性行为等。

5. 记录方式

融媒体编辑部硬件建设的观察：采用摄影、摄像方式记录，不公开研究目的。

融媒体编辑部软件建设的观察：采用笔记、摄影方式记录，不公开研究目的。

采编会议的观察：采用笔记、录音等方式记录，不公开研究目的。

记者个体层面的观察：观察者自行靠大脑记录，事后整理成笔记，根据情况适度公开研究目的。

五、观察的实施

1. 进入观察现场

进入观察现场，是有效开展观察调查的前提。观察者需要考虑观察能否被对方接受，有关部门是否同意观察调查。应该想办法让观察对象和有关部门同意你的观察，否则，开始观察后有人来阻挠，那就很影响工作了。

我国台湾人类学者刘绍华在四川凉山做田野调查时，采用的最基本的调查方法是参与观察法。可是，她对当地人日常生活的参与观察很快就遇到了麻烦，有关部门并不欢迎她的调查。2014 年 12 月，刘绍华进入利姆乡开始了为期一年的田野调查。没过几天，当地警方就找到她，要求她停止调查，离开此地。刘绍华只得先撤退到其他地区研究和等待。经过近 2 个月的苦守之后，在西昌与四川大学的朋友帮助之下，当地警方才最终同意刘绍华在利姆农村开展长期调查。刘绍华这才得以每天与凉山兄弟接触往来，参与观察当地人的日常生活。①

1935 年 10 月，费孝通、王同惠夫妇来到广西大瑶山王桑村落开展调查。费孝通他们煮了带来的香肠腊肉，村民温了酒，大家在一起气氛很融洽。喝了酒事情就好办了，费孝通喝得有些醉意了，对方也明白了费孝通一行是要在大瑶山开展调查，他们很支持费孝通的工作，并且允许费孝通测量他们的人体。大家在一起喝酒，加深了感情，提出调查要求对方就容易同意，开展观察调查也容易获得对方的支持。②

2. 展开观察调查

观察要认真、全面，要注意细节。"观察得越全面、具体，研究者的反思活动越多，则研究者的理解越深入。"③主要观察以下内容：

(1)场景。

关注有特殊意义的地点和环境，观察研究对象所处的场景。观察不同景别的场景，先观察全景，再将镜头锁定在某个有意义的景别上。注意对下列内容的观察：房间布局及装修，房屋采光；家具摆放，书桌、餐桌、椅子、床、沙发，被子的叠放，枕巾、毛巾的污损程度；藏书的题材与数量，照片的摆放，墙上张贴的印刷品，电脑屏幕桌面图案；垃圾桶里的残留物，烟灰缸，烟、酒、菜等消费品。

(2)时间。

关注观察的时间因素，是什么时间开展观察的？被观察者从事某项活动需要多长时间？

(3)关键人物。

关键人物主要包括个性特点明显的人物、敢于发表意见的人物、消息灵通人士、工作时间长的人物、担任管理职能的人员。

应该从人物表层的外貌、衣着、发型、眼睛、表情一直观察到其灵魂深

---

① 刘绍华：《我的凉山兄弟：毒品、艾滋与流动青年》，北京：中央编译出版社2016 年版，第 30 页，第 257~258 页。

② 费孝通：《六上瑶山》，北京：群言出版社 2015 年版，第 21 页。

③ 陈阳：《大众传播学研究方法导论》，北京：中国人民大学出版社 2015 年版，第 229 页。

处，善于捕捉人物的戏剧化表现，通过观察洞悉人物的性格取向和内心活动。据记载，孟子特别强调观察人的时候要重点关注人的眼睛，他说："观察人，没有比眼睛更好的地方了，眼睛不能掩盖他的丑恶。心胸端正，眼睛就明亮；心胸不正，眼睛就昏暗。听他的谈吐时，看他的眼睛，他能藏匿到哪里去呢？"①

对人物的观察还离不开观察人物的行动与事件，由此了解人物的基本品质和为人处世的风格。

（4）行动与事件。

注重对研究对象行动的观察：谈话语气及口头禅，与家人、同事的对话，表情；经常重复的动作，怎样接打电话，写字的姿势；工作表现，学习安排，交往情况；茶具、酒具的使用情况，吃零食的情况，饲养宠物的情况，养什么花草，有什么业余爱好。

注重对相关事件、活动的观察：研究对象举行的会议、参与的活动，研究对象的日常工作等。

（5）原因与动机。

研究对象为什么要采取这样的行动？研究对象的观点和态度是怎样的？这些问题也是我们观察的时候要特别留意的内容。

3. 做好观察记录

记录的方式包括摄影、摄像、录音、笔记等，要综合而又灵活地运用上述记录方式。观察记录要清晰，要完整地描述受访者的行为主线，突出关键点，又能够对细节行为做出标示。

下面提供一个观察记录表（表9-2）供读者参考，它是开放式的，观察内容的记录主要依靠访问员组织语言写作完成。

表9-2 观察记录表

观察对象		观察人员	
观察时间		观察地点	
观察目的			

---

① 详见《孟子·离娄上》，原文为："孟子曰：'存乎人者，莫良于眸子，眸子不能掩其恶。胸中正，则眸子瞭焉；胸中不正，则眸子眊焉。听其言也，观其眸子，人焉廋哉？'"

续表

观察内容 实录	
感受与分析	
建议	

结构观察的内容是固定的，结构观察记录表则更像问卷，便于定量研究和分析。下面提供一份结构观察记录表(表9-3)，供读者参阅。

表9-3   **服装店顾客观察表**

1. 观察开始时间：_____年__月__日___时___分   观察结束时间：___时___分

2. 性别：1□ 男   2□ 女

3. 年龄估计：

    1□ 17 岁及以下   2□ 18~30 岁   3□ 31~40 岁

    4□ 41~50 岁   5□ 51~60 岁   6□ 61 岁及以上

4. 职业估计：(   )

5. 陪伴情况：1□ 单独一人   2□ 还有____个同伴

    若有同伴，同伴是谁? 1□ 男朋友   2□ 女朋友   3□ 老公   4□ 老婆   5□ 其他( )

6. 试了几件衣服：_____件   什么衣服? (   )

7. 买了几件衣服：_____件   什么衣服? (   )

8. 同售货员交谈情况：1□ 很热烈   2□ 热烈   3□ 冷淡   4□ 很冷淡

9. 同其他几个顾客交谈：_____个

10. 根据你的观察，请判断这位观察对象的目的性程度，在下列合适数字位置作出标记。

                  闲逛 1—2—3—4—5—6—7 购物

11. 其他情况描述：

六、案例二则

案例一：崔志源同学寒假期间去 D 广播电视台进行专业实习，笔者制订了一份观察计划，并委托他对该台"中央厨房"①进行观察。2019 年 2 月 27 日，小崔提交给笔者一份观察报告，征得他的同意，把观察报告列在这里，供读者朋友参阅。

D 广播电视台"中央厨房"观察报告

D 广播电视台的"中央厨房"位于 D 广电大厦的二楼，进入中央厨房之前，需要刷工作证通过门禁。工作证的办理极为烦琐，流程多、时间长，办理下来需要一个月左右的时间，甚至需要父母的无犯罪证明等。

1. "中央厨房"硬件与软件

整个"中央厨房"大致分为融媒体指挥调度平台、编辑区、热线接听室、配音室、导播室、演播厅、化妆间、技术室等部分。对于记者而言，最重要的区域有两个：编辑区、配音室。

编辑区是记者编辑新闻的地方，大约有 30 台电脑。电脑的品牌是戴尔，每台电脑前都配备一把白色的转椅。一台电脑加一把转椅，被称为一个"工位"。

一条完整的电视新闻除了有画面和现场音，还要有解说词。配音室是播音员念旁白配解说词的地方，记者把这个环节叫作"合音"。

记者采访到的素材，经过写文字稿、剪辑、配字幕、配音之后，通过系统上传给编辑审核。编辑审核通过，节目即可播出，不合格会被退回修改。

记者编辑素材，使用的是"大洋"非编系统。整个"中央厨房"使用的系统叫作 M，也就是说"大洋"非编属于 M 的一部分。"中央厨房"将电视新闻中心、电视公共频道、电视体育频道、电视国际频道、L 网五大平台进行了整合。使用 M 系统，可以看到这五个平台任一记者采集到的视频素材。

以往电视台或者 L 网已经播放过的新闻，都可以进行原画质下载。记者如果有想用的画面，可以直接下载剪辑到自己正在制作的片子里。

———————————

① 全媒体平台通常被称作"中央厨房"。

虽然电视台没有明确的规定，但是出于人际交往的原因，一般情况下，想使用谁的画面，记者会征求视频原作者的同意。如果两个人关系比较生疏，一方也不太好意思使用另外一方采集的视频素材。

2. 融媒体指挥调度平台

"中央厨房"里，最引人注目的是一块巨大的蓝色长条曲面显示屏。这块曲面大屏被称为整个 D 广播电视台的融媒体指挥调度平台。屏幕上展示有四大系统：信息汇集系统、选题实时跟踪系统、新闻发布系统、传播效果监测反馈系统。

信息汇集系统集纳了政府发布、热线爆料等各种新闻信源。政府发布板块汇聚了官方各个部门在官方网站、微博、微信等平台发布的最新政策信息，D 广播电视台能第一时间利用大数据平台获取。除了政府发布板块，信息汇集系统还包括观众热线爆料、D 省的热点新闻和网络实时热点，D 广播电视台的记者会从中筛选出有价值的信息进行报题采访。通过这个系统，还能够实时看到热线数量和派出记者信息。

选题实时跟踪系统可以看到记者报送的选题。D 广播电视台自行研制开发出了一套名叫 M 的采编系统。只要记者在这个系统上点击报题，基本信息填写完成后点击发送，审核通过就可以在"今日选题"展示栏上看到记者报送的题目了。

大屏幕中间有个 D 省的地图。据说，为了应对突发新闻，D 广播电视台在该省各地市都派遣了记者，如果哪个地区发生了新闻，资讯中心的地图上会有提示。资讯中心会在第一时间派遣距离最近的记者及时到达事发现场。

当新闻发布出来后，传播效果监测反馈系统就会启动。这个系统能够及时展示 L 网热点、实时发稿量、D 广播电视台几大新闻栏目的报道量、传播力排行情况等重要指标。

M 采编系统是台长要求自主研发的，一来可以掌握核心技术以免受制于人，二来可以节省资金。如果找外包公司的话，每次系统升级都会是一笔不小的开支。"中央厨房"配备有技术室，记者在系统使用上遇到麻烦可以直接招呼技术人员来帮忙。技术室的工作人员轮流值班，即便人暂时不在，也会在技术室的门口张贴一个牌子，上面写着当日的值班人员姓名以及联系电话，方便记者与技术人员及时联系。

3. 记者怎么看媒体融合

"中央厨房"的新闻采编有两大前期采访团队，一个团队以新闻联播为主，这个团队规模较小，不到 20 人；另一个团队是融媒体报道部，大约 50 人。我所在的正是新闻联播团队，对于融媒体报道部的情况不是很了解，只能谈一谈在新闻联播团队的见闻。

融合新闻的发展对记者技能的要求越来越高了，写稿、摄影、摄像、剪辑都要会一点，最好是个"背包记者"。这样的记者在联播栏目组里确实有，但是数量并不多。一是有的记者确实不擅长摄像，无法胜任；二是分工效率更高一些，一个负责录剪，一个负责写稿；三是记者工作是个体力活，有的女记者在体能上确实达不到要求。扛摄像机的是男记者，女记者拿话筒，团队协作。从性别上看，背包记者男性多于女性，就目力所及，没见到一个女背包记者。每次女记者出去采访，都会叫上一个男摄像。摄像机、三脚架都不轻。

"中央厨房"设立之初，是为了破除传统电视和新媒体业务板块间的壁垒，移动端、网络端、电视端横跨三屏、立体传播，实现"一次采访、分类制作、定向推送、多屏分发"的"采编发"流程再造，基本形成了"多端并发、立体传播、台网同步、互为导引"的融媒体传播新格局。但是记者自身对此不是很感兴趣，觉得无所谓。

D 广播电视台开发了手机 App，短视频和直播内容生产出来后，也会通过包括腾讯新闻在内的多平台分发。有电视栏目记者告诉我，虽然成立了融媒体资讯中心，但是编制等方面仍然属于原来的栏目组。"做出节目也就做完了本属于自己的工作，没有必要再往 App 上发了。App 属于分外的工作，不会算入绩效工资，做这个工作没有意义。"由此可见，电视台的奖励机制不健全，记者对于多平台分发作品缺乏积极性。

记者深知媒体融合是一个大趋势，但是他们认为这是上面给的任务，是自上而下的，而非自发的，他们做的工作依旧是以前的工作，没有因为建立"中央厨房"发生什么大的变化。

相反，M 系统有时候会出现一些故障，例如无法查看节目的串联单等。他们表示，有些方面还不如以前的系统好用。"这个系统平时好像也没啥用吧，倒是挺像个景点的，经常有人来参观。"有的记者这样说。

4. 同事关系及职业认知

记者之间关系基本融洽，但是有时也会有利益纷争。电视台里有相关政策，如果拉到一个广告客户，记者可以从中获取 10% 的提成。记者说现在的日子不如以前好过了，以前想在新闻里发软广告的客户会找记者，给记者一部分好处。但是现在的客户都机灵了，直接去找编辑。以前找了记者，记者去给客户干活，能从中获益，现在是编辑让记者去给编辑的客户干活，记者还啥都得不到。"以前给客户干活吧，人还挺客气的，现在再去，客户对咱们起码的尊重有时候都没有。"一位记者表示，客户对记者的态度已经大不如从前了。

记者对台长很尊敬。台长几乎每天都会来"中央厨房"，或视察或指导工作。台长的生活也很普通，我在电视台最难吃的一个食堂见过台长在那里吃蒸包，喝稀饭。台长的平易近人打动了很多记者，有记者说："一个台长，能够亲切地和你说话聊天，说声你辛苦了，咱们还需要什么？"

谈到对记者这个职业的看法，一个地方台来省台进修的记者跟我说："记者工资太低了，现在都是绩效工资，发不出片子来，一个月也就三四千块钱，你现在觉得可能无所谓，等你以后成家了，这点钱是不够花的。你别来电视台了，还是考公务员吧，那个至少稳定，不用想我发不出片子怎么办。"

电视台有的记者确实很累。走基层，半夜三点跟拍铁道维修工工作，连拍三天，然后立刻赶回台里剪辑视频，写稿子。我亲眼所见，这位记者在工位上剪辑视频，剪着剪着睡着了，即便是喝了红牛，也不顶用。"回去安心上课，学好本领，别干记者。"这是临别时他对我的忠告。

案例二：日本知名杂货品牌无印良品(MUJI)，其产品最大的特点是极简，没有复杂亮眼的设计，甚至没有商标，且几乎不进行商业广告宣传，但却享誉全球。一个重要的原因，就在于它非常注重对客户的调查。

无印良品的调查

无印良品(MUJI)意为"无品牌印记的优良产品""没有名字的优良产品"，就像北京大学的"未名湖"，本意就是一个"没有名字的湖"，"没有名字"反而成了这个湖的名字。无印良品是一个日本杂货品牌，创始于1980年。当时，本内正夫创办了无印良品公司，销售无品牌产品，这些产品包装简单，成本低，物美价廉，很受欢迎。无印良品追求的是"这样就好"，让顾客保持理性的满意度。无印良品设计简洁大方，备受消费者推崇。无印良品在商品设计和经营方面取得了成功，它的这种成功实际上与它非常注重调查有密切关系。

1. 多种多样的调查

无印良品通过广泛而又持续的调查，准确把握了客户意见和需求，并将其反馈到商品的设计及经营上，提升了客户满意度，促进了产品销售。无印良品采用的调查至少包括以下五类：

（1）店铺调查。店员当面向顾客发放消费者意见调查表，收集顾客的观点和看法。

（2）网络及电话调查。无印良品成立了生活良品研究所和顾客中心，通过网页和电话收集顾客意见和需求信息。

（3）市场调查。无印良品与调查公司合作，开展一般的市场调查。

（4）监控调查。无印良品注重消费者实际使用产品后的意见，通过调查收集顾客的体验信息和见解，便于日后商品设计改良。

（5）观察调查。商品开发相关人员登门拜访生活者家庭，观察生活用品的使用状态。

2. 无印良品的观察

我们在这里重点说说无印良品的观察调查。无印良品启动商品开发项目时很注重通过调查来掌握顾客需求信息及意见，其中最受重视的一个调查方法就是观察法，他们把观察当成了设计思考的工具。

无印良品会组织团队观察消费者的家，观察消费者在家中如何使用商品、洗脸盆的状态、寝室收纳情况、钥匙与手表的摆放位置等内容。无印良品强调，观察不仅仅是用眼睛看，而是要善于调动各种感官来捕捉信息。观察者要善于与主人聊天，询问观察中引起关注和疑问的事情，充分感受消费者的居家生活气息。

无印良品对观察团队的组建也是很讲究的，强调团队成员的多样性，由不同领域的人员组成观察团队。商品企划负责人、产品经理、设计师、纺织面料采购员等搭配，组成观察团队，一起登门拜访消费者的家庭。2014年年初无印良品组织观察调查就是这样操作的，召集不同领域人员，以三人为一组成立数个观察团队，分别进入不同的家庭进行观察。无印良品认为，观察团队成员来自不同的领域，成员的关注点和观察认知才不会趋同，才能够扩展观察认知面，观察才会更有收获。

观察对象的选择也很重要，无印良品主张观察者到他们的亲戚朋友家去观察。无印良品认为，亲戚朋友关系密切，到他们的家里去观察，通常他们不会刻意收拾屋子，家居生活状态会呈现得更自然、真实。

无印良品还有一个观察调查的补充方案，那就是要求全国的店长协助收集提供实物照片，比如让店长拍摄自己家里的电源插座，然后把照片传回公司总部。无印良品曾经收集过大约 100 张电源插座照片，发现很多家庭的电源插座搭在床头，悬在空中使用，既缺乏安全感，也不够美观。无印良品将对照片的观察结果和由此带来的启示作为新商品开发的线索，对电源插座的改良设计重启了研发之旅。①

第四节　深　度　访　谈

深度访谈是一对一的访谈调查，它由一名访问员就某一主题对一名受访者进行深入的访问，让受访者自由充分地表达自己的思想观点和认识。深度访谈重在刺探对方的内心世界，一般需要花半个小时到两个小时开展。

对深度访谈的时间并没有绝对的规定，有的受访者可能半个小时就够了，有的受访者则需要花费几个小时。访谈时间的长短，与访谈项目及受访者的实际情况相关。但是为了保证访谈的效果，"每个访谈时段最好限制在一个半小时到两个小时之内，以避免受访者和访谈者双方都感到疲惫"②。

一、一对一访谈

深度访谈法是一种有效的调查研究方法，可以用于人文社会科学领域问题的研究。比如口述历史的研究，其主要采用的研究方法就是一对一深度访谈法。我们甚至还可以采用这种方法获取足够的资料，来完成相关学术著作的撰写。

为了研究媒体转型，台湾大学新闻研究所教授林照真深入美国、英国、卡塔尔以及中国台湾的媒体公司内部，与大量媒体工作者进行了访谈，收集到了大量一手材料，撰写了研究专著《新闻，在转捩点上：数位时代的新闻转型与聚合》。

深度访谈法特别强调一对一，因为一对一访谈时双方的谈话会非常专

---

① ［日］日经设计：《无印良品的设计》，袁璟、林叶译，桂林：广西师范大学出版社 2015 年版，第 12~15 页，第 19 页。

② ［美］唐纳德·里奇：《大家来做口述历史：实务指南》，王芝芝、姚力译，北京：当代中国出版社 2006 年版，第 36 页。

注，访谈不容易中断，会很深入。受访者变成了一个群体，或者访谈者结伴而来，都有可能给访谈带来干扰，会破坏深度访谈最理想的模式，影响访谈效果。

深度访谈通常要求单独访问，按说做到一对一并不困难，但在实际调查中也有可能不好实现。洪吉发是衡阳县渣江镇香冲村三合组农民，于建嵘打算对他进行单独访问，可不管于建嵘如何强调要一对一访谈，洪吉发总是要通知很多人来参加访谈。"我猜想，他这样做的主要目的，是为了让更多的人与他一道重忆他那些英雄般的事迹，当然还有为他提供证明的意思，也许，他还在向同道和村民们表示，他的事迹已经引起了外人的关注。"于建嵘说，洪吉发的行为动机可以理解，"可是，在大庭广众之下，我很难问及一些可能有损他声誉的话题"。①

二、做好准备

深度访谈应当做好准备工作，准备工作越充分，深度访谈就越容易成功。

（1）选择符合条件的受访者。

（2）选择访问员——访谈人员应该善于沟通和交流，掌握高级访谈技巧，善于挖掘对方的内心感受。

（3）拟定访谈提纲——提纲内容包括访谈目的、访谈步骤和访谈问题，重点是访谈问题的设计。

（4）准备访谈用品——工作证件、介绍信，笔、本、录音笔、摄像机、赠品、宣传材料。

（5）约定访谈时间和地点。

三、找到受访者

对于社会调查来讲，找到受访者是首要的问题，调查的突破往往就从这里开始。2001年，中国社会科学院农村发展研究所研究人员于建嵘第一次来到安源煤矿做调查，但他并不认识煤矿工人，在当地也没有熟人帮他介绍，如何突破成为一个关键问题。于建嵘就到一家饭馆吃饭，他专拣好的菜点，故意多点，而且菜吃不完就走，不差钱。就这样连续在这家饭馆吃了三天，引起了饭馆老板的注意，饭馆老板主动来找于建嵘攀谈。

"因为我和餐馆老板是买卖关系，他对我不设防，又因为我在他那里消

---

① 于建嵘：《父亲的江湖》，北京：中国广播电视出版社2013年版，第11页。

费了一些钱，为他创造利润，很自然他就对我有好感。"时机终于成熟，于建嵘就对饭馆老板说了实话，说自己是北京来的博士，并拿出介绍信、身份证给他看，这次到安源煤矿来是为了完成一项课题做调研，肯请老板帮忙介绍几个人交流一下。

老板很高兴，拍着手说欢迎首都北京来的客人，不就是介绍几个人认识一下嘛，小事一桩。饭馆老板主动帮助于建嵘联系调查对象，于建嵘的安源煤矿调查得以顺利地开展起来了。①

四、实施访谈

访问员按照访谈提纲，与受访者进行深入交流。访谈过程中要保持客观中立，提出有价值的问题，获取翔实的材料。访谈过程中要注意以下事项：

(1)接触受访者，介绍访谈目的，尽量营造轻松、友好的漫谈氛围。

(2)大致遵循访谈提纲的顺序展开访谈，但不要拘泥于提纲。

(3)始终保持客观中立的态度，但又要有足够的人情味。访谈的时候既要率真，又要体现出教养。

(4)巧妙引导，帮助受访者正确理解和回答问题。

(5)详细地刺探对方的想法，不要仅仅满足于"是"或"否"的简单回答，让对方提供更多的信息陈述。必要的时候，敢于提出具有挑战性的问题。

(6)不要满足于受访者的敷衍式回答。受访者回答出现敷衍，往往是因为你的问题无法让他产生谈话欲望。此时，你应该努力提出有价值的问题，转换问题的表述方式，调整问题的内容，唤起受访者的兴趣。

(7)学会使用"六要素"来提问，用"什么时间""什么地点""什么人""什么事""为什么""如何"来提出具体的问题。你问得具体，对方才可能回答得具体。

(8)访问员务必保持平实之心态，要脚踏实地，不要轻浮傲慢。

(9)问完一个问题，要耐心倾听对方的回答。对方有停顿时，不要急于插话。或许对方是在整理思路、稍作休息，此时你若着急插话进来，很可能打断了受访者的谈话兴致和思路。

(10)认真倾听、观察，给予对方恰当的回应。

---

① 郝庆军：《平民学者于建嵘》，见于建嵘：《父亲的江湖》，北京：中国广播电视出版社 2013 年版，第 14 页。

五、追问的技术

深度访谈不能仅仅满足于按照提纲一问一答，还要相机行事，在必要的地方展开追问。只有这样，才能使访谈深入下去，才能获取更加丰富的材料。在以下情况追问：

(1)受访者明显说谎，回答前后矛盾。

(2)受访者的表述不清晰，回答很笼统。

(3)受访者的回答不充分。

追问的注意事项主要包括：

(1)访谈开始一段时间后再追问，不要一上来就连珠炮似的追问。

(2)给对方充分的表达机会，在此基础上再追问。

(3)追问不是审问，要注意起码的礼貌，要客气，尊重对方。

(4)不要为了追问而追问，明明没有疑问，却还要追问。

余秋雨《文化苦旅》中的一篇文章《寺庙》里，有一个老师访谈学生的片段。一个小学老师给学生出了个作文题目，让同学们写写"一件奇怪的事"。这个题目让今天的孩子写，还真不好写，好像大家的经历都很平淡，并没有经历过什么奇怪的事情，写起来也只能瞎编。

一个小学生写的作文是这样的——他在四岁的时候被一个土匪抢走了，村民跟在土匪后面追赶，要把孩子抢回来。土匪抱着孩子躲进了庙会，但从庙会出来后就像变了一个人一样，把孩子送回了家。这个小学生说，他现在回想起来，觉得这真是一件奇怪的事。

老师觉得这篇作文有点意思，就对学生作了无结构访谈。我觉得这位老师很会追问，她的追问卓有成效，很值得我们学习。

> 老师问："这个人真是土匪吗？"(一开始就质疑)
>
> 学生说："是。妈妈说他是陈金木的手下。"
>
> 老师问："他抱走你，不是开玩笑？"(排除了第一个疑问，马上追问，继续质疑)
>
> 学生说："不是。我全家大人，还有隔壁邻居，都去追赶了。他抱着我，拼命奔跑，跑不动了，才躲进了庙会。"
>
> 老师问："庙会，人很多吗？"(消除质疑，焦点转向新的事物——庙会)
>
> 学生说："很多，人与人挤得密不透风。"

老师问:"那个土匪是不是见到了什么熟人?有没有人与他交谈?"(追问)

学生说:"没有。他只在人群里挤着走,走得很慢,比和尚念经还慢。"

老师问:"和尚一直在念经?"(很敏锐地捕捉到了新的信号)

学生说:"和尚念,所有的香客都在念,念变成了唱,合起来声音非常响,就像台风季节上林湖的潮水。"

老师问:"这么响的声音,没把你吓着?"(追问)

学生说:"没有,我听着听着就睡着了。醒来,看到他已经挤到了庙门口,看着一尊佛像发呆。然后,就把我送回家了。"

老师想了一会儿,说:"我好像有点明白了。这个土匪,一定第一次进入寺庙。"(找到了答案:宗教力量的感化)

学生问:"那他为什么突然变了?"(与学生互动,学生提问)

老师一笑,说:"以前的他,被上林湖的潮水冲走了。"(与学生互动,老师回答)

老师要求学生,过几天,带她进一次庙。

老师也是第一次进庙,看得很慢。出来后,对学生说,那地方可以多去去。①

从这个访谈中我们可以看到,老师对这个土匪行为的变化原因很好奇,并试图通过深度访谈来研究和寻找其中的原因。老师很好地运用了追问刺探技术,问题一个紧接着一个,并最终通过这次访谈找到了隐蔽的原因——土匪进了寺庙,寺庙或者说佛教让土匪悔改,宗教力量的感化才是那隐蔽的痛点。

六、结束访谈

在友好、自然的氛围中结束访谈,结束访谈前要确保获取了足够多的信息,并给对方以暗示:

(1)迅速检查一遍访谈提纲,看是否遗漏了关键问题。

(2)不要着急离开,询问对方还有什么内容需要补充。

(3)暗示结束的表达方法有很多,比如可以这样说:"今天的访谈让我

---

① 余秋雨:《文化苦旅》,武汉:长江文艺出版社 2014 年版,第 17~18 页。

有很大的收获，非常成功！""今天打扰您这么长时间，我得离开了。"

（3）真诚感谢对方的合作。如果有经费预算，访谈结束时应该向受访者支付酬金。如果没有足够的经费支持，也不要访谈一结束就离开，可以向受访者赠送小礼品，或者与受访者聊一会儿，让对方感受到你的诚意和温暖。访谈材料在期刊发表或收录进图书出版后，可以及时将期刊、图书赠送给受访者。

最后，我们对深度访谈法作一简要评价和总结。深度访谈法的优点主要表现为：

（1）能够更加深入地刺探对方的内心感受，深入地了解对方的相关认识和思想情感。

（2）访问员与受访者可以自由地交换信息，便于对一些敏感问题进行调查。

（3）获取的信息更具体，更有案例感，调研报告更具有个人故事性。

同时，我们还要全面地认识深度访谈法，注意其局限性：

（1）深度访谈法采用一对一访谈的形式，聘请的访问员往往是专家，访谈成本高。

（2）访谈的结果虽然很具体形象，但解释和分析却有一定的难度，容易主观化。

（3）访谈质量的高低更多地受到访问员素质高低的影响。

下面看一个案例：

肿瘤患者亲属照顾者体验调查

吴斌、武丽桂、袁玲等人采用访谈方法研究了肿瘤患者亲属照顾者的照护体验问题，这是一项有关哀伤体验的质性研究，下面来看一下她们的研究过程以及研究报告内容。

1. 人员培训

由南京某三级甲等医院肿瘤中心成立的安宁疗护和心理支持小组的核心成员（一般为责任制护士）组建访谈小组，事先对访谈人员进行质性研究方法的培训，要求访谈人员掌握访谈技巧、资料分析等方法。

2. 研究对象

采取目的抽样法，选取南京某三级甲等医院肿瘤中心收住的安宁疗护患者（诊断为 IV 期癌症，且临床预计生存期不超过 6 个月）的亲属照顾者。

纳入标准：(1)负责安宁疗护患者主要照顾任务的直系亲属；(2)年龄≥18周岁；(3)每天照顾时间>4小时，照顾时间>15天；(4)能用语言表达其经验并同意受访。

排除标准：近期内遭遇其他重大应激事件的亲属照顾者。

样本量以资料信息达到饱和，资料分析不再有新的主题呈现为标准。该研究在6个月内共访谈了9例照顾者，呈现资料饱和。

3. 研究场所和时间

访谈选择被访者空闲、交谈方便的时间进行，由被访者自定地点，要求该地点安静、私密、干扰少。一般选择肿瘤中心的护患沟通室。每次访谈时间为30~45分钟。

4. 伦理问题

在访谈前，研究者向被访者说明研究目的和意义、程序、资料收集方法以及结果的处理方法和呈现形式，告知访谈过程进行录音，在知情同意的前提下签署知情同意书。在访谈过程中，研究者不对被访者施加任何诱导和干预，尊重被访者的任何语言。在访谈后，承诺对所有资料进行匿名编码并慎重管理，保证资料仅为研究所用。

5. 资料收集方法

以质性研究中的现象学方法为指导，主要采用半结构式、个人深入访谈法了解亲属照顾者的真实体验。初步制定访谈提纲，内容围绕以下几方面：

(1)请问您在照顾过程中的感受如何？

(2)照顾经历中，让您感到最难对付的问题是什么？

(3)您是如何应对烦恼和压力的？

(4)处理应对问题时，您收获了什么？

(5)您的亲属对您所做的一切是否理解？

访谈时边听边注意观察访谈对象的表情变化，访谈中可以用编号代替被访者的真实姓名，根据具体情况调整提问方式，随着研究的深入，就之前访谈所知的重要问题及疑问部分进行追问，如"可否多告诉我这一方面的事情""您为什么会这样认为"，鼓励被访者充分表达自己的感受和体验。

使用录音笔对访谈资料进行录音，同时将被访者表达的内心体验用文字记录下来，以便更好地帮助研究者理解其想法。

6. 资料整理与分析

在每次访谈结束后 24 小时内，用 Freedom of Speech 软件将所有的录音资料转录为 Word 文档，转录完成后再次核对资料。2 名研究者利用 Colaizzi 提出的七步分析法对资料进行编码、分类、解释及综合分析。同时，运用 Beck 的准则来评估研究结果的切合性、可信性及能被准确理解的情况。

7. 研究的严谨度

(1)充分考虑研究对象的代表性；(2)研究人员全面、详尽、真实地做好观察记录或日记，避免无根据过度地概括或作出结论；(3)根据实际情况延长深入会谈的时间；(4)就同一问题用不同的方式反复提问、反复观察；(5)将分析的结果反馈给受访者，确认其真实性。

8. 研究报告举例

研究报告部分包括"心理体验多维""社会角色适应不良""经济负担改变""信息需求强烈""照顾过程中建立积极应对方式"等五个分主题，下面摘取"心理体验多维"部分的报告，供读者参阅：

2.1 主题1 心理体验多维

2.1.1 自责与遗憾

家人被诊断为晚期癌症，家属经常会觉得是自己没有照顾好患者，常常责怪自己。个案 E："如果我当时听专家的话，鼓励他术后再继续化疗几个周期，或许就不会这么快转移了。"个案 G："如果一开始就采取中医治疗，我爸也许会少受点罪，是我没有照顾好他。"受访者往往觉得自己没有为患者作出最佳的临床决策。

2.1.2 委屈与哀痛

受访者在照顾患者的过程中，会希望得到患者的合作与支持，但大多数情况下，因缺少与患者情感上的交流和精神上的认可，受访者表现为委屈与哀痛。个案 F："我知道我爸还想再手术试试看，可是肿瘤太大了，去手术就会马上死在那里。现在他以为我和我妈不给他治，还拿水果刀要自杀，我只是不想让他太受罪了(眼眶湿润)。"个案 C："他经常跟我怄气，有时半夜我刚睡着，他没事也把我喊起来。有时一大早就唠叨怎么还不输营养液？后来到治疗时，他又不配合。我觉得他其实是怕死，他觉得我把他送到这里，就是不管他了。其实我照顾他，真的很尽心尽力了，可他却不理解我的困难……(哭泣)"

2.1.3 疾病不确定感

疾病不确定感属于认知范畴，尽管受访者对患者的病情已知晓，但是对患者目前的护理过程、疾病预后情况和治疗方案选择，存在着不同程度的不确定感。个案 B："他肠梗阻是禁食禁水的，可他有时很想喝可乐，我就用吸管给他喝了两口，我只是想在他生命最后的时间尽量满足他的需求，却又不知道这样会不会影响他的病情。"个案 D："我听说像他这样的情况，可能只有 1 个月了（抹泪），你们护士能不能告诉我，他到底还能活多久啊?"①

第五节　小 组 访 谈

小组访谈即座谈调查，又称开调查会、小组座谈、焦点小组访谈、焦点团体座谈会，它需要挑选一组受访者，在主持人的组织下，就某个主题进行讨论，从而获得对相关问题的深入了解。

一、小组访谈的实施

小组访谈通常需要在一个安静的场所进行，组织者可以事先联系安排好会议室，以免受其他事务打扰。参与座谈的小组成员以 6~12 人为宜。座谈调查通常需要 1~3 小时。

座谈调查能否成功，主持人起着关键作用。主持人要熟悉访谈内容，具有驾驭座谈场面的能力，要提前准备好访谈提纲。主持人要把握好焦点，焦点即小组访谈的主题，大家在一起交流不能离题万里，而应该围绕座谈的主题展开。主持人要谦虚、和蔼，不要急于表白自己的观点，不与受访者争辩，要鼓励每一个人发言。

座谈调查采用笔记、录音、录像等方式记录，可以安排专人负责记录。但即便安排专人负责记录，主持人也最好做笔录。主持人作笔录，能让与会者感到主持人对他们谈话的重视程度，能够加深主持人对相关问题的认识，便于主持人现场随时回顾大家谈到的内容，掌控提问的节奏。而主持人后期

---

① 本案例及研究报告内容摘编自吴斌、武丽桂、袁玲、郭苗苗、彭卫琴、夏浩志：《肿瘤安宁疗护患者亲属照顾者照护体验的质性研究》，详见《护理学报》2019 年第 6 期。类似的研究还有康莉、郑雪梅：《癌症患者家属哀伤体验的质性研究》，《中国医学伦理学》2017 年第 10 期。

撰写报告时，翻阅自己的笔记，也容易得到启发和灵感，有利于调查报告的编写。

二、小组访谈的主要环节

小组访谈的开展包括以下主要环节：

（1）开场白。主持人简明扼要地说明召开座谈会的目的、缘由、意义，提出要求，介绍参会人员，营造轻松氛围。开场白可以占用5至10分钟。

（2）问答爬坡题。爬坡题主要是指引导与会者逐渐进入核心问题的题目，通常是一些容易回答的问题、与调查主题相关的背景题。问答爬坡题的环节可以占用15~20分钟。

（3）问答核心题。核心题是座谈调查需要深入了解的题目，每一个模块的核心题需要占用30~40分钟。

（4）过渡。问答核心题完成之后，可以提出一个过渡的题目，进入下一个爬坡题和核心题。也可以请大家喝喝茶，稍微放松一下。这个环节可以占用5~10分钟。

（5）提出下坡题。座谈调查的主要问题已经了解和掌握了，此时可以提出下坡题，补充了解还没有掌握的情况。大概占用10分钟。

（6）结束调查。主持人对座谈调查的情况进行简要总结，向与会者表示感谢，宣布座谈调查结束。①

三、跟毛泽东学调查技术

毛泽东非常重视社会调查，他本人也做了大量的社会调查，并形成了自己的社会调查理论，他是中国共产党从事社会调查的最为杰出的代表。

1930年5月，毛泽东撰写了《调查工作》，系统阐释了社会调查理论及方法。

1964年这篇文章在收入《毛泽东著作选读》时，标题改为"反对本本主义"。

在这篇文章中，毛泽东提出了"没有调查，没有发言权""调查就是解决问题""本本主义的社会科学研究法也同样是最危险的""到群众中作实际调

---

① 关于座谈会的流程，参阅柯惠新、王锡苓、王宁编著：《传播研究方法》，北京：中国传媒大学出版社2010年版，第122页；袁岳、汤雪梅：《焦点团体座谈会》，南京：南京大学出版社2001年版，第79页。

查去!"等观点，很有道理。毛泽东喜欢到社会基层开展调查，他很重视开调查会这种方法的运用。在《反对本本主义》一文中，毛泽东专门列出第七部分"调查的技术"进行系统论述，值得我们学习：

(1)要开调查会作讨论式的调查

只有这样才能近于正确，才能抽出结论。那种不开调查会，不作讨论式的调查，只凭一个人讲他的经验的方法，是容易犯错误的。那种只随便问一下子，不提出中心问题在会议席上经过辩论的方法，是不能抽出近于正确的结论的。

(2)调查会到些什么人？

要是能深切明了社会经济情况的人。以年龄说，老年人最好，因为他们有丰富的经验，不但懂得现状，而且明白因果。有斗争经验的青年人也要，因为他们有进步的思想，有锐利的观察。以职业说，工人也要，农民也要，商人也要，知识分子也要，有时兵士也要，流氓也要。自然，调查某个问题时，和那个问题无关的人不必在座，如调查商业时，工农学各业不必在座。

(3)开调查会人多好还是人少好？

看调查人的指挥能力。那种善于指挥的，可以多到十几个人或者二十几个人。人多有人多的好处，就是在做统计时(如征询贫农占农民总数的百分之几)，在做结论时(如征询土地分配平均分好还是差别分好)，能得到比较正确的回答。自然人多也有人多的坏处，指挥能力欠缺的人会无法使会场得到安静。究竟人多人少，要依调查人的情况决定。但是至少需要三人，不然会囿于见闻，不符合真实情况。

(4)要定调查纲目

纲目要事先准备，调查人按照纲目发问，会众口说。不明了的，有疑义的，提起辩论。所谓"调查纲目"，要有大纲，还要有细目，如"商业"是个大纲，"布匹"，"粮食"，"杂货"，"药材"都是细目，布匹下再分"洋布"，"土布"，"绸缎"各项细目。

(5)要亲身出马

凡担负指导工作的人，从乡政府主席到全国中央政府主席，从大队长到总司令，从党支部书记到总书记，一定都要亲身从事社会经济的实际调查，不能单靠书面报告，因为二者是两回事。

(6)要深入

初次从事调查工作的人，要作一两回深入的调查工作，就是要了解一处地方(例如一个农村、一个城市)，或者一个问题(例如粮食问题、货币问题)的底里。深切地了解一处地方或者一个问题了，往后调查别处地方、别个问题，便容易找到门路了。

(7) 要自己做记录

调查不但要自己当主席，适当地指挥调查会的到会人，而且要自己做记录，把调查的结果记下来。假手于人是不行的。①

四、编写调查报告

访谈结束后，要尽快整理、分析访谈记录，编写调查报告。编写调查报告前需要回顾访谈过程，对收集到的材料进行研究，如果发现有些问题尚未搞清楚，则要补充调查。报告内容要全面系统，为读者提供新材料、新见解。

1930 年 5 月，毛泽东在江西省寻乌县开展社会调查。毛泽东主持的调查会开了 10 多天，主要有 11 个人参加了调查会——寻乌党的书记古柏帮助毛泽东引荐了受访者；59 岁的杂货店主郭友梅等四人经常到会，提供了大量材料；28 岁的贫农李大顺等两人间或参加调查会，提供了一部分材料；46 岁的农民刘星五等四人参加过一两次调查会，提供的材料更少些。

除了开调查会以外，毛泽东还进行了 20 多天的实际调查。他到商店、作坊、集市，找商人、工人、小贩、游民访问，并去城郊农村与农民一边干活一边询问问题。毛泽东调查了寻乌城 22 个行业 130 多家商店的历史、现状及其主人的政治态度，以及全县 21 户大地主、111 户中小地主的表现。②

顺便一提的是，笔者在写本书这部分文字的时候，到处搜寻资料，居然发现 2017 年 11 月至 2018 年 2 月，毛泽东在寻乌开展调查的故事拍成了电视剧，片名就叫《毛泽东寻乌调查》。不过，我写书的时候尚未见到这部电视剧放映，希望它能够早日与公众见面，到时候可以好好看一看。

1931 年 2 月，毛泽东在江西宁都小布整理调查材料，写成了《寻乌调查》。《寻乌调查》是毛泽东撰写的篇幅最长的调查报告，共有 8 万多字，印刷在书里有 141 页，这个调查报告可是够厚重的了。

---

① 《毛泽东选集》(第 1 卷)，北京：人民出版社 1991 年版，第 116~118 页。
② 陶永祥编著：《毛泽东与调查研究》，北京：中央文献出版社 2004 年版，第 58 页。

《寻乌调查》共有五章，涉及寻乌的政治区划、交通、商业、旧有土地关系、土地斗争等。调查内容的详尽深入超出想象，比如第三章"寻乌的商业"里面的第八个小标题"寻乌城"，就具体论述了 25 项内容，篇幅长达 48 页——（1）寻乌城是什么；（2）盐；（3）杂货；（4）油；（5）豆；（6）屠坊；（7）酒；（8）水货；（9）药材；（10）黄烟；（11）裁缝；（12）伞；（13）木器；（14）火店；（15）豆腐；（16）理发；（17）打铁；（18）爆竹；（19）打首饰；（20）打洋铁；（21）修钟表；（22）圩场生意；（23）娼妓；（24）同善社；（25）人口成分和他们在政治上的地位。

由于寻乌调查主要采用的是开调查会（座谈调查）形式，所以这篇报告用作座谈调查报告撰写的案例是非常合适的。由于篇幅所限，以下仅列出《寻乌调查》目录，供读者参考，感兴趣的读者可以找来全文阅读：

五、简要评价

小组访谈是我们在研究和工作中经常采用的质性研究方法，它具有很多优点，高效率是一个显著优点。采用开调查会的形式，一次召集多个人，就能完成调查，了解情况、收集信息的效率当然是很高的。小组访谈的过程结合了讨论，调查广泛、深入、灵活，这些优点也很明显。

小组访谈的局限性也要注意。小组访谈对主持人要求高，主持人的业务

① 《毛泽东农村调查文集》，北京：人民出版社 1982 年版，第 41~181 页。

素质对调查质量影响很大。小组访谈的主观性强，分析具有一定困难，而且敏感问题很难讨论。

第六节　投影技法

一、从一项数学测验说起

某大学出版社建了一个新闻学教师群，一天有位好事者在群里发了一张数学计算题截图(图9-1)，想要考考大家。

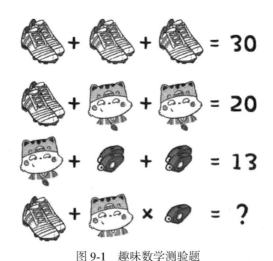

图 9-1　趣味数学测验题

不得不说，文科老师的数学计算能力可以让人笑得淌眼泪。有的说结果是30，有的说是19，有的说是17，有的说是60，有的说是18，有的说是20，答案五花八门。笔者觉得好玩，也把这张截图转发给其他网友，他们很难一下子回答正确。正确的答案是多少呢？先请读者诸君算一算。

表面上看这是一道数学题，其实它是一道心理品质的测试题，主要目的在于考察测试对象观察是否认真仔细，是否注意细节，而细节往往决定成败，所以注重细节对于成功通常也是很重要的心理品质。

计算结果是19的人数学基本功很扎实，鞋子10元，猫5元，哨子4元，所以10+5+4=19，一看就知道小学数学没白学。可是您要注意，猫跟哨子之间的符号是乘号而不是加号呀，这种人就是太粗心了，要多培养仔细观察的能力，您以后干事可得慢着点。

计算结果是 30 的人注意到了最后那个符号是乘号，所以 $10+5×4=30$，一看就有了很大进步。可是您没注意到第三题里一组是 2 个哨子，第四题里是 1 个哨子呀，1 个哨子其实是 2 元。所以，这种人还是不够严谨，观察不细致。这种人比较注意细节，但还是会马虎大意，要多提醒自己更加严谨认真。

计算结果是 20 的人已经很厉害了，$10+5×2=20$，能得出这个结果的人据说只有 15%，但这个结果还不是正确答案，只差一步之遥了。您没注意到，第三题的猫脖子上挂着哨子，第四题的猫脖子上没有挂哨子，挂哨子的猫是 5 元，哨子是 2 元，所以不挂哨子的猫其实是 3 元。建议您在生活中再严谨一点点，观察事物再仔细一点点。

正确的计算结果是 16，$10+3×2=16$。如果在没有其他任何提示的情况下，你的计算结果是 16，那么我们就要狠狠为你点赞！你真的不简单，你在生活中已经非常棒了，继续保持你的风格，你的认真、严谨，你观察事物的细致，值得我们学习。

至于计算结果是 17、60、18 等数字的运算过程，笔者现在已经很难想象出诸君是怎么算出来的，也不想再浪费脑细胞做具体分析了。谁会想到猫脖子上挂哨子也算钱呢？这道题目真正的测试目的其实并不是考察人们的小学数学运算能力。

表面上看，这是一道数学题，其实它是心理测验题，是要将测试对象的心理品质投射到答题过程中，投射到运算结果上。计算的数字答案反映了被测试者的细致程度。这样的测验也可以看成是一种投影技法的运用。

人们内心的情感活动其实很容易投射到外在事物上，焚香的烟可以反映人的心境就是这个道理。通过烟的形状就能看出焚香者的心境，听起来似乎具有神秘主义色彩，实际上不过就是心境的好坏影响了呼吸，而呼吸又会作用到烟上罢了。一个人心境平静，呼吸均匀平稳，香的烟形状就不乱；一个人心绪躁动，心跳加速，呼吸就会急促多变，烟的形状也会因此变得杂乱。

关于投影技法，还有一件事情值得说一说，那就是笔仙游戏。笔仙游戏在一些大学生中流行，关于这个请灵游戏的一个解释是，它其实是测试者心理受到暗示，将内在的东西外显出来，通过笔投射到纸张上面了。有的大学生就用它来询问自己什么时候能够恋爱、什么时候能够结婚，甚至考试成绩是多少等，其实最好不要玩这样的游戏，因为这样的游戏有可能会给测试者带来困扰。这个游戏要求于子夜前，在安静的房间点燃蜡烛，然后通过一系列环节的运作来测试。两个人手背交错，中间夹着一支笔，将笔垂直于桌面，并要念所谓咒语。请笔仙的人还被告知，可以问自己的前世与未来，不要问笔仙是怎么死的，笔也不要掉下来。笔仙游戏实质上是扶乩巫术的简化版，它通过环境营造、仪式感、二人手背发力等矛盾条件的综合作用，对测试者心理进行暗示，然后通过笔的运动投射出来。从健康的角度讲，我们最好不要玩这样的游戏，因为它很可能会干扰到你的正常生活，甚至让你感到恐惧。

社会调查研究中常见的投影技法没有那么恐怖，我们倒是可以认真研究一下。投影技法是一种无结构、非直接的调查方式，可以激励被访者将其潜在动机、态度或情感投射出来，主要包括完成技法、漫画测试法、照片归类法、第三人称法、联想技法等。

投影技法既有巧妙之处，也有局限。投影技法通过隐蔽研究目的，可以获取被调查者不愿意或不能提供的回答，这是它的巧妙之处，也是它的优点所在。但投影技法也存在局限，它比较复杂，通常需要经过专门高级训练的访问员和熟练的解释人员，成本费用较高，容易出现严重的解释偏差，分析和解释起来比较困难，也易主观化。

二、完成技法

给出一种不完全的刺激情景，要求被调查者来完成。包括句子完成法、故事完成法等。

1. 句子完成法

给出一些不完整的句子，让被调查者去完成。例如：

拥有一套住房＿＿＿＿＿＿＿＿＿＿＿＿＿＿＿＿＿＿＿＿＿＿＿。

被调查者可能在横线空白处填写"太难了""提高了生活质量""是基本生活的保证""会让我成为房奴"或"有一种成就感"等，这些答案对房地产商来讲，无论在户型设计、质量改进、功能提高还是营销手段改变等方面都有参考价值。

2. 故事完成法

提出一个能引起人们兴趣但未完成的故事，由被调查者来完成，从中揣测其情感和态度。例如：

一位住户购买桶装水时缴纳了水桶押金，他安装净水设备后不再需要购买桶装水了。这位住户在提出退还水桶时，送水员工却以记不清为由，拒绝退还押金。这位住户将作出何种反应？为什么？

三、漫画测试法

图 9-2 的漫画中，一个人的对话框是空白的，要求被调查者完成空白的对话框。

图画内容模糊，意义模棱两可并且没有任何解释，这样做是为了确保被调查者不会得到任何暗示，能更随意地表现自己。

被调查者的回答反映了其性格和态度，据此可以了解其内心活动及潜在需求。

漫画中的这个人在想什么？请在框中加入适当的内容。

图 9-2 漫画测试法示例

还有一种直接让被测试者画出简单图画的方法，也可以看成一种投影测验，这种方法甚至可以用于诊断阿尔茨海默症(俗称老年痴呆)。

在下面介绍的这个案例中，67 位阿尔茨海默症患者和 83 位正常老人参加了画钟测验，要求他们画出 2 时 45 分的时钟。另外组织 6 位人员作为评委给他们打分，事前并不告诉这 6 位评委活动的目的是诊断阿尔茨海默症患者，以免影响他们打分。画得最好的给最高分 10 分，画得全错的给最低分 1 分。

这6位评委工作很卖力，对阿尔茨海默病人图画的打分很值得信赖。测验结果显示，阿尔茨海默病人平均得分为 4.9(+/- 2.7)，正常人平均得分为 8.7(+/- 1.1)，二者存在显著差异，画钟的分数与老人认知能力测试的结果呈现显著的正相关。换句话说，通过画钟表时间刻度可以测试阿尔茨海默症患者。①

那么，其中的道理又是什么？老年痴呆患者的表现包括听不懂你在说什么、忘事、说不清话、迷路、行动笨拙、容易摔倒等，反映了患者的语言理解能力、空间认知能力和行动能力已经严重下降了，这个测验其实是把被测试者的语言理解能力、空间认知能力和行动能力反映到画钟表上了。你听不懂、记不住指令要求，就没有办法正确地画出2点45分的钟表，可能你拿起笔来画着画着就忘记几点几分了；你的空间认知能力差，生活中经常迷路，画钟表时数字排列就会混乱；你的行动能力变差，走路的时候容易摔倒，画钟表的时候手会颤抖，圆圈都画不好，指针也都画歪了。

画钟表这个方法其实也可以看成一种投影技法，只是它不仅仅将对方的潜在动机、态度或情感投射出来，它把患者的症状投射到画钟表上，从而可以大致检测出一个人是否患有阿尔茨海默症。

四、照片研究法

照片研究法是指搜集并运用照片来开展调查研究，其中一种应用是照片归类。照片归类经常用于市场调查——提供一组展示不同类型人群的照片，要求被调查者将照片与他们认为的这个人应该使用的品牌连在一起，由此来反映被调查者对品牌的感受。

使用照片进行调查研究的应用很多。美国心理学学者、特拉维夫大学儿童发展中心主任塞尔玛·洛贝尔和她的学生们使用照片，进行了有关"红色与性吸引力"的调查研究。她们让以色列男性实验对象观看各种各样的女性照片，用1~9级来为这些女性照片的外貌打分，以此为依据将照片中的女性外貌分为中下等、中等和美艳三类。

之后，研究人员将这些照片分发给58名以色列男性，其中一些人拿到

---

① Sunderland, et al. "Clock Drawing in Alzheimer's Disease: A Novel Measure of Dementia Severity," *Journal of the American Geriatrics Society*, 1989, 37 (8), pp. 725-729. 转引自《让病人画一个钟，医生可以确诊什么?》，《读读日报》2016年9月7日。

的照片背景是红色，一些人拿到的照片背景是绿色。

研究人员询问这些男性对照片中女性外貌的看法，比如问这位女性有多好看，你认为她的魅力有多大。又问了两个关于照片中女性性感程度的问题，比如，这位女性对你的吸引力是怎样的。还问了被测试者对照片中女性的性欲如何，照片中的女性是否招人喜欢，是否聪慧等问题。

结果表明，对以色列男性被测试者来讲，中等外貌女性以红色为背景者更有吸引力，更加性感。如果将照片按相貌分类测验，分别在各组中测试红绿背景的影响，则会发现，红色有助于增强女性对异性的吸引力。①

关于使用照片进行调查研究的案例还有很多，比如艾利奥特和他的同事做了一些实验，其中一项实验向男大学生展示一张照片。照片中的女性是同一个人，一部分实验对象看到的女性身穿蓝色衣服，另一部分实验对象看到的女性身穿红色衣服。研究人员告诉这些男生，看完照片后到隔壁房间与这位女性见面交谈，每一位男生都要搬一把椅子，将椅子放在为那位女性预留的椅子对面。

研究人员测量了两把椅子之间的距离，结果让人很吃惊。看到红衣女性照片的男生，会把椅子放得近一些；看到蓝衣女性照片的男生，会把椅子放得远一些。研究人员认为，红色影响了男性对女性的看法，使得这些男性的实际行动变得更加亲昵。②

五、第三人称法

不是直接问一个人做了什么、有什么感受或观点，而是用"你的同事""你的朋友""你的同学"等第三人称，或将对方置于"建议者"的位置，然后提出问题请对方回答。被调查者的回答其实是将自己的情况投射到了第三者身上，运用第三人称法可以有效开展对敏感问题的调查。

第三人称法让问题变得不再那么敏感，降低了问题的刺激性，避免了被

---

① ［美］塞尔玛·洛贝尔：《感官心理学：身体感知如何影响行为和决策》，靳婷婷译，北京：中信出版社 2018 年版，第 87~88 页。

② D. Niesta Kayser, A. J. Elliot, R. Feltman. "Red and Romantic Behavior in Men Viewing Women," *European Journal of Social Psychology*, 2010, 40(6), pp. 901-908. 转引自［美］塞尔玛·洛贝尔：《感官心理学：身体感知如何影响行为和决策》，靳婷婷译，北京：中信出版社 2018 年版，第 91~92 页。

调查者的尴尬，让被调查者更愿意配合调查，更愿意透露真实情况。第三人称法经常运用到问卷设计中。

六、联想技法

联想技法，是将一种刺激物呈放在被调查者面前，然后询问被调查者最初联想到的事物。

最常用的联想技法是词语联想法。向被调查者提供一些刺激词，让其说出所联想到的词语，通过被调查者的不同回答，分析其态度。电影《007：大破天幕杀机》里面的主角詹姆斯·邦德重返特工队伍后接受了一系列测试调查，其中一项就是词语联想法测验。在一个装有单面镜的测试室里，调查员举例说比如我说"白天"，詹姆斯·邦德马上回答"浪费时间"。调查正式开始了，调查员与邦德依次提出和回应了如下词语："枪支"—"射击"，"特工"—"密探"，"女人"—"麻烦"，"心脏"—"目标"，"小鸟"—"天空"，"M夫人"—"该死"，"阳光"—"游泳"，"月光"—"跳舞"，"杀人"—"工作"，"国家"—"英国"。当调查员讲出"天幕坠落"这个词语的时候，邦德却未能马上回答，他眼神迷离，调查员再次提示了这个词语，邦德还是有所迟疑，最后说了句"够了"，然后起身离开。

零点调查采用词语联想技法研究妇女对洗涤剂的态度，① 我们也找两位太太来做个测验，并试着做些解释。两位太太都是报社的编辑，生活背景相似，她们对同样的8个刺激词给出了不同的反应，我们从中可以看出她们的个性差异和在家庭管理上的区别（表9-4）。

刘太太个性比较平和，能够包容更多的事情，她喜欢把家收拾干净，她对付污秽的武器是洗衣粉和水。吴太太比较关注经济，她对当时房价下跌比较关心，吴太太原来不太注重家庭卫生，后来开始注重收拾屋子，但不如刘太太收拾得干净。

不过，我们得承认，做出这样的解释是冒着一定风险的——解释的主观性很强，不容易令人信服，如何解释要看解释者的经验、阅历和知识视野，解释起来真的很难。

---

① 袁岳、周林谷等编著：《零点调查——民意测验的方法与经验》，福州：福建人民出版社2005年版，第76页。本书案例测验于2011年11月3日。

表 9-4 联想技法示例

刺激词	刘太太联想	吴太太联想
清洗的日子	洗衣服	每天
清爽新鲜	苹果	蔬菜
纯净	水	低碳
擦洗	鞋	收拾屋
污秽	尘土	厕所
泡沫	洗衣粉	经济
家庭	儿子	和谐
毛巾	洗	擦脸

联想技法一般要求被调查者迅速作出回答，不让心理防御机制有时间发挥作用，如果被调查者不能在 3 秒内作出回答，那么可以断定他（她）已经受到了情感因素的干扰。

我们看一个测谎的例子，比如某村发生了杀人案件，现场院子里有一把带血的菜刀，一共有 30 多个嫌疑人需要排查，每个人都喊自己是冤枉的。测谎采用词语联想技法，将"菜刀""血""绳索"等关键词语混到其他 95 个无关词语里，让这些嫌疑人按照提示说出他们联想到的词语。

先练习几个回合，然后正式开始测试。测试人员先说几个无关的词语，比如"红旗"—"五星"，"大地"—"母亲"等。测试人员突然说"菜刀"，那么杀人犯可能会有两种反应：

（1）如果他不是一个职业杀手的话，他的神经会绷得比较紧，一听说"菜刀"，他可能会直接说"杀人"。

（2）如果对方比较狡猾，他会尽力避免说"杀人"，而说成"切白菜""切萝卜"，但这会有一个延误的过程，这会增加他的疑点。

通过几轮测试，重大嫌疑对象就会被确定下来。虽然现在的测谎结果并不能被当作定罪的依据，但它毕竟可以为侦破案件指明一个方向，会简化侦查程序，对于破案还是能起到提示作用的。①

————————

① 韩运荣、喻国明：《舆论学原理、方法与应用》，北京：中国传媒大学出版社 2005 年版，第 218~220 页。

联想技法可分为自由联想法、控制联想法和引导联想法。

(1)自由联想法。自由联想法对联想到的内容不做任何限制,受测试者可以自由地说出或写出其所联想到的任何词语。例如,请您写出由"图书"这个词语所联想到的内容,这个测试对联想到的内容没有做任何限制,受测试者可以自由联想。

再来看一个采用自由联想法的例子,这个测试对联想内容没有做任何限制:

请您写出由下列文字联想到的任何内容,每组不少于5个词语:

爱:

恨:

未来:

恐惧:

(2)控制联想法。向受测试者提供刺激词,同时规定了联想的内容范围,联想不是完全自由的,而是受到某种限制。例如,请您写出由"手机"这个词语所联想到的食品,这个例子属于控制联想,要求对方只提供联想到的食品方面的词语。

(3)引导联想法。向受测试者提供刺激词,同时给予举例提示和启发,引导受测试者沿着某个方向展开联想。看一个例子:

请您根据已经列出的词汇,写出由"汽车"联想到的其他内容。

汽车:代步、载物、＿＿＿＿＿＿＿＿＿＿＿。

这个例子将联想往功能方向作了引导,采用的技法是引导联想法。

联想技法对回答或反应的分析,可作以下计算:每个联想词语出现的个数;在给出联想词语前耽搁的时间长度;在规定的时间里,对某一刺激词或刺激物完全无反应的被调查者数量。

第十章
编码与录入

理论彻底，策略准确。然后以排除万难坚定不移的勇气和精神向前干去，必有成功的一日。

——邹韬奋

你的最大责任就是把你这块材料铸造成器。

——易卜生

第一节　问卷回收与审核

一、问卷的回收

掌握每天完成的问卷数和接收的问卷数情况，在完成的问卷后面记录下问卷完成的日期和接收的日期。

回收的问卷要编号处理，每一份返回的问卷都要记录一个唯一的、有顺序的识别号码，便于区分和管理。

严格保护问卷，问卷回收后不要轻易借出。如果问卷确有流动的必要，则必须准确记录问卷的去向，谁拿走了问卷、干什么用，都要清清楚楚地记录下来。

要教育每一个工作人员，牢记工作质量责任和不丢失任何原始文件的责任。

二、问卷审核的内容

问卷审核的内容主要包括完整性审核、真实性审核和准确性审核。

1. 完整性审核

完整性审核主要审核被调查单位是否都已经调查了，问卷各个项目填写是否齐全。抽样设计中规定的被调查单位有的尚未接受调查，这是不完整的；问卷中某一页或某几道题目漏填了，这也是不完整的。

2. 真实性审核

通过真实性审核发现虚假成分，责令改正或将问卷作废处理。问卷中被调查者的回答前后不一致，出现逻辑错误，这种回答是不真实的，需要加以校正。

3. 准确性审核

问卷审核的时候，要注意记录和表达的准确程度。

规定以"分钟"为记录单位，结果问卷上记录的时间是 10 小时，这个时候就要加以核实，弄清调查的时候单位是"小时"还是"分钟"。确认单位是"分钟"的话，还要弄清调查员是否将 10 分钟误记作了"10 小时"。修改的时候，用红色笔迹修改。

类似的问题还有，问卷中问的是"每月购物次数"，回答的却是"每周购物次数"，这种问卷调查结果的记录也是不准确的，应该统一起来。

问卷审核的时候还要留意，被调查单位是否按规定日期填写和送出问卷，填写的资料是否是最新资料。

三、问卷审核的方法

1. 经验判断

若将被调查者的年龄填成 182 岁，将某小杂货店面积写成 500 平方米，我们通过经验就能判断，这些数据是不真实的。

2. 逻辑检查

问卷中某些题目之间具有逻辑关联，可以通过检查这种逻辑关联来发现问题。年龄填写为"10 岁"，教育程度写的是"博士研究生"，这是不可能的事情。前面填写"不知道"某调味品，后面填写"每天都在使用"，前后矛盾。年龄填写"20 岁"，工龄却写成了"30 年"，这种问卷填答显然是有错误的。

3. 计算审核

问卷中的某些题目的回答提供了具体的数据，而这些数据之间如果存在运算关系，则可以通过运算来检测问卷的回答是否真实可靠。如通过计算发现，家庭总收入远小于总支出与储蓄之和，这种问卷的回答就很令人怀疑。

四、问卷的处理

1. 作废处理

无效的问卷和作弊的问卷应该作废处理，作废处理的问卷占比通常不应太大。

无效的问卷主要包括残缺的问卷和空白的问卷：一份问卷缺了一页或几页，这种残缺的问卷是无效的；一份问卷虽然是完整的，但是里面的题目很多都没有填答，这种空白问卷当然也是无效的。无效的问卷当然应该作废。

作弊的问卷有这样的惯常表现：一是答案几乎无变化，都选某个选项，这样的问卷很可能就是造假；二是同一被访者填写了多份问卷，这也是一种问卷作弊的表现。这样的问卷一旦发现，通常应该作废。

要求或组织人们重复填写的问卷、调查员自己填写的问卷，此类问卷属于严重作弊问卷，应该作废。有此种作弊行为的调查员不值得信赖，他们上交的所有调查问卷都应该予以作废处理。

2. 退回实施现场补救

问卷中个别问题的回答可能有误，但大部分问题的回答值得信赖，此类问卷可以考虑退回补救，要求调查员重新找到被调查者，加以访问核实。这种处理方式适用于规模较小、被调查者很容易找到的调查项目。

3. 视为缺失数据

问卷中的回答如果存在问题，也可以作为缺失数据处理。将这样的回答视为空缺，权当被调查没有填答。这种处理需要参照并满足以下条件：

(1)有令人不满意回答的问卷数很少，比如在 10% 以内。

(2)回答令人不满意的问卷中，令人不满意答案的占比很小。

(3)令人不满意回答的变量不是关键变量。

(4)无回答的被访者和其他被访者无明显差异。

第二节　编　　码

一、编码的概念

编码是指与问卷信息相对应的代码的设计，编码同时是指根据设定的代码，将每一份问卷答案转化为相应代码的过程。

对于编码，一般应注意如下原则：

1. 符合惯常逻辑

编码要符合惯常逻辑。由于编码更多地使用数字，所以这种惯常逻辑在很多时候其实也表现为数字逻辑，需要尊重数字的正常排列顺序。编码时，每一个选项只有一个唯一的、互不重复的代码。

比如下面这道题目：

Q16. 您对电视上播出的 8848 手机广告持何种态度？
1□ 反感　2□ 不反感也不喜欢　3□ 喜欢

我们在编码的时候，看到这是问卷中的第 16 题，那么我们就会很自然地将该题变量名设计为 V16。V 是 Variable（变量）的首字母，16 表示这道题的序号，这是符合惯常逻辑的，便于与问卷相对应，便于理解和查找。我们还看到这道题的备选项有 3 个，那么我们就将这 3 个选项的变量取值确定为 1、2、3，其中 1 表示反感，2 表示不反感也不喜欢，3 表示喜欢，这种代码的设计也是符合惯常逻辑的，是按照数字正常排列顺序进行的编码。

如果我们把变量取值范围确定为 5、6、4，用来分别代表三个选项，行不行呢？应该说你非这样设计代码也行，但看起来很别扭，也不好记忆和理解，这就没有按照数字逻辑编码，也不符合惯常思维，是一种不好的编码方法。

2. 由一个人完成

虽然编码可以由多个人来操作，但最好还是由一个人来完成。多个人编码，每个人的编码规则可能都不太一样，表面上看分工协作似乎提高了编码的效率，实际上却制造了混乱，反而为后续工作增添了麻烦，得不偿失。对于大部分调查来讲，编码的工作量其实并不是太大，没有必要找多个人来编码。一个人完成编码，规则是一致的，编码的质量会更有保障。

3. 固定代码值的使用

无回答即被调查者没有回答这道题，问题是空着的。无回答常用 9 或 99 表示，而不用 0 表示。这是因为在一些问题中 0 是有具体含义的，比如问对方有几个孩子，0 表示没有孩子，如果再用 0 表示无回答，这就分不清到底是没有孩子呢，还是被调查者没有回答这道题。备选项取值小于 9 的，用 9 表示无回答。备选项取值超过 9 但小于 99 的，用 99 表示无回答。填空题如果询问对方的年龄，被调查者有可能是百岁老人，则用 999 表示无回答。

"不知道""不清楚""无所谓"等特殊选项，可以用固定代码 98、998 等表示。

二、题干序号处理

英语中代表"变量"的单词是 variable，我们用这个单词的首字母 V 来表示题干变量，另外加题干数字序号来表示具体的题干。

（1）问卷如果没有分模块，题干序号本身就是连续下来的，从第一题到最后一题序号是连续的，那么编码时就直接使用题干序号来代表这道题目。

（2）问卷通常会分成几个模块，如果每个模块的题干序号是连续排列下来的，也就是说从第一个模块的第一道题，到最后一个模块的最后一道题，序号是连续不间断的，那么编码时可以直接使用题干序号来代表这道题目。

（3）如果问卷的几个模块里的问题都是另起排序的，第一个模块是从 1 到 x（比如说是 5），下一个模块里的所有问题又重新开始排序，从 1 开始计数，到 x（比如说是 6），那么编码时可以用 nx 来表示。比如第三个模块的第一题表示为 V0301，第五个模块的第六题表示为 V0506（因为不足两位数所以加 0 处理，当然不加也可以）。

前设计编码又称事前编码，这项工作的主要内容其实在问卷设计的时候就已经考虑了，甚至已经完成了，而到了问卷录入之前，还需把编码明确一下。

三、问卷编号

"编号"的英文单词是 number，不妨就用这个单词的首字母 n 来表示问卷编号这一变量。

回收的问卷检查合格后，统一连续编号，比如一共有 2030 份问卷，那么编号就从 0001 排列到 2030。每一份问卷都有一个独立而不重复的号码，这是每份问卷的身份证号码，是问卷编号这一变量的具体取值。如果我们从录入的数据里发现有问题，我们可以迅速追踪到原始问卷。

四、单选题的编码

用题干序号来表示具体的题干这个变量，用备选项的序号表示取值。如（表 10-1）：

3. 您的教育程度？

　　1□ 小学及小学以下　　2□ 初中　　3□ 高中、中专或技校

　　4□ 大专　　　　　　　5□ 大学本科　　6□ 双学位、硕士或博士

表 10-1　　　　　　　　　　　　　单选题示例编码表

变量名	变量名的含义	变量类型	变量所占字节	取值范围	取值对应含义
V03	教育程度	数值型	1	1~6, 9	1 表示小学及小学以下，2 表示初中，3 表示高中、中专或技校，4 表示大专，5 表示大学本科，6 表示双学位、硕士或博士，9 表示无回答

五、多选题的编码

将多选题看成多个单选题的组合，有几个选项就有几个单选题，就有几个变量。每个选项作为一个变量来编码，将题干序号和备选项序号联合起来作为变量名，每个变量的取值为 0 和这个选项的序号。如（表 10-2）：

9. 您平时主要的阅读方式有哪些？（多选题）
　　1□ 阅读纸质书籍
　　2□ 阅读报刊
　　3□ 阅读微信等社交媒体
　　4□ 阅读电子书
　　5□ 网络下载资料打印阅读
　　6□ 在线浏览网页

表 10-2　　　　　　　　　　　　　多选题示例编码表

变量名	变量名的含义	变量类型	变量所占字节	取值范围	取值对应含义
V0901 V0902 V0903 V0904 V0905 V0906	对应的 6 个备选项是否是主要的阅读方式	数值型	1	0 或 1 0 或 2 0 或 3 0 或 4 0 或 5 0 或 6	1 表示阅读纸质书籍，2 表示阅读报刊，3 表示阅读微信等社交媒体，4 表示阅读电子书，5 表示网络下载资料打印阅读，6 表示在线浏览网页。选择以上数字表示该选项是主要阅读方式，0 表示以上都不是，全选 0 表示该题无回答

六、排序题的编码

排序题同样要看成多个单选题的组合，有几个排序就看成是几个单选题，就有几个对应的变量名。变量名用题干序号和排序序号联合表示，变量取值用备选项序号来表示。如(表 10-3)：

12. 请问下列广告中，

您最信任哪个广告？　　　【　　　】

其次信任哪个广告？　　　【　　　】

最不信任哪个广告？　　　【　　　】

1. 电视广告　2. 报纸广告　3. 广播广告　4. 杂志广告　5. 户外广告
6. 网络广告

表 10-3　　　　　　　　排序题示例编码表

变量名	变量名的含义	变量类型	变量所占字节	取值范围	取值对应含义
V1201 V1202 V1203	最信任广告 其次信任广告 最不信任广告	数值型	1	0~6	1 表示电视广告，2 表示报纸广告，3 表示广播广告，4 表示杂志广告，5 表示户外广告，6 表示网络广告。选择以上数字表示该选项在信任排序中，0 表示以上都不是，全选 0 表示该题无回答

另外一种编码方法，以备选项为基准，将备选项作为变量，名次排序作为变量取值范围。电视广告为 V1201，报纸广告为 V1202，广播广告为 V1203，杂志广告为 V1204，户外广告 为 V1205，网络广告为 V1206。取值范围为 0~3，1 表示最信任，2 表示其次信任，3 表示最后信任，0 表示无回答。

七、数字型开放题的编码

结合开放题内涵命名变量名，用变量名来代表数字型开放题题干，比如"年龄"的汉语拼音首字母是"NL"，那么我们不妨就用"NL"来表示"年龄"。

当然也可以用题干序号来命名变量名，但是由于数字型开放题通常比较少，为了便于区分于其他题型，用字母来表示也比较好。

取值范围结合具体题目的实际情况来确定。如在一次调查中受访者的年龄在6岁到80岁之间，其中关于年龄的调查是一道数字型开放题（表10-4）：

2. 您的年龄_____周岁（请在横线上填写阿拉伯数字）

表10-4　　　　　　　　数字型开放题示例编码表

变量名	变量名的含义	变量类型	变量所占字节	取值范围	取值对应含义
NL	受访者的年龄	数值型	2	6~80, 99	6~80 表示具体的岁数；99 表示无回答，该题缺失答案

八、后设计编码

后设计编码又称为事后编码，主要包括问卷中"其他"选项的编码、开放题的编码和辅助信息的编码。这几项的编码在问卷设计的时候是不好预料的，通常也是在问卷设计的时候无法编码的，只能等问卷回收以后才能进行编码。

1. 选择题"其他"项的编码

如果选择"其他"选项的人占比很小，而且填写的内容比较分散，则可不编码。

如果有相当比例的人选择了"其他"项，而且填写的信息有些集中，则为集中的意见新增类别，每个类别就是新增的一个备选项。新增的备选项序号顺延，编码规则与其他备选项一致。

2. 开放题的编码

很多开放题是为了给受访者增加表达意见的渠道，但并不特别期望受访者填答，受访者通常也懒得去组织语言填写。在这种情况下，开放题可以不编码。

如果开放题很重要，受访者的回答也很认真详细，则需要编码。开放题的编码需要将其转变成选择题，只有将其转变成选择题，受访者的意见才能条分缕析，才能便于量化。

开放题的编码需要编码者认真阅读所有的回答，将回答梳理成具体的意见条款，每个意见条款作为一个备选项，确定一个数字代码，整理出数量足够的备选项。这样一来，开放题就变成了选择题。阅读每份问卷的开放题后，用备选项序号来标示其回答内容，完成编码工作。

3. 辅助信息的编码

还可以对诸如访问员姓名、督导员姓名、调查地点、调查时间等其他辅助信息进行编码，不过这项工作应该视情况而定，无须刻意为之。因为辅助信息的编码和录入会增加工作量，而这些工作如果不是非常必要，还是省略掉更有利于工作的开展。

如果非常需要这类信息，也可以编码。以访问员信息为例，每个访问员都有数字代码，用一个字母比如 F 作为变量名，访问员的数字代码作为取值即可。

第三节　数据录入与整理

编码的目的是方便数据录入和统计分析，编码工作最终还是呈现在统计软件中。你可以在纸质问卷上编码，或者另外在纸张上制作编码表，但编码这项工作最后都要落实到统计软件里。

一、变量定义

例如，打开 SPSS 软件，可在"变量视图"窗口中完成变量定义。完成变量定义是首要的基础工作，主要包括定义变量的名称、类型、标签、取值等内容。

名称：即变量的名称，用英文字母加题干序号、备选项序号的形式命名，如 V01。

类型：表示变量是什么类型，通常是数字型。

标签：对变量名称的简短文字描述，从题干或选项的描述中简化而来。

值：即变量的取值。取值通常是阿拉伯数字，即选择题的备选项序号，以及表示未选该项的 0 等。取值的标签通常应该加以界定，用简短词语来表示，表示取值的具体含义。

缺失：缺失意味着问卷上对应的题目没有回答，通常用 9、99 来表示，没有输入也是缺失。定义缺失值，统计可以呈现两种结果，一种包含缺失值，另一种排除缺失值，以有效百分比的形式出现。

测量尺度：定义测量的尺度，SPSS 只提供了三种测量尺度，即定类、定序和定比测量，汉化的 SPSS 软件又将其称为"名义""有序"和"标度"。

二、数据录入

数据录入通常采用键盘录入方式，要对录入员进行培训，要挑选工作认真、技术熟练的录入员。

数据录入员在 SPSS 统计软件"数据视图"窗口录入数据。根据每份问卷的填答情况，把受访者的填答数据录入计算机软件。每一个横行的数据代表着一份完整的问卷。

如果问卷数量比较多，可以将问卷安排给多个录入员分工完成，最后将数据合并起来。要特别注意使用统一的编码规则，SPSS 变量定义应当一致，否则后期合并文件就会有麻烦。SPSS 软件中，可按照"数据"→"合并文件"→"添加个案"的操作路径，将其他数据文件合并过来。

三、数据查错

数据录入过程中难免会出错，不论多么小心，也可能由于串行、无意敲击了相邻的数字等原因而录错一些数据。检查录入的数据是否有错就显得非常重要了，这项工作被称为数据查错，又被称为数据清洁。这项工作做得好，才能提升数据质量，才能保证后期的统计分析靠得住、有意义。

数据查错若完全采用人工检查的方式，显然是低效的，问卷全部录入计算机后就要考虑借助统计软件来提高查错的效率了。实践中通常是对所有变量进行频数分析，从中找出录入错误。

在 SPSS 软件中选择点击菜单"Analyze → Descriptive Statistics → Frequencies"（"分析→描述性统计分析→频数分析"），统计运算后，超出合理范围的数值、极端数值就会很容易地显露出来。比如"性别"这个变量的取值包括 1＝男，2＝女，9＝无回答，不应该出现其他的数值，如果频数统计结果中却出现了"3"，这说明录入的数据里面有错误。

统计表 10-5 是对"性别"做频数统计时呈现出来的结果，其中出现了"3""22""26"三个有问题的数字，另外还有两个缺失数据，我们应该去查找错误，加以修正。

表 10-5　　　　　　　　　　利用频数统计查错

		性　　别			
	频率	百分比	有效百分比	累计百分比	
有效	男	320	55.2	55.4	55.4
	女	255	44.0	44.1	99.5
	3	1	0.2	0.2	99.7
	22	1	0.2	0.2	99.8
	26	1	0.2	0.2	100.0
	总计	578	99.7	100.0	
缺失	系统	2	0.3		
总计		580	100.0		

在 SPSS 软件"数据视窗"中选中出错的变量下面的所有数据，在这个例子中就是选中"性别"这个变量的所有数据，然后在"编辑"菜单中点击"查找"按钮，输入出错的数字，先后输入"3""22""26"，计算机马上就能找到这些数字。检查人员再根据对应的问卷编号找出原始调查问卷，查看、比对调查问卷与录入数据，改正过来即可。

第十一章
数据统计分析

人工智能其实就是统计学，只不过用了一个很华丽的辞藻。

——托马斯·萨金特

简而言之，一名记者必须是数据库的管理者、数据的处理者以及数据的分析者。

——菲利普·迈耶

第一节　基本的描述统计

常用描述统计主要包括频数、比率，均值、中位数、众数，极差、四分位数差、方差和标准差等统计量的计算。频数分布分析常用指标主要有频数、比率，集中趋势分析常用指标包括均值、中位数、众数等，离散趋势分布分析常用指标主要有极差、四分位数差、方差和标准差。

一、频数

频数(Frequency)又称频率，是指样本中对某变量具有相同的变量值的个案数，换言之，频数是指某变量的每一个值出现了多少次。在问卷调查中，选择某个选项的人数就是这个选项的频数。

王蓉的歌曲《小鸡小鸡》堪称一首"神曲"，歌词的绝大部分篇幅是几个名词和象声词——"小鸡""母鸡""公鸡""咕咕"等，很适合作频数分析的案例。这首歌里面还有多种动物的尖叫声，此起彼伏，在宏大的篇幅里面仅仅夹杂了一句还算完整的话"谁偷了我的 Chua 米"，不认真听还听不太清楚，听完后会让人不停地"咕咕 day"。笔者对这首"神曲"的歌词作了在线词频分析，① 经

① 将歌词拷贝到 https：//timdream.org/wordcloud/，进行在线词频分析，2018 年 3 月 17 日完成。

过整理，得到了以下词语频数清单(表 11-1)：

表 11-1　　　　　　　　歌曲《小鸡小鸡》词语频数清单

词　语	频　数
小鸡	154
母鸡	384
公鸡	64
咕咕	340

歌词中，"小鸡"用了 154 次，"母鸡"用了 384 次，"公鸡"用了 64 次，"咕咕"用了 340 次。光是这些词就达到了 1884 个汉字，另外还有"喔喔""叽叽"等，词作者真是不走寻常路。

我们也可以通过词云图直观地体会这首"神曲"里面使用词语的频数情况(图 11-1)：

图 11-1　《小鸡小鸡》词频分析

这首歌曲曲风独特，歌词怪异，令人感到惊奇、喜悦和放松。从统计分析的角度看，这首歌曲为我们贡献了一个很好的频数分析案例。

频数虽然看起来简单，容易理解，但我们也不应该轻视它。频数是统计的基础，也是很重要、很有用的统计量，甚至一些调查研究的主要目标就是要获得频数。比如，广告曝光多少次才有效？对于这样的研究来讲，获取频数就显得非常重要了。

迈克尔·纳普莱斯对此进行了深入研究，并出版了一本书《有效频率：频率和广告知名度的关系》。纳普莱斯说，对目标受众来讲，在一次购买周期中，只曝光 1 次通常不起作用；曝光 2 次是有效频数的最低限度；曝光 3 次最理想；曝光 3 次以上，广告效果会随着曝光次数的增加而提升，但增长幅度却会降低，投入产出比会下降。① 这里的曝光次数就是频数。对于广告投放来讲，掌握这些频数是十分紧要的事情。可以将其运用到广告实践中，既避免了广告投放的盲目性，又保证了广告投放的效果。

频数甚至还能运用到择偶上——相亲的次数是多少，就要果断决定人选？天文物理学家约翰尼斯·开普勒的经验是 5 次，他最终与第 5 次相亲的那位女士结婚了。1611 年，开普勒的妻子去世了。两年后开普勒决定再婚，由于前一段婚姻并不幸福，开普勒这次决定好好选择配偶。开普勒见到第 5 名女性时感觉不错，女方勤俭持家，善良忠诚。可是开普勒并没有收手，下一个会不会更好呢？开普勒一共见了 11 名女性，后来也没有找到更好的，他反而更怀念第 5 次相亲时的那位女士。他厚着脸皮去了第 5 位女士家，向曾经被他拒绝的这位女士求婚。开普勒很幸运，对方答应与他结婚。这位女士名叫苏珊·罗伊特林格，两个人结婚后生活很幸福，生了 6 个孩子。

开普勒遇到的问题其实是个数学问题，最好的解决方案被称为"最优停止理论"。这个理论表明，考察前 37% 的申请人时，不要同意接受任何人，然后只要后续的申请人有一个比前面 37% 的申请人都优秀，就要毫不犹豫地选择这位申请人。开普勒的例子对这个理论作了验证，他相亲 11 次，11 乘以 37% 约等于 4，只要下一位比前 4 位优秀就要果断作出决定。开普勒见到第 5 位女性时已经心动，这位女士比前面的都优秀，是理想的结婚对象。此时，开普勒应该立即终止相亲，与她结婚。②

二、比率

比率（Percent），又称百分比，是频数与样本量的比值，是指选择某个选项的被调查者的占比，是统计分析中最常用、最基本的统计量。计算公式为：$P = f/n \times 100\%$。

百分比是一个很常见的统计量，也是一个基础的、很有用的统计量。很多调查研究都需要掌握百分比，这是一项基础工作，如果不掌握百分比数据，我们其实也很难做其他更复杂的统计分析。百分比能够让我们看到部分

① 参见[美]杰克·西瑟斯、[美]罗杰·巴隆：《广告媒体策划》，闫佳译，北京：中国人民大学出版社 2006 年版，第 101~102 页。

② 戴老板：《爱情里的"经济学"》，《文史博览·人物》2018 年第 11 期。

对整体的占比情况，很多时候更具有普遍性，便于比较，便于把握情况。

一些百分比数据跟我们的生活密切相关，掌握这些数据就显得非常关键了。比如，打针前涂抹皮肤消毒用的酒精浓度是 75%，这个百分比就很重要。酒精浓度不是越高越好，浓度为 75% 的酒精能够更好地破坏细菌外膜，迅速地杀死细菌，酒精浓度更高反而会让细菌外膜凝固，形成保护层，阻止药液进入细菌内部杀死细菌。更低浓度或更高浓度的酒精杀菌效果都不好，75% 的浓度刚刚好。

1. 排序题比率的计算

比率的计算通常很容易，但排序题比率的计算却有些麻烦，还需要说一说。严格地讲，排序题属于定序测量，但在实际研究中却经常将其近似地看作定距测量，以便运用更复杂的统计运算。

先来看一个例子：

按照您喜欢的程度，下列媒介元素在您心目中的排名是？（请将答案号码填写在排名空白处）
第一位：　　　　第二位：　　　　第三位：
（1）文字　（2）照片　（3）图表　（4）漫画　（5）视频　（6）音频

排序题比率的计算应该采取加权的方法，对于这个例子来讲，编码时应该将每个媒介元素作为一个变量，一共是 6 个变量。变量的取值分别是 1（排名第一位，比率为 D_1）、2（排名第二位，比率为 D_2）、3（排名第三位，比率为 D_3）、0（未选中，比率为 D_0）。

给第一位的结果加权 3，即结果乘以 3；第二位的结果加权 2，即结果乘以 2；第三位的结果加权 1，即结果乘以 1。加权的总权数为 3+2+1=6，将三个位次的比率加权求和，除以总权数 6，即可得到该媒介元素的相对比率：

$$P_x = (D_1 \times 3 + D_2 \times 2 + D_3 \times 1)/(3 + 2 + 1)$$

假设排序时选择（2）照片的比率分别为，第一位 20%，第二位 50%，第三位 20%；选择（5）视频的比率分别为，第一位 40%，第二位 5%，第三位 5%。那么，这两个答案相对比率的计算过程及结果分别是：

照片：$P_2 = (20\% \times 3 + 50\% \times 2 + 20\% \times 1)/(3+2+1) = 30\%$

视频：$P_5 = (40\% \times 3 + 5\% \times 2 + 5\% \times 1)/(3+2+1) = 22.5\%$

2. 一些指数的计算

问卷调查中经常有关于对某个事物的态度(满意、喜爱等)的调查,答案选项如:

1□ 很不满意　2□ 不满意　3□ 一般　4□ 满意　5□ 很满意

假设上述选项的比率分别为 D_1、D_2、D_3、D_4、D_5,计算满意指数的公式为:

$$1 \times D_1 + 2 \times D_2 + 3 \times D_3 + 4 \times D_4 + 5 \times D_5$$

例如,答案为 1、2、3、4、5(从很不满意到很满意)的占比分别为 10%、5%、5%、40%、40%,则满意指数为:

$$1 \times 10\% + 2 \times 5\% + 3 \times 5\% + 4 \times 40\% + 5 \times 40\% = 3.95$$

如果我们只用一个数值来代表调查结果,这个计算出来的指数就是最合适的数值,我们可以用这个数值来代表被调查者的整体意见。这个调查中,3 是中间值"一般",4 是"满意",3.95 接近 4,说明整体情况是倾向于满意一端的。

类似地,问卷中关于教育程度的调查、关于收入的调查等定序测量,可以将其近似地看作定距测量,用上述方法来计算教育指数、收入指数。民族、宗教、婚姻、省份等定类测量,不宜采用上述方法计算指数。

三、均值

均值(Mean)可以被看作某个变量的重心,所有观测值相加的和除以观测值的个数即为均值。计算公式为:

$$\overline{X} = (X_1 + X_2 + \cdots + X_n)/n$$

均值是指数据集合中观测值的算术平均值,一个数据集合仅有一个均值。

1. 群体判断的可靠性

求更多猜测值的平均数,有可能得到接近真实值的答案。一个人的体重是多少?今天的气温是多少?一个瓶子里装了多少粒豆子?如果不用体重秤、温度计,不去数豆子,仅仅通过猜测也有可能得到接近真实值的答案。尤其当大多数人更可能正确时,让足够多的人来预测,计算这些预测值的平均值,将很接近真实答案。

有的个体本身就非常善于猜测数值。1884 年 6 月 6 日，28 岁的尼古拉·特斯拉来到美国，开始在爱迪生公司工作。当天晚上特斯拉就携带工具开始修理工作，清晨 5 点他返回爱迪生工作室时正碰见爱迪生和照明公司经理约翰逊在互相猜体重。爱迪生摸了摸特斯拉的身板，说："特斯拉体重 142 磅，误差在一盎司以内。"爱迪生猜得很准，特斯拉当时的净体重正好是 142 磅。①

哈佛大学法学院教授凯斯·R. 桑斯坦写了一本书《信息乌托邦：众人如何生产知识》，"信息茧房"的说法较早地出现在该书中。他在这本书中记录了一些取平均数来解决问题的例子。比如，哥伦比亚大学社会学教授哈泽尔·奈特让学生猜测教室里的温度。个体的判断从 60 华氏度到 85 华氏度，群体的统计判断是 72.4 华氏度，非常接近教室实际温度 72 华氏度。还有实验者让学生猜测瓶子里装了多少粒豆子，实际装有 850 粒，群体的猜测是 871 粒，仅有一位学生的猜测优于统计判断。② 2019 年 5 月 27 日，笔者组织 141 名同学猜测教室的温度，学生个体的猜测从 14 摄氏度到 32 摄氏度，平均值为 20.68 摄氏度，使用温度计测量教室的温度是 23.5 摄氏度。在这次实验中，81 名同学的个体判断不如群体判断，60 名同学的个体判断优于群体判断，换言之，群体的统计判断优于 57% 的个体判断。

也有人对群体判断提出质疑，比如古斯塔夫·勒庞就曾说："一切集体，不管其成员如何，全都患有智力低下症。在群体中，人们总是倾向于变得智力平平，在一般性问题上，40 名院士的投票不会总是比 40 个卖水人所投的票更高明。"③桑斯坦强调了群体判断这种求平均数的前提是"大多数人更可能正确"，如果这个前提变成了"大多数人更可能错误"，比如你去问大家银河系的质量是多少，人们都茫然无知，没法去猜测，这种方法的可靠性就会变得很差，甚至行不通了。

2. 均值的代表性问题

均值通常是概括数据的一种有效方法，但有时用均值却会使我们误入歧

---

①　[美]史迪夫·劳：《我是未来：尼古拉·特斯拉传》，杭州：浙江人民出版社 2018 年版，第 29 页。

②　转引自[美]凯斯·R. 桑斯坦：《信息乌托邦：众人如何生产知识》，毕竞悦译，北京：法律出版社 2008 年版（英文版 2006 年），第 24~25 页。

③　[法]古斯塔夫·勒庞：《乌合之众：大众心理研究》，冯克利译，北京：中央编译出版社 2004 年版，第 156 页。

途。均值受极端值的影响较大。在一个贫富分化严重的社会，用人均财富来表示人们的富有状况，有时候会让底层社会无法接受，会遭到人们的吐槽。其原因就是处于富裕一端的极值严重影响了均值，使得均值的代表性变差，穷人被富人代表了。

中国人民银行调查统计司城镇居民家庭资产负债调查课题组对全国 30 个省、自治区、直辖市的 3 万余户城镇居民展开调查，调查结果显示，2019 年我国城镇居民家庭户均总资产为 317.9 万元。[①] 很多网友看到这个数据，纷纷表示"自己再一次被平均了"。我们进一步考察这次调查的数据会发现，其中排名前 10% 家庭的总资产占比高达 47.5%，多数家庭的总资产其实是达不到平均数的。

在讲述均值代表性问题时，人们经常提到一个讽刺均值的小幽默，说有一个统计学家，他把头放在热的平底锅中，把脚放在冰箱中，然后说："现在，在平均的意义上我感觉很好。"在计算这个统计学家的"平均值"时，两个特殊的温度——平底锅的高温与冰箱的低温相抵了，产生了所谓的"舒适的"平均温度。

实际上任何一种平均都会掩盖数据的极值，而极值有时正是我们感兴趣的，也是应该引起我们重视的。极差、四分位数差、方差、标准差是描述离散趋势的常用统计量，我们应该善于灵活使用这些统计量，而不应该局限于均值的使用。

四、中位数

中位数(Median)是指一组数值排序后从小到大数到中间的那个数，它是一个中心值。

一个变量的中位数是这样的一个数值，它把观测值分成同等数目的两组数，一半观测值小于等于这个数，而另外一半观测值则大于等于这个数。

一个数据集合只有一个中位数，中位数不受极端观测值的影响。当一个数据的直方图显示出非对称分布时，均值的代表性变差，我们常常使用中位数。

中位数的一个应用是"中位数投票原理"。早在 16 世纪，法国数学家就

---

① 梁缘、任婉晴：《中国城镇家庭户均资产 318 万 什么决定了你的身价?》，http:// www.bjnews.com.cn/finance/2020/04/24/720899.html? from = singlemessage&isappinstalled = 0，2020 年 4 月 24 日。

发现了这个原理，但后来它却一直处于被埋没状态。1948 年，英国经济学家邓肯·布莱克重新发现了中位数投票原理。这个原理表明，假如所有投票人都具有单峰偏好，那么无论有多少个备选方案，在多数票规则下，最终胜出的都是中位数投票人偏好的那个方案。简单地说，选举中候选人要想获得最大的支持，就必须去迎合处于中位数的选民的偏好。换言之，投票选举的结果相当于中位数，选举结果由中间派说了算，非中间选民的投票其实对选举结果的影响并不大。选举政治中，政治家赢得中间投票人的支持才能获得选举的成功。

下面我们以表 11-2 提供的数据为例，介绍根据组距数列资料确定中位数的方法(见表 11-2)：

表 11-2　　　　　某媒体受众个人月收入分组累计频数表

个人月收入分组（元）	频数(人)	累计频数	
		以上累计	以下累计
1000 以下	43	43	1001
1000~2000	80	123	958
2000~3000	235	358	878
3000~4000	261	619	643
4000~5000	225	844	382
5000 以上	157	1001	157
合计	1001	—	—

(1)确定中位数所在组。

将频数减去 1，然后折半，找出中位数所在组，即(1001−1)÷2＝500。中位数的位置在本数列中前后各 500 人的位置上，为本数列中第 501 人的收入，即在以上累计频数的 619 户的 3000~4000 元组内。

(2)确定中位数在该组的位次。

中位数在 3000~4000 元组内的位次为 143(501−358)。

(3)确定中位数在本组上浮数值。

中位数占该组人数的比值为 0.5479(143÷261，计算结果作为上浮比值)，该组组距为 1000 元(4000 元−3000 元)，则中位数在该组内由本组最小值 3000 元上浮 547.9 元(组距×上浮比值，1000 元×0.5479)。

(4)确定中位数的近似值。

由本组最小值加上上浮数值，作为中位数的近似值。经计算，得出中位数近似值为 3547.9 元(3000 元+547.9 元)。

五、众数

众数(Mode)是最多的那个数，一个变量的众数就是指出现次数最多的变量值。

众数经常用来描述定类变量，特别是那些有许多个取值的定类变量，例如宗教、种族、社会阶层等。假设受访者民族归属调查中汉族 50 人，白族 20 人，朝鲜族 10 人，则该项调查中"民族"为变量，"汉族"为出现次数最多的变量值，众数是"汉族"。

六、不同主体的统计结果不要随意合并运算

统计数据的再次加工要注意合理性，针对不同调查对象所作的统计的结果，不可随意合并运算。针对特定主体的调查数据经过统计，通常也只能用来表征这个主体，拿这个主体的统计结果与其他主体的统计结果做加减乘除等运算，很可能会出现问题，逻辑不通，也未必合理。

有新闻媒体报道，"台湾竞争力论坛"发布"蔡英文当局施政总检讨"最新民调，"其中对行政机构负责人赖清德的表现不满意者占 41.1%，不满意度大于满意度，出现死亡交叉；对蔡英文不满意度达到 60.3%，再创新高。两人不满意度之和超过 100%"[①]。媒体将两人的统计数据相加，得出了"两人不满意度之和超过 100%"这样的一个结果，这种运算的逻辑是很难令读者接受的。因为赖清德和蔡英文的调查数据都是针对各自情况的，属于不同的主体，不宜把两个人的统计结果相加运算。

这样报道有误导读者的嫌疑，其实，媒体只要客观报道两个人的调查数据就行了。媒体自作聪明，结果弄巧成拙，还惹来不少网友的跟帖批评。台湾是中国领土不可分割的一部分，我们一贯主张两岸统一，反对"台独"。台湾地区行政机构负责人、领导人的民意调查数据仅仅是一个参考，我们实现祖国统一的决心其实并不会因为这些数据的好坏而改变。

---

① 《蔡英文赖清德不满意度之和超 100% 民众：赶紧下台》，"中国搜索"官方账号，2018 年 2 月 12 日。

七、SPSS 求解

打开 SPSS，点击菜单 Analyze →Descriptive Statistics→ Frequencies（分析 →描述统计→频数）。如图 11-2 所示：

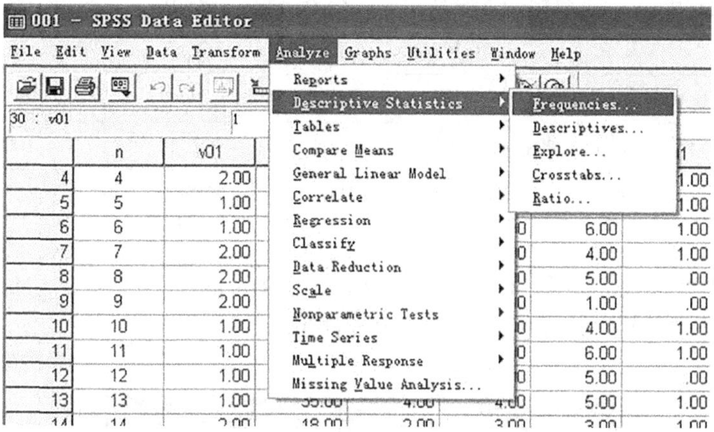

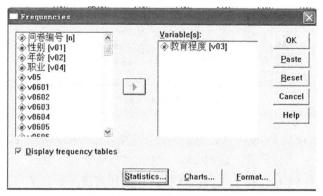

图 11-2 SPSS 打开"频数"对话框步骤

然后，打开"频数"（Frequencies）对话框，选中需要统计的变量，点击对话框中的箭头，使之进入变量框 Variable(s)。如图 11-3 所示：

图 11-3 SPSS 进入"变量框"

点击"OK"，输出频数（Frequency）、比率（Percent）、有效比率（Valid Percent）、累计比率（Cumulative Percent）等结果。如图 11-3 所示：

表 11-3   教 育 程 度

		Frequency	Percent	Valid Percent	Cumulative Percent
Valid	小学及小学以下	20	3.5	3.5	3.5
	初中	97	16.8	16.8	20.2
	高中、中专或技校	171	29.6	29.6	49.8
	大专	154	26.6	26.6	76.5
	大学本科	122	21.1	21.1	97.6
	双学位、硕士或博士	14	2.4	2.4	100.0
	Total	578	100.0	100.0	

点击"Statistics"(统计)按钮，弹出下列对话框(图11-4)，在该对话框中可以根据需要勾选设置，输出有关统计量：

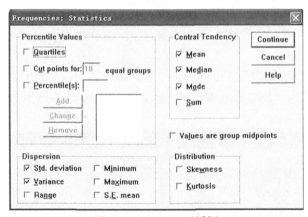

图 11-4　Statistics 对话框

(1) Percentile Values(百分位值)提供计算分位数的方法，包括——

Quartiles：四分位数，输出25%、50%、75%分位数值。

Cut points for n equal groups：将数值从小到大排序后，平均分成 n 等份，n 为整数数值，输出相应的分位数值。

Percentile(s)：自定义百分位数。

(2) Central Tendency 描述中心趋势，包括：Mean—均值；Median—中位数；Mode—众数；Sum—总和。

（3）Dispersion 提供描述离散趋势的统计量，包括：Std. Deviation—标准差；Variance—方差；Range—极差（全距）；Minimum—最小值；Maximum—最大值；S. E. Mean—标准误差。

（4）Distribution 描述分布特征，包括：Skewness—偏度系数；Kurtosis—峰度系数。

第二节　描述离散趋势

均值、中位数、众数等是描述集中趋势的常用统计量，但对于统计分析来讲，仅仅描述集中趋势是不够的，对于离散趋势的描述也是很有必要的。

一、极差

极差（Range）是指两个极端值的差距，其计算公式为：$R =$ 最大值－最小值。

比如在一项关于个人收入的调查中，收入最高的被调查者月收入为100000 元，收入最低的被调查者月收入为 2000 元，那么在这项调查中极差就是 98000 元（100000 元－2000 元）。

二、四分位数差

四分位数差（Inter-Quartile Range）是指将一组观测值按照从小到大的顺序排列，分成四等份，每个部分都包含 1/4（25%）的数据，中间那一半数据的范围就是四分位数差。

四分位数差去掉了最高端和最低端各 25% 的数据，很大程度上克服了特殊取值的影响，增强了统计量的代表意义和可靠性。

三、方差和标准差

方差（Variance）是标准差的平方。标准差（Standard Deviation）表示观测值与均值的远离情况，其实际含义是指每一个观测值与均值的偏差的平均数。

标准差反映的是所有观测值对均值的离散程度，其数值大小与均值代表性的大小相反，标准差越大，观测值的分布就越偏离分布的中心，均值的代表性就越弱；标准差越小，观测值的分布就越靠近分布的中心，均值的代表性就越强。其公式如下：

方差 $S^2 = [(X_1 - \overline{X})^2 + (X_2 - \overline{X})^2 + \cdots + (X_n - \overline{X})^2]/(n - 1)$

标准差 $S = \sqrt{S^2}$

由于考虑到标准差是总体标准差的估计值，为了计算无偏估计值，上述公式使用了 $n-1$，这样会使得标准差大于实际的大小，这是一种保守稳妥的做法。如果我们的目的是描述样本特征而非用统计值来估计参数值，上述公式使用 n 计算有偏估计值也可以。另外，当样本规模变大，除以 n(有偏估计)与除以 $n-1$(无偏估计)，二者的差异其实很小。举例来说，假如公式中的分子数值为 500 不变，当样本规模为 100 时，总体标准差的有偏估计和无偏估计二者的差异是 0.01；当样本规模达到 1000 时，二者的差异仅为 0.0004。[1]

从标准差公式不难看出，标准差是对离差平方的平均数开平方，它会夸大差异程度[2]，这是标准差的缺点。不过，这个缺点从另一个方面来看或许也是一个优点——标准差的灵敏度很高。

下面运用方差和标准差知识，来解决一个实际问题。21 个被调查者平均每人拥有 50 册图书，标准差为 5 册。小李自称是这些被调查者中拥有图书数量最多的人，他说自己有 150 册图书。他说的话是真的吗？

第三节　变量间的关系

一、散点图

散点图(Scatter Plot)是用点的分布趋势和密集程度来表示两个变量间相关关系的统计图。两个变量确定一个直角坐标系，横轴(x 轴)表示一个变量，纵轴(y 轴)表示另一个变量，所有研究个案根据这两个变量的值，全部以点的形式分布在这个坐标系中。

如果我们想分析两个变量间的关系，但又不知道这两个变量间是否存在相关关系，就可以先来画散点图，通过观察散点图的形状，可以看出这两个变量存在相关关系的情况：高度正相关、高度负相关、曲线相关或者压根就不存在相关关系。具体的图示可以参考"相关系数"部分的描述。

散点图除了可以分析两个变量间相关关系的具体情况，还可以用于预测

---

① 参阅[美]尼尔·J. 萨尔金德：《爱上统计学》，史玲玲译，重庆：重庆大学出版社 2009 年版，第 27~30 页。

② 夏南新：《统计学》，北京：高等教育出版社 2014 年版，第 78 页。

某个事物的未来发展状况。报纸遭受以互联网为代表的数字新媒体的冲击，报业的寒冬来了。美国北卡罗来纳大学教授菲利普·迈耶甚至预言了报纸的消亡日期是 2043 年："到 2043 年第一季度晚些时候，日报就没有读者了。"①那么，我们就好奇了，迈耶教授怎么就知道到了 2043 年日报就没有读者了呢，他是怎样预测出来的呢？

迈耶的依据是散点图。图 11-5 呈现了从 1967 年到 2002 年的读者调查数据，横轴表示年份，纵轴表示读者每天读报的情况。1967 年的数据点显示，73%的被调查者说自己每天都在读报。此后的数据点呈现出明显下降趋势，年份与被调查者每日读报占比之间呈现出高度负相关关系。在这些数据点中间画出一条拟合直线，用尺子来延长这条线，就能找到每天读报的被调查者占比为 0(所谓报纸读者数量为 0)时的年份了。我们了解了这个过程，也就不再困惑于新闻界盛传的报纸消亡年份预言了。

需要注意的是，图 11-5 横轴与纵轴交叉点读报百分比并不是 0，而是 30。纵轴需要下延至 0，横轴同时平行下移，然后再去延长拟合直线，与表示年份的横轴交叉。

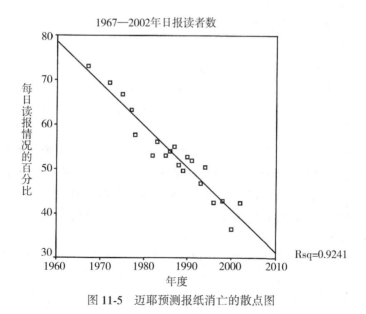

图 11-5　迈耶预测报纸消亡的散点图

① ［美］菲利普·迈耶：《正在消失的报纸：如何拯救信息时代的新闻业》，张卫平译，北京：新华出版社 2007 年版，第 14 页。

运用 SPSS 软件可制作散点图，其过程如下：点击 Graphs（图形）下拉菜单（进入"旧对话框"），找到 Scatter（散点图/点图），选择分析变量，进行相关设置并运行即可。

二、相关系数

相关系数（Correlation Coefficient）是描述两个变量相关关系的统计量。一个变量取值增大，另一个变量取值同时也会增大或减小，反之亦然，那么这两个变量即存在相关关系。各种相关关系如图 11-6 所示。皮尔逊（Pearson）相关系数 r 是描述两个变量相关关系时最常用的统计量。

相关系数的 SPSS 求解过程为 Analyze →Correlate→Bivariate（分析→相关→双变量），在弹出的对话框中选择 Pearson（皮尔逊），将需要分析的两个变量导入变量框，点击确认即可输出相关系数。

相关系数的值在 0 到 1 之间，用来表示相关关系的强弱。根据统计学家罗伯特·肯克的划分，相关系数的值表示相关关系强弱的情况如下：

0.80~1.00：高度相关。

0.60~0.79：中度相关。

0.40~0.59：适度相关。

0.20~0.39：微弱相关。

0.00~0.19：不相关或偶然相关。[①]

不要将相关系数看作是百分数，不要认为 0.9 就表示一个变量取值的变化会引起另一个变量取值发生 90% 的变化，也不能说相关系数 0.8 是相关系数 0.4 的 2 倍。

两个变量之间的百分比关系需要将相关系数平方，这个值叫作判定系数（Coefficient of Determination），可以用来表示一个变量取值的变化会引起另一个变量取值变化的百分之多少。比如，相关系数为 0.9，则判定系数是 0.81（0.9 的平方），这就意味着一个变量取值的独立变化会引起另一个变量取值变化的 81%。

相关关系仅表示两种现象有关联，并不意味着二者具有因果关系。"雄鸡一声天下白"，公鸡鸣叫，天也就亮了。"公鸡叫"与"天亮"二者是同步的，存在相关关系，而不是因果关系，天亮并不是由公鸡叫引起的。一个地

---

① 参见［美］约翰·C. 雷纳德：《传播研究方法导论》，李本乾等译，北京：中国人民大学出版社 2008 年版，第 323 页。

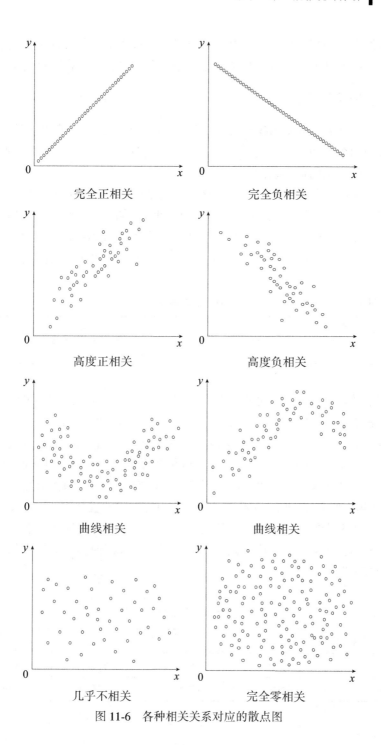

图 11-6　各种相关关系对应的散点图

区冰激淋消费和犯罪率同时提升，我们只能说这两个现象具有相关关系，但并不能说明冰激淋消费提升导致了犯罪率提升，二者不存在因果关系。

三、交叉列联表

交叉列联表(Cross Tables)又称交互分类表或交互表，它将调查所得的数据按照两个或两个以上的分类变量来加以呈现，以一个变量为类别标准，描述另一个变量的取值情况。

交叉列联表能够更加深入地分析变量取值的分布情况，能够更加清晰地呈现出不同意见的内在结构，帮助我们找到个性化信息。举个例子，假如在一次调查中，得到表 11-4 所示数据结果，我们只能笼统地知道被调查者对逛街的看法，持喜爱态度和持厌恶态度的被调查者数量一样多，这些数据看起来很平淡。

表 11-4 　　　　　　　　　　　　**对逛街的态度**

调查人数	喜爱	厌恶	中立
3000	46%	46%	8%

我们的印象中，女人更喜欢逛街。那么，是不是这样的呢？采用交叉列联表分析之后，则有可能得到新鲜的发现。如表 11-5 所示的结果：男性被调查者喜爱逛街的仅占 5%，厌恶逛街的却高达 85%；女性被调查者喜爱逛街的占 87%，厌恶逛街的仅为 7%。在对待逛街的态度上，这个差别可真是不小，如果不作交叉列联分析，也就不会得到这样的发现了。英国作家托马斯·萨斯说："男人们多么讨厌妻子购买衣服和零星饰物时的长久等待；而女人们又多么讨厌丈夫购买名声和荣誉时的无尽等待——这种等待往往耗费了她们大半生的光阴！"在男人们不愿意陪女人逛街时，女人们何尝不对男人的另一种虚荣叫苦不迭。

表 11-5 　　　　　　　　　　　　**对逛街的态度**

调查人数	调查人数	喜爱	厌恶	中立
男	1500	5%	85%	10%
女	1500	87%	7%	6%

第四节 统 计 图

统计图具有直观形象的特点，能使调查结果更生动地呈现在世人眼前。

一、从统计图先驱说起

据说，饼形图、柱形图、折线图这些统计图是由苏格兰人威廉·普莱费尔发明的，他在《商业与政治图册》一书中详细介绍了几个统计图的功用，只是这本书出版后很长时间在英国反应冷淡。提灯女神弗罗伦斯·南丁格尔使用和发展了饼形图，成为统计图先驱，以致有人说是南丁格尔发明了饼形图。①

很多人知道南丁格尔是护理行业的开创者，但却未必知道她还是一位统计学家。南丁格尔制定了医疗统计标准模式，被公认为一件了不起的贡献。她还在印度开展了全面的卫生统计研究，改善医疗和公共卫生服务。关于统计学，南丁格尔有句名言："为了理解上帝的思想，我们必须学习统计学，因为统计学测量的是上帝的旨意。"

南丁格尔是英国维多利亚时代的传奇人物，一位伟大的女性。她的一项使命是说服英国军方开设战地医院，为战场上的士兵提供医疗护理服务。南丁格尔查阅并分析了大量的军事档案，指出克里米亚战争期间真正死在战场上的英军士兵并不多，大部分死去的战士是由于在战场上受伤后没有得到及时护理，在战场外感染了疾病而死。她使用在当时作为一项新颖数据显示方法的饼形图，来说明这些资料和观点，说服皇家委员会。她还发明了南丁格尔玫瑰图，这个图很美观，相当于现代圆形直方图，南丁格尔用这个图来说明病人死亡率在不同季节的变化。

使用 SPSS 软件可以很便捷地制作出饼形图、条形图、折线图、直方图、散点图等统计图，点击"Graphs"（图形），选择相应的统计图类别，进行相关设置即可。但需要注意，统计图的绘制需要结合变量的实际情况，也就是结合我们调查的具体问题。比如，通常单选题可以制作饼形图，多选题却无法制作饼形图。我们绘制统计图的时候，就需要多加思考，选择合适的

---

① 戴维·萨尔斯伯格在书中说，南丁格尔发明了饼形图。详见[美]戴维·萨尔斯伯格：《女士品茶：统计学如何变革了科学和生活》，刘清山译，南昌：江西人民出版社 2016 年版，第 163 页。

统计图类别，不能不切实际地任意制作统计图。

二、饼形图

饼形图(Pie Chart)把一个圆饼分割成几个部分，用每个部分的面积来代表相应类别的占比情况。

饼形图尤其适用于定类测量、单选题的统计结果呈现，它非常直观形象地展示了选择每个选项的人数所占的百分比，突出强调了各个部分的占比和整体的关系(图 11-7)。

饼形图的切割要恰当，一般不要少于 3 个部分，不要超过 7 个部分。饼形图不适合多选题的统计分析。

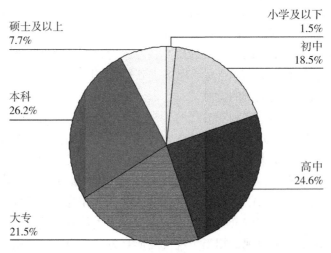

图 11-7　报纸读者教育构成图

三、条形图

条形图(Bar Chart)，横排的又叫带状图，竖排的又叫柱状图，它用每个条形来显示相应类别所占的比例或频数大小。数据对应的文字说明较少时(4 个字以内)、条形类别不多时使用柱状图，数据对应的文字说明较多时(5 个字以上)、条形类别很多时使用带状图。

条形图更多地强调了各个部分之间数量大小的比较，它既适合单选题，又适合多选题统计结果的描述。

条形图既适合单一变量，又适合多个变量取值结果的呈现。条形图11-8就反映了两个变量"经常阅读党报者""整体被调查者"不同意见的占比情况：

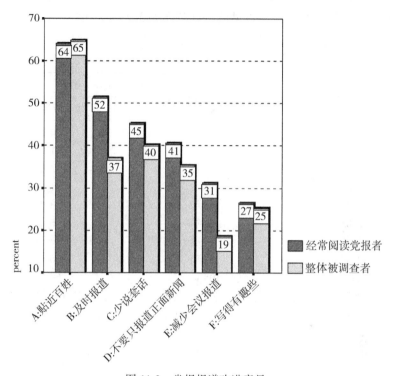

图 11-8　党报报道改进意见

如果条形图的类别是递进关系，本身含有某种规律，比如类别分别是"很不满意""不满意""一般""满意""很满意"，那么条形的排列就应该按照类别的这种递进关系来安排顺序。

如果条形图的类别是并列关系，做出来长短变化不规则，不便于读者理解，那么就应该在制图时对条形重新排序。在 SPSS 窗口双击条形图，加以编辑，将 Display（显示）框里的变量值全部转入 Omit（省略），然后按数据结果从大到小或从小到大的顺序再转回 Display 框里，点击确认即可。

四、折线图

折线图（Line Graph）用来描述变量取值随着时间变化的情况和趋势，横轴表示时间线，纵轴表示变量取值刻度。

笔者对万方数据库 2000—2014 年专业期刊论文进行了检索，以"媒介融合(媒体融合)"为检索词，采用高级检索、精确方式，检索项分别为"主题""题名或关键词"，经过整理得到的统计数据如表 11-6 所示。

表 11-6　　　　　　　　媒介融合研究论文检索情况

年　　份	检索词：媒介融合(媒体融合)	
	主题	题名或关键词
2000	0 篇	0 篇
2001	8 篇	1 篇
2002	5 篇	2 篇
2003	4 篇	1 篇
2004	6 篇	3 篇
2005	18 篇	6 篇
2006	26 篇	17 篇
2007	59 篇	36 篇
2008	108 篇	69 篇
2009	204 篇	131 篇
2010	320 篇	203 篇
2011	401 篇	241 篇
2012	577 篇	355 篇
2013	602 篇	331 篇
2014	642 篇	707 篇

依据这些数据，以横轴表示年度，纵轴表示发表的论文数量，可以画出折线图(图 11-9)，形象展示有关媒介融合(媒体融合)的论文发表篇数变化趋势。[1]

五、直方图

直方图(Histogram)用于表现连续型变量取值的分布情况，它把临近的值合并成一组，然后以每组的中间值分类画出分布图。直方图从外形上看很

---

[1]　刘冰：《融合新闻》，北京：清华大学出版社 2017 年版，第 6~8 页。

像条形图，只是条形图的每个条形是分离的，而直方图的每个条形都是连续紧贴在一起的(图11-10)。

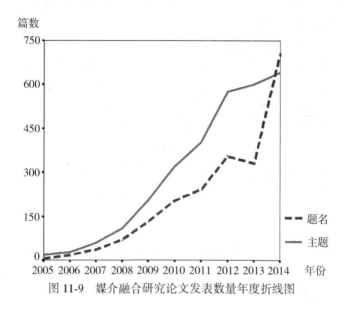

图11-9 媒介融合研究论文发表数量年度折线图

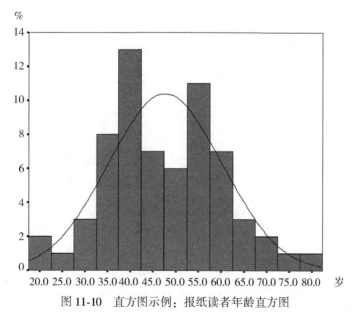

图11-10 直方图示例：报纸读者年龄直方图

连续型变量取值通常会很多，而饼形图、条形图所呈现的类别却十分有限，不好用来描绘连续型变量取值结果；做频数表也会出现频数表太长的局面，既不美观，又欠缺整合力，失去实际意义。此时，采用直方图来呈现统计结果就显得非常必要了。

直方图的手工制作步骤包括：

（1）计算全距：全距=变量取值的最大值−最小值。

（2）确定组数：人为确定组数，比如可以确定 5 至 10 组。

（3）确定组距：组距=全距/组数，结果取整数。

（4）确定组中值：组中值=(下限+上限)/2。

（5）用组中值来代表类别，画出直方图。

运用 SPSS 绘图就简单得多了，选择主菜单"Graphs → Histogram"（图形→直方图），进入对话框，设置分析变量，确认即可。

六、茎叶图

当数据规模不大时，可以使用茎叶图（Stem and Leaf）来描述分布。假如有 30 位用户每月手机费支出情况如表 11-6 所示，我们可以考虑将这些数据画成一个茎叶图。

表 11-6　　　　　　　　　用户每月手机费支出情况

用户编号	手机费(元)	用户编号	手机费(元)	用户编号	手机费(元)
1	23	11	36	21	31
2	28	12	52	22	21
3	36	13	17	23	26
4	26	14	45	24	39
5	19	15	25	25	28
6	32	16	51	26	46
7	46	17	39	27	18
8	34	18	24	28	26
9	23	19	42	29	35
10	28	20	37	30	25

茎叶图的制作步骤主要包括：

(1)将观测值除最后一位数字外的数字当作"茎"，并按从小到大的顺序垂直排列茎。

(2)观测值最后一位数字当作"叶"，茎和叶之间用竖线分开。

(3)同一个茎上的叶子由小到大排序。

茎叶图很像横着的直方图或条形图，它能够释放更具体的取值信息。依据茎叶图的制作步骤，我们制作了下面这个茎叶图(图 11-11)。从图中可以看出，这 30 位用户每月的手机费支出以 20 多元的为最多，其次集中在 30 多元，大体上呈正偏的正态分布。

1	1 ǀ 978	1 ǀ 789
2	2 ǀ 386385416865	2 ǀ 133455666888
3	3 ǀ 24697195	3 ǀ 12456799
4	4 ǀ 6526	4 ǀ 2566
5	5 ǀ 21	5 ǀ 12

图 11-11　用户每月手机费支出情况茎叶图

七、箱形图

箱形图(Box Plot)又叫箱图、箱线图、盒形图、盒须图，它是一种表现数值型变量取值分布的统计图，能够呈现最小值、第一四分位数、中位数、第三四分位数、最大值等数据。

图 11-12 是笔者根据学生猜测教室温度的数据绘制的箱形图，纵轴表示猜测温度的数值范围。箱形的中间有一条粗线，是中位数的位置。箱形的下边线是第一四分位数，箱形的上边线是第三四分位数，箱形的宽度即四分位数差(变量取值中间 50% 数据)，反映了数据分布的离散情况。从箱形的两边分别延伸出两条触须线，即上触须线和下触须线，通常用它们来表示最大值和最小值。如果有极值，触须线无法延伸到极值，箱形图会用异常点来表示。本例中，有一名同学猜测教室的温度是 32℃，这是一个极值，箱形图用一个圆点来表示，其上方的"112"是这位同学的序号。

八、统计图表的配置

(1)一张图表抵上千个文字，应该高度重视统计图表的使用。

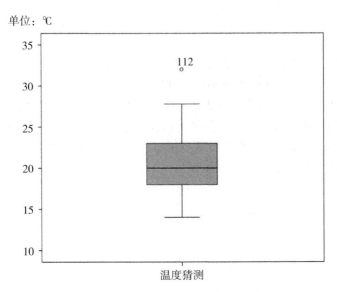

单位：℃

图 11-12 学生猜测教室温度箱形图

(2) 统计图、统计表的使用要灵活、妥当，要控制数量。

(3) 每张图、表都要有序号和标题，统计表的标题可以放置在上方，统计图的标题放置在下方。图表中的文字，中间可用逗号，但末尾不用句号。

(4) 统计图表的标题要简明扼要。

(5) 项目的顺序要有规律，条形图按照条形长短顺序排列，或按照类别递进关系排序。

(6) 统计表中尽量少用线条。

(7) 标明单位。

(8) 分组不宜过多。

(9) 小数点、个位数、十位数等应上下对齐。

(10) 给出必要的说明和标注。

(11) 对二手数据应说明来源。

第十二章
调查报告撰写

对于地位的欲望，就成了学术人为何如此容易陷于晦涩难懂的一个原因了。

——C. 赖特·米尔斯

锅头饭好吃，过头话难说。

——钱大昕

第一节　写作引论

一、写作能力的培养

单纯地讲调查报告的格式、如何写调查报告是远远不够的，这甚至不是最重要的。我们应该要求调查者平时就注意培养自己的写作能力。你的写作能力培养起来了，写起调查报告自然就要容易得多；你的写作能力本来就很差，即便你把写作知识背诵下来，又有什么用呢？

1. 读书与写作

读书就像熔化铜，非常费力。写文章就像铸器，铜化好了，铸器就会很容易，书读得多了，写起文章也会很轻松。要阅读各类作品，树立阅读中的写作意识，在阅读中学习写作，丰富自己的语言，吸收写作的养料。

阅读有关语法、修辞和写作方面的书籍，也很有必要。案头应该放一本汉语词典，查生字可能仍然是你经常要做的功课。要避免犯低级的语法错误，重视学习和掌握现代汉语知识，夯实汉语基本功，真正扎实掌握写作技术。①

———————————

① 刘冰：《新闻报道写作：理论、方法与技术》，广州：南方日报出版社 2011 年版，第 4~5 页。

2. 阅读调查报告

找一些正规调查公司撰写的调查报告，看看人家是怎样写的。多读优秀的调查报告，你的头脑便会受到规范影响，让你逐渐明白什么样的报告是专业的、可取的。

3. 练笔的重要性

"文章读十篇，不如写一篇"，要想提高写作技能，就要多写多练。不要把写作练习当成苦差事，要培养出对写作的兴趣，想一想"写作是你生命中无价的技能"这句话，多么美妙啊。

写作基本功的训练是一个慢功夫，为了提高自己的写作能力，就必须坚持写作。每天都要写点东西，贵在坚持，几年下来你的写作能力一定会有不小的提高。写日记是一个好办法，可以很好地提高写作能力。一旦这种写作能力培养出来了，不管是写调查报告还是写其他文章都会容易得多。①

二、写作从模仿开始

学习从模仿开始，写作也不例外。要模仿优秀调查报告的写作思路、语言风格、结构方法，然后撰写自己的调查报告。学习之初不要试图去"创新"，进行严格的技术训练，遵循一些基本的写作技术常规，远比自己盲目"创新"强得多。

CNNIC(中国互联网络信息中心)自 1997 年 11 月发布第一次《中国互联网络发展状况统计报告》，此后形成每半年发布一次报告的机制。读者可以到 CNNIC 网站免费下载报告，加以阅读、研习和参照。

新闻传播学学者喻国明教授出版过的一些著作里面，有不少调查报告的内容，如《传媒影响力：传媒产业本质与竞争优势》《微博：一种新传播形态的考察——影响力模型和社会性应用》《中国社会舆情年度报告》等，读者在撰写调研报告时可以多加模仿。

三、调查报告写作要求

1. 诚实

要严格根据调查结果来写报告，不要杜撰数据，不要为了讨好委托方而有意歪曲事实。

———————————

① 刘冰：《新闻报道写作：理论、方法与技术》，广州：南方日报出版社 2011 年版，第 5 页。

2. 规范

规范是专业的表现，严格按照调查报告的格式和撰写要求写作，不要随意地"创新"。应该使用书面语而不是口语撰写调查报告。先来看下面这段文字：

> 调查显示，《绝对权利》（25%）、《人民检察官》（22.92%）、《苍天在上》（22.5%）、《大雪无痕》（21.25%）、《追捕》（16.67%）等反腐剧，大家伙看的比例也很高。

"大家伙看的比例"有些口语化，也不够规范，不妨换成"被调查者的收看比例"。

3. 通顺

把句子写通顺，不要写错别字，不要写病句。把句子写通顺看似一个不高的要求，从实际情况来看却不是每一个人都能做到的。

下面这段文字不够严谨，使用爱奇艺的用户占比和使用优酷的用户占比是两个不同的数据，不能将其合并在一起笼统地说成"最高"，这样的表述语意不明确，细读起来不够顺畅：

> 用户选择使用爱奇艺与优酷收看视频者占比最高，分别占到64.88%和58.05%，位居第一和第二。

这样修改比较妥当：

> 选择使用爱奇艺的用户占64.88%，选择使用优酷的用户占58.05%，分别位居第一和第二。

4. 准确

用最恰当的文字描述调查结果，不夸张，不吹嘘，实事求是，准确展示。

先看一下根据表12-1调查数据撰写的一段文字：

> 前贴片广告类型中，汽车产品占比62.44%，电子产品占比47.32%，美妆占比44.88%。占比超过三成的前贴片广告类型是购物网

站宣传、服饰，超过两成的是食品、电视节目宣传片、母婴产品、房地产。

表 12-1 前贴片广告常见类型比重

排名	选项	百分比
1	汽车产品	62.44%
2	电子产品	47.32%
3	美妆	44.88%
4	购物网站宣传	35.61%
5	服饰	33.66%
6	食品	28.78%
7	电视节目宣传片	27.8%
8	母婴产品	25.37%
9	房地产	21.95%

"超过三成的前贴片广告类型是购物网站宣传、服饰，超过两成的是食品、电视节目宣传片、母婴产品、房地产。"这样的描述是不够准确的，排名前三位的汽车产品、电子产品、美妆产品也都超过三成，当然也超过两成。应该这样写作才更加妥当：

前贴片广告类型中，汽车产品占比 62.44%，电子产品占比 47.32%，美妆占比 44.88%。购物网站宣传广告、服饰广告占比均为三成多，食品、电视节目宣传片、母婴产品、房地产占比均为两成多。

5. 清晰

我们写调查报告是为了让读者更加容易地理解调查结果，不要故作高深，不要含糊其词。作者首先要理清自己的思路，不要"以其昏昏，使人昭昭"，要明确无误地向读者传达信息。

电视连续剧《人民的名义》中有很多角色，其中有一个角色叫"程度"，在关于观众对这部电视剧角色态度的调查报告中有这样一句描述：

> 喜爱程度、丁义珍、周正、刘新建、田杏枝、郑胜利、陈群芳、吴心怡、秦局长、常成虎、小皮球的占比均为 0.42%。

一开头讲"喜爱程度"，容易产生歧义，以为是喜爱某个人的程度有多深。可以把"程度"与"丁义珍"调换一下位置，这样就更清晰了。

6. 简洁

文字写得不充分不好，画蛇添足同样不好。好的写作使用简洁的语言，能用一个字表达的就绝不用两个字。简洁可以节约作者的时间，同时也节约读者的时间，提高了阅读的效率。

下面这段文字不够简洁：

> 通过调查发现目前前贴片广告中，汽车产品广告占比最大，位居第一，为 62.44%。

"占比最大"与"位居第一"的意思是相同的，没有必要重复书写，应该删除其中一个：

> 被调查者收看到的前贴片广告中，汽车产品广告占比最大，为 62.44%。

四、研究你的读者

明确报告的阅读者和使用者。如果报告的读者很熟悉调查统计技术，专业素养特别高，那么你的调查报告可以多用一些术语，不要写得过于浅显。

如果报告的读者并不熟悉调查统计技术，他们可能看不懂特别深奥的内容，你在写调查报告时就应该多考虑读者的实际情况，不能故作艰深。

通常调查报告还是写得清晰易懂为好，即便是专家，也不喜欢读着费神的内容。深入浅出才是真正高超的写作技术。

第二节 正文写作

一、描述调查概况

每一个调查报告都应当首先向读者汇报调查的过程和方法，以便让读者对调查数据质量有一个整体判断。如果你严格执行了调查方案，那么这部分内容通常就来自调查方案正文。如果在执行调查方案的过程中有一些变化，则需要根据实际执行情况做出调整和修订。

调查概况通常包括调查目的、调查内容、抽样情况、数据处理情况等，应该言简意赅地对上述项目做出描述，如：

一、本次调查的基本情况

1. 调查目的

客观准确地考察和认识报业市场的现状，较为系统地研究报刊读者的阅读偏好与特点，了解读者的媒介接触情况，为本地媒体发展尤其是本地城市党报的发展提供科学依据和有操作价值的建议。

2. 调查内容

(1)读者构成分析

考察报刊读者的性别、年龄、教育程度、职业、收入情况，寻求把握报业市场消费者的特征。

(2)本地媒体接触情况

考察受众对本地媒体的接触情况。

(3)媒体接触喜好情况

考察受众媒介接触时间、内容偏好、报纸偏好等情况。

3. 抽样设计

(1)样本选取

根据唐山市邮政局提供的《邮政报刊亭统计表》，采取随机抽样的方法，在主城区随机抽取 52 个报亭，覆盖本市主城区(路南区、路北区)报刊零售市场的 92%。每个报亭随机调查 12 份问卷，按照读者买报的时间顺序依次选取被调查者，共计调查 624 份问卷。

（2）调查质量控制

共安排52名调查员，2名调查员为一个小组，另外安排6名督导员现场督导。对所有调查员进行了访前培训。

发放问卷624份，回收有效问卷578份，有效问卷率92.6%。对所有有效问卷进行了100%的卷面复核和5%的现场复核，全部问卷填答均合格。

（3）调查实施时间

2月28日至3月3日。

（4）数据推断意义

本次调查最大限度地遵循了随机原则，调查实施与监督控制非常严格，调查质量较高。本项调查设计的置信水平为95%，推断误差为5%。

4. 数据处理

本次调查共采集到原始调查数据34680个，全部数据均采用国际通行的社会科学统计软件包（SPSS V11.5/Win）统计处理。

所有数据在统计分析以前均进行了数据清洁工作。

二、依据问卷确定结构

调查报告的结构主要反映了调查问卷的结构，但是通常可以做出一些合适的调整。为什么说调查是一个系统性工作？因为调查的每一个环节都是紧密联系在一起的，问卷设计、抽样设计、调查实施、统计分析、报告撰写，前面的工作做不好，后面的工作就会受影响。只有每一个环节的工作都尽量做得完美，你的调查成果才有价值。前期问卷设计会影响到后期的报告撰写，问卷结构清晰，确定调查报告的结构时就会容易得多。

我们以一份问卷为例，看怎样把问卷的结构投射成报告的结构。首先把问卷中的大标题和每个具体问题的题干提出来：

一、受众基本情况

1. 您的性别
2. 您的年龄
3. 您的教育程度
4. 您的职业
5. 您目前每个月的各项收入

二、对本市媒体的接触情况

6. 请您对城市党报进行打分

7. 您平时经常接触(阅读、收听、收看或浏览)的本市媒体

8. 您平时经常阅读《唐山劳动日报》吗?

9. 城市党报在您心目中的形象

10. 您认为城市党报应该怎样改进报道?

三、媒体接触喜好情况

11. 以最近一周为例,您平均每天花多少时间用在接触下列媒介?

12. 按照报纸的出版地划分,您喜欢阅读下列哪些报纸?

13. 按照报纸的版面篇幅划分,您喜欢阅读下列哪种报纸?

14. 一般来说,您更倾向于以哪种方式获得报纸?

15. 您多数情况下是在什么地方阅读报纸?

16. 报纸上的哪类内容您更愿意看?

17. 您更关注哪类新闻?

18. 您是否觉得报纸油墨太脏而不愿意读报?

19. 综合性日报定价最高达到每份每期多少元您可以承受?

这是一个简化了的问卷结构,下面将其转化成报告结构,问卷的语言是问句形式,报告的语言是陈述形式,把疑问句转变成陈述句。第三个大标题下面的问题过多,需要进一步调整,将某些相近的问题归类,一类为一个大标题。如果问卷设计阶段这项工作做得很细致,到了写报告这个阶段,重新归类的工作就省事了,甚至可以省略了。问卷上的每一个问题列为一个小标题,概括出调查结果内涵:

一、本次调查的基本情况

二、城市党报读者特征("本次调查的基本情况"是第一个大标题,所以这个要改为第二个标题了)

1. 城市党报读者比例(由第 8 题调整而来)

2. 读者性别构成

3. 读者年龄构成

4. 读者教育构成

5. 读者职业构成

6. 读者收入构成

三、城市党报改进意见调查

1. 对城市党报的评价意见综述

2. 城市党报经常阅读者的评价

3. 对城市党报改进报道的意见

四、读者媒体接触情况

1. 本地媒体接触情况

2. 媒体接触时间分布情况

五、报纸喜好情况

1. 报纸出版地喜好

2. 报纸版面篇幅喜好

3. 阅读地点偏好

六、阅读内容偏好

1. 内容种类偏好

2. 新闻内容偏好

七、报纸获取途径、油墨污染与售价意见

1. 报纸获取途径

2. 反感报纸油墨者

3. 报纸售价承受情况

三、根据调查结果丰富小标题信息

小标题应当反映出个性信息，如"2. 读者性别构成"这个小标题，我们看到的统计结果如表 12-2 所示：

表 12-2　　　　　　　　　　　　**读者性别构成表**

	经常阅读城市 党报的读者	非经常阅读城市 党报的被调查者	整体 被调查者
男	84.6%	52.0%	55.7%
女	15.4%	48.0%	44.3%
男女比例	5.49∶1	1.08∶1	1.26∶1

我们要从这个统计结果里面看一看什么样的信息是个性化的，是值得强调的，我们要把这种个性化的信息补充到小标题里。经常阅读城市党报的被调查者(这是真正的读者)中，男女比例是 5.49：1，说明这份报纸的读者是以男性为主。我们可以这样补充小标题信息：

读者性别构成：男性读者占 84.6%

或者这样来描述：

读者性别构成：一份明显的男性报纸

如此这样做下去，把所有的小标题都补充完整。这样的小标题会揭示出最有价值的调查结果，能有效地传达调查信息，满足读者的信息需求。

四、对统计数据做文字描述

我们在调查问卷中设置的这个问题，统计数据已经出来了：

17. 您更关注哪类新闻？（请在您喜欢看的选项前划 ✓，可多选）

01□ 本市新闻(57.4%)　　　02□ 本省新闻(17.0%)
03□ 北京、天津新闻(7.6%)　04□ 环渤海地区新闻(9.2%)
05□ 国内新闻(37.5%)　　　06□ 国际新闻(37.5%)
07□ 时政新闻(33.7%)　　　08□ 经济新闻(37.9%)
09□ 社会新闻(35.4%)　　　10□ 文化新闻(24.7%)
11□ 娱乐新闻(41.5%)　　　12□ 体育新闻(28.5%)

我们要根据这些统计结果来撰写报告，将统计数据用文字描述出来即可。在做描述的时候注意寻求并表现出某种逻辑顺序，这会让你的文字显得更加清晰易懂。

下面这段描述分成两个段落，第一个段落描述的是第 1~6 个备选项情况(按新闻发生领域)，第二个段落描述的是第 7~12 个备选项的情况(按新闻内容性质)，两个段落的描述都是依据比率递减顺序安排写作的：

> 2. 新闻内容偏好：本市新闻、娱乐新闻最受欢迎
>
> 　　按照新闻发生地域划分，被调查者最关注本市新闻(57.4%)，其次喜好国际新闻(37.5%)和国内新闻(37.5%)。读者对本省新闻的喜好度相对比较低，仅占17.0%，对环渤海地区新闻(9.2%)和毗邻都市北京、天津新闻的喜好度更低(7.6%)。对于当地媒体来讲，下大力气做好本市新闻最为关键。同时，还要加大对国内与国际重大新闻的报道力度。
>
> 　　按照新闻内容性质划分，本地读者最喜好娱乐新闻(41.5%)，其次是经济新闻(37.9%)、社会新闻(35.4%)、时政新闻(33.7%)。本市读者对体育新闻(28.5%)和文化新闻(24.7%)的关注度相对低一些。当地媒体在内容提供方面可以适度加强经济、社会、时政与娱乐方面的报道力度。

对统计数据做文字描述，不要局限于描述这些数字。如果允许的话，在写报告的时候还可以尽量提供一些新的信息，比如可以提供一些合理的建议、恰当的评价或其他有价值的信息。

数据的整合分析需注意以下几点：

(1)将结论提高到一个新的水平；

(2)可以采用对比研究技术，找到历史数据加以比较；

(3)将零散的数据聚集到少数的核心周围。

五、配置统计图表

为我们撰写的文字配上统计图表，可以让调查结果的展示更加直观，更容易理解。一个调查报告如果只有黑压压的文字，而没有统计图表，会让读者喘不过气来。统计图表是一种有效的表达方式，可以调节调查报告的节奏，也会让调查报告更加美观。

比如，为新闻内容偏好调查结果的文字表述配上统计图表(表12-3、图12-1)：

表 12-3   新闻内容偏好

按地域划分(%)		按内容划分(%)	
本市新闻	57.4	娱乐新闻	41.5
国际新闻	37.5	经济新闻	37.9
国内新闻	37.5	社会新闻	35.4
本省新闻	17.0	时政新闻	33.7
环渤海地区新闻	9.2	体育新闻	28.5
北京、天津新闻	7.6	文化新闻	24.7

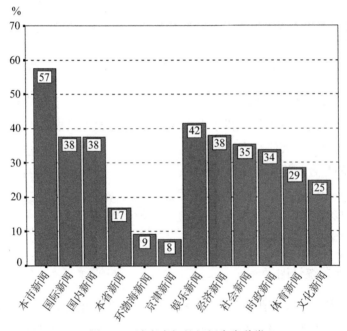

图 12-1   读者喜好的新闻内容种类

六、报告正文写作要点小结

(1)确定报告的框架结构。

(2)将统计结果拷贝过来加以描述。

（3）一个问题接一个问题地写。

（4）把相关的问题置于一个标题下。

（5）行文尽量简洁明了。

（6）使用好字体，区别好标题、正文、引文等各部分结构。

（7）尽量避免使用绝对化字眼。

（8）关于发现的写作可以采用"调查结果表明""调查表明""调查显示""从调查中可以发现"等表述。

（9）关于解释的写作可以采用"我们认为""我们的看法是""研究人员认为"等表述。

（10）语言风格：客观严谨。

（11）定性研究报告可适当呈现撰写者的主观感受。

（12）观点阐述要妥当，论证要有力，语言要精练。

第三节　善后工作

一、撰写摘要

内容摘要是对调查报告核心内容的概括，从操作层面上讲，它可以是对调查报告标题系统的内容整合——标题系统已经对报告内容做了概括处理，在标题系统的基础上撰写内容摘要会更加迅速有效。将标题系统整合到一起，语句上做连贯化处理，必要的时候再结合报告内容，做出恰当的修改与润饰。

（1）集中展示报告核心内容。

（2）排除本学科领域中已经成为常识的内容。

（3）篇幅不宜过长，300~800字即可。

（4）结构严谨，表达简明，语义确切。

（5）使用第三人称，客观展示报告内容。

（6）一般不使用数学公式，不出现插图和表格。

（7）不用引文。

（8）缩略语、代号首次出现时应加以说明。

以下举一例：

内容摘要

为了客观准确地考察和认识本市市区乘客受众的基本情况，为兰若传媒的发展战略定位提供可靠依据，7月31日至8月7日我们组织实施了本项调查，样本容量629个，采集到原始调查数据36489个，全部数据采用 SPSS V10.0/Win 统计处理。

1. 兰若传媒电视受众的基本特征。调查表明，兰若传媒电视受众具备以下基本特征：女性受众略多，约占53.9%；以中青年居多；受过大专以上教育的观众占41.1%；职业构成多样复杂，其中"社会白领"受众共占30%；月收入在500元以上的乘客居多，月收入在1000元以上的乘客约占45.8%。家庭消费决策能力构成统计结果显示，受众的家庭日常消费品决策能力构成比例最高，达到62.0%；受众的主要交通工具是公交车，且在上午11点之前乘车的比例最高。

2. 乘客收看兰若传媒车载电视的基本情况。五成以上乘客每天接触兰若传媒电视在30分钟以内；乘客偏好的电视内容是娱乐类内容和新闻类内容，对服务类内容的喜好稍差；大约有31.5%受众乘车收视已成习惯，兰若传媒电视栏目"音乐地带""快乐进行时""身边"最受乘客欢迎。

3. 乘客对兰若传媒电视的评价。乘客对兰若传媒电视的评价较高，67.1%的乘客表示了满意。统计结果显示，乘客观看兰若电视的原因主要是"为了打发时间""节目内容有趣"和"为了看新闻"。受众喜欢的本地媒体排名中，兰若传媒位居第四名。受众希望，兰若传媒电视在以后的节目制作中增加新闻报道，多反映乘客心声。

4. 兰若传媒电视的广告效果。兰若传媒车载电视的广告效果较好，33.1%的乘客受兰若传媒电视广告引导或影响而产生消费行动，且有43.9%的乘客比较喜欢兰若广告。在观看兰若传媒电视原因调查中，有17.5%的乘客选择了看电视的原因是"为了看广告"。

兰若传媒电视在今后的运营与发展中，要注意增加新闻资讯内容。鉴于兰若传媒广告节目内容的高比例，广告节目的制作需要下功夫，要努力增强广告创意冲击力。

二、列目录

为你的调查报告列一个目录，每一个大标题和每一个小标题都要标上页码，便于查询。注意大标题和小标题的字体、字号要有所区别。可以在大标题后面紧跟虚线，延续至页面右侧，在最右侧的虚线后面添置页码。在小标题后面紧跟斜杠和页码。

我们在用计算机写作的时候，要善于使用文字处理软件中的目录自动生成功能，而不要另外手工制作目录。在软件中撰写正文时，对需要列在目录中的文字采用"标题"格式，文章的目录届时会自动列出来。文章修改后，也可刷新自动生成新的目录，非常方便。否则，手工制作目录，每次改动都要修改目录中的文字，还要重新填写页码，就非常麻烦了，还容易出错。

如我们为兰若车载电视做调查时列的这个目录：

三、做封面

调查报告的封面尤为重要，要让这个封面显得很大气，给人以很专业的感觉。封面上的内容主要包括报告名称(调查报告的标题)、委托方、调查机构等信息。

调查报告的标题通常采用"调查内容+调查报告"的形式，如：

兰若传媒电视受众情况
调查报告

在新闻媒体刊发时，也可以做成文章式标题：

市民调查显示，物价波动不是问题

还可以做成双行标题形式：

2003 年中国人眼中的世界专题调查之二
中国人看美国：实用主义+本土化情结

四、附录部分的处理

将调查问卷、抽样方案等不便于放到正文的内容附在调查报告的后面，以备查询。

五、修改与润饰

调查报告已经写完了，相关文件也都附上了。现在要认真检查一下，对报告的封面、目录、摘要、正文都要做仔细检查。表述不合适的地方要及时修改，要对文字做出恰当的润饰，让报告更具可读性。

在撰写调查报告的时候，要注意使用计算机上的段落控制格式。尽量不要采用按空格键的方式实现段落首行空两个字符，标题的前后可以考虑统一空一行，各级标题、正文的字体、字号要区别开来，同类内容的字体、字号要统一。

六、印刷与装订

如果上面的工作都做好了，接下来就可以去印刷和装订了。

可以选用 A4 纸印刷，左侧胶装。必要的包装会让你的调查报告增加权威感，千万不要在这个环节上吝啬。一般按如下顺序进行装订：封面—目录—摘要—报告正文—附录。

第十三章
精 确 报 道

什么是好报? 说话公道; 新闻可靠。拥护老百姓做主人, 不为达官贵人跑龙套。

——陶行知

我希望数学家们都能得到好的回报。我保证永远不会去抢他们的饭碗。

——丘吉尔

第一节　精确新闻及其采访

一、精确新闻的魅力

新闻应该向人们提供统计学意义上的事实, 以此对人们提供帮助。[1] 在数据的加持下, 新闻得以呈现出事实变动的宏观全貌, 探索出精确报道的新方向。精确新闻是量化的新闻, 它运用社会调查研究方法来采集和呈现信息, 为人们提供统计学意义上的事实。新闻不再局限于文字报道, 新闻还要增加数字的力量, 精确再现事实世界的变动状态。精确的数字会让读者觉得更可信赖。精确新闻涉及精确的数据, 记者应当善于掌握运用社会调查研究方法, 恰当判断选题新闻价值, 准确把握数据意义, 扎实开展采访报道工作。

精确新闻的魅力在于精确, 获得精确数据的关键在于计算。严密的计算能够让我们获得精确的数据。

为了给神职人员的遗孀和孩子提供抚恤金, 1744 年, 苏格兰长老会的

---

[1]　[英]阿兰·德波顿:《新闻的骚动》, 丁维译, 上海:上海译文出版社 2021 年版, 第 159 页。

两位教士亚历山大·韦伯斯特、罗伯特·华莱士打算成立一个寿险基金。这项工作的开展需要相关数据作出预算，幸运的是他们掌握了爱德蒙·哈雷在50年前发布的统计数据。

韦伯斯特、华莱士整理这些数据后得出结论，平均来说，苏格兰通常会有930位长老会牧师，每年去世27位，其中18位留下遗孀。没有留下遗孀的有5位牧师会留下孤儿，有遗孀的可能有两位会有不到16岁的孩子。他们还计算出牧师遗孀在多久之后去世或再婚，加入基金的牧师应该付多少钱。

他们的计算结果相当精确，根据计算，他们说到1765年这个基金的总资本会有58348英镑。事后发现，到了这一年基金总资本是58347英镑，仅仅比原来预测的少了1英镑！这个基金简称苏格兰遗孀基金，现已发展成为一家全球最大的退休金和保险公司，总值高达1000亿英镑，今天人们都可以购买这家公司的保单，而不再局限于牧师了。①

二、判断新闻价值

调查结果是否值得报道，要看其是否具有新闻价值。如果选题具有新闻价值，则考虑下一步的采访与写作活动；若选题没有新闻价值，则需要放弃报道。新闻价值属性包括时新性、重要性、显著性、接近性、趣味性，事实所具备的新闻价值属性越多越充分，就越能满足读者的新闻欲求，其新闻价值也就越大，就越值得报道。

时新性：时新性指的是时间上的新近性，事实发生和公开报道之间的时间差越短，新闻的时新性就越强，新闻价值就越大。

接近性：事件发生的地点离读者越近，新闻价值越大。接近性除了指地理上的接近以外，还包括年龄上的接近、利害上的接近、心理情感上的接近等。让新闻离你的读者近一些是报道新闻的有效方法。新闻本地化或者说采用本地视角报道新闻，可以在很大程度上拉近读者与新闻的距离。

显著性：显著性的含义是显要、著名，发生在名人身上的事情，更容易被关注。事件的参与者知名度越高，新闻价值也就越大。

重要性：重要的事情大多有新闻价值。某一事实影响范围越广，影响程度越深，其重要性就越强。

① 参见[以]尤瓦尔·赫拉利：《人类简史：从动物到上帝》，林俊宏译，北京：中信出版社2017年版，第239~241页。

趣味性：能够表现人的情感、具有趣味性的事实，往往具有新闻价值。[1]

调查活动、统计数据是否值得报道，记者应该多问自己一些问题：

1. 这项调查是什么时候开始的？什么时候完成的？有时新性吗？

2. 读者是否对调查结果感兴趣？

3. 调查结果与读者有关系吗？关系大吗？

4. 调查活动、调查结果有什么不同寻常的地方吗？

5. 哪些数据会给人们留下深刻印象？

6. 以前有类似的调查吗？若有，这次调查与以前的调查有什么不一样吗？数据的变化大吗？

对公安机关登记的姓名用字情况进行统计分析，这样的调查统计具有很高的新闻价值，容易引起关注。每个人都有自己的姓名，绝大多数人对自己的姓名还是很在意的，姓名当然就具有重要性、相关性等价值。名字具有时代特征，同时重名现象也成为一种困扰，人们大多想起个辨识度高的好名字。对姓名用字做调查，统计结果与国人的相关性很密切，也容易成为谈资，容易被分享，大家很感兴趣。

公安部户政管理研究中心，对公安机关登记的全国姓氏和新生儿姓名用字情况，进行了统计分析。结果显示，2018 年年底，超过 110 万人同时使用父姓和母姓——1990 年年底，这一数据为 11.8 万——"张杨""李杨""刘杨""王杨""张李"等位居前列。2018 年进行户籍登记的男性新生儿姓名，使用频率最高的 10 个名字，由高到低依次为："浩宇""浩然""宇轩""宇航""宇泽""梓豪""子轩""浩轩""宇辰""子豪"。女性新生儿姓名，使用频率最高的名字依次为："梓涵""一诺""欣怡""诗涵""依诺""欣妍""雨桐""梓萱""可馨""佳怡"。中国警察网为此专门推出了原创报道《刚刚，公安部发布 2018 年全国姓名报告，你的姓名上榜了吗？》[2]，稿件点击量迅速蹿升到 10 万以上，并被广泛转载，次日形成手机刷屏景象，足见其新闻价值之高。

---

① 刘冰：《新闻报道写作：理论、方法与技术》，广州：南方日报出版社 2011 年版，第 10~12 页。

② https://mp.weixin.qq.com/s/RvFzK11oSOU5qvyg8ruk5g，2019 年 1 月 30 日。

三、资助者和实施者考察

资助者是为实施一项调查提供经费支持的机构或个人，实施者多是具体组织实施调查活动的市场调查公司、高等院校研究团队。资助者和实施者对于调查质量具有关键作用，记者有必要对其进行一番研究。

调查结果是否可靠，是否值得信赖，与调查项目的资助者和实施者具有密切关系。调查结果明显倾向于资助者，谁为调查活动出钱，调查数据就有利于谁，对这样的调查就很值得怀疑。调查实施者在行业内的口碑不好，具有不良历史记录，对这样的调查实施者出具的调查报告就要多加警惕。

记者在作有关调查统计数据的报道时，应当维护自己的职业尊严，要有专业独立意识，不要沦为某些调查活动资助者的传声筒。要运用自己的新闻学专业知识和社会调查研究方法，对所要报道的统计数据进行甄别，这种甄别可以从对调查项目资助者和实施者的考察开始。

可以问自己一些问题：

1. 谁是调查项目的资助者？
2. 资助者为什么要发起这项调查项目？其目的到底是什么？
3. 资助者出了多少费用？
4. 谁是调查实施者？
5. 调查实施者在行业内的口碑怎么样？影响力如何？
6. 资助者和实施者值得信赖吗？

四、对调查过程的考察

记者需要为读者把关，为读者利益负责，为读者提供负责任的报道。记者在采访阶段需要弄清楚数据的意义。调查实施的过程决定了数据的意义，我们当然应该对调查过程展开系统考察。

抽样方法采取的是随机抽样，样本量又是大样本，调查实施过程中严格遵循专业标准和规范，这样的调查获得的数据质量就高。记者应该对调查过程进行系统考察，对数据的质量有一个准确的把握。

记者应该多问自己一些问题，这些问题可以有效引导记者对调查过程的考察：

1. 抽样方法是随机抽样还是非随机抽样？
2. 样本量是多少？是大样本吗？
3. 受访者是怎样找到的？
4. 是入户面访、电话访问还是网络问卷调查？
5. 样本的代表性如何？
6. 调查过程是否规范？是否遵循客观中立原则？

五、查阅问卷与报告

调查问卷与调查报告具有内在的逻辑一致性，问卷质量影响着调查的质量，问卷表述中具有偏向，调查结果也会产生偏向。调查报告是调查结果的直接呈现载体，调查报告也是新闻报道内容的主要来源。记者查阅调查问卷和调查报告，有助于评估调查项目的专业水准、调查结果的客观性。

要勇于质疑数据，"数据可以是数据新闻的来源，也可以是讲述故事的工具，或者两者兼而有之。就像任何来源一样，它应该受到怀疑；就像任何工具一样，我们应该意识到它如何塑造和限制用它创造的故事"①。记者还要在阅读调查报告中，运用新闻学专业知识和技能，发现具有新闻价值的数据材料，为后续报道做准备。

查阅问卷和报告过程中，多思考下列问题：

1. 问卷的设计思路是否清晰？
2. 问卷的表述是否去除了偏见？
3. 问题的排列是否恰当？
4. 备选项的排列是否公正？是否有意偏向于资助者？
5. 调查报告的措辞是否客观公正？
6. 对于同一选题，有没有其他的调查报告？
7. 其他调查报告的结果与本调查报告的结果是否吻合？如果不吻合，为什么会出现这种情况？
8. 调查报告中哪些数据很特别？哪些数据很重要？
9. 调查报告中有新闻价值的发现是什么？

---

① Paul Bradshaw. *What Is Data Journalism?*. https://datajournalism.com/read/handbook/one/introduction/what-is-data-journalism, 2019-07-01.

10. 跟读者关系比较大的调查结果有哪些？读者会对哪些调查结果感兴趣？

第二节 精确新闻写作

好的新闻报道同时提供信息和趣味，精确新闻报道必须同时顾及精确和可读。精确新闻重视使用数据来报道新闻，这对记者来讲是一项挑战。我们应该善于掌握写作技巧，提升表达能力，为读者提供有用、有趣的数据，有效推进新闻报道进程。

一、善于使用数字

麦克卢汉认为，文字是视觉的延伸，数字是触觉的延伸，"正如文字是我们最公允、最客观的感觉（即视觉）的延伸和分离一样，数字是我们最亲密的、相互关系最密切的活动（即触觉）的延伸和分离"。"数字不仅像口语词一样是听觉的和洪亮的东西，而且它发端于触觉，是触觉的一种延伸。""以36—24—36这个尺寸为例，一边挥动触觉的手在空中比画，一边口中念出这一充满魔力的女性身段公式，数字的伸手可触性及可感性莫过于此。"[1]麦克卢汉说，数字具有产生偶像或浓缩形象的力量，记者从新闻实践的切身体验中发现了数字的偶像力量，他举了两个例子来说明数字在报道中的浓缩形象效果："摩托车驾驶人约翰·詹姆森，12岁，与客车相撞"，"威廉·萨姆森，51岁，被任命为布鲁姆大学副校长"[2]。

使用数字是精确新闻报道的基本功。要用数字来提升新闻报道质量，而不可因为使用了数字而让报道变得味同嚼蜡。数字常常给我们以抽象的感觉，但这并不意味着数字一定就是枯燥乏味的。

数字具有很强的概括力，若运用得当，不但不会让报道抽象难懂，反而有助于人们对报道内容的理解，并能够增强报道的趣味性。

下面这条新闻标题中的数字非常醒目，很多人在社交媒体上对其进行了分享，并戏说"6.3%科技工作者撒谎"：

---

① ［加］麦克卢汉：《理解媒介》，何道宽译，南京：译林出版社2018年版，第129页，131页。

② ［加］麦克卢汉：《理解媒介》，何道宽译，南京：译林出版社2018年版，第150页。

中国科协：93.7%科技工作者承认发表学术论文是为职称①

跳跳鱼又叫弹涂鱼，跳跳鱼有腮，是能够在陆地上跑来跑去的真正的鱼。电视纪录片《舌尖上的中国》在讲述捕获跳跳鱼的方法时，配合浙江台州三门湾渔民杨世橹甩线捕鱼的画面，连续使用了6个数字，凝练而又巧妙：

> 不要妄想抓住它们，除非舍得用5年时间，练就一门绝技，使用5米长的钓竿，6米长的渔线，捕捉10米开外仅5厘米的猎物。其难度和精准度的要求，不亚于20米外投篮。②

数字是说话的有效工具。针对新冠肺炎疫情，2020年5月29日，美国总统特朗普举行记者会时称，中国政府的无能导致全世界受苦受难。中国外交部发言人赵立坚回应说，美国目前确诊、死亡病例分别超过180万、10万，是中国的约22倍，"中美两国谁无能、谁应对不力，还是让数字说话吧"③。

堆砌数字而使得新闻报道变得极其枯燥，则需要警惕。

一篇题为《污染防治攻坚行动首战告捷》的新闻报道，罗列了一大堆数据，并且没做通俗化转换，很枯燥，让读者看得很吃力。山东省《2017年环境保护突出问题综合整治攻坚方案》列出了4大类、28大项、55小项攻坚任务，截至2017年年底，除柴油车颗粒物捕集装置安装和检测两项任务因环保部不作强制量化考核要求而作出调整外，剩余53项目标任务总体完成，其中全面完成50项，占94.34%，基本完成3项，占5.66%。

我们对稿件努力梳理，才勉强把握住报道的主干。可是读者通常没有那么大的耐心去梳理，很多时候也就放弃了阅读，还有可能因看了这么枯燥的稿件

---

① https：//news. sina. com. cn/o/2018-10-29/doc-ihnaivxq5099324. shtml，2018年10月29日。

② CCTV《舌尖上的中国》第二季第一集《脚步》，http：//shejian2. cntv. cn/，2014年4月19日。

③ 马卓言：《外交部：中美两国谁应对疫情不力，让数字说话》，http：//www. xinhuanet. com/world/2020-06-01/c_1126061618. htm，2020年6月1日。

感到很生气。另外，这篇新闻稿件的标题也有些老套，吸引力不强。

关于新闻稿件中数字的使用，我们总结了一些要点：

(1)导语中数字的运用。将精彩的句子写进导语，吸引读者继续阅读。如果没有足够的把握，或者担心出现数字会把读者吓跑，就不要在导语中使用数字。应该把富有冲击力的数字写进导语。

(2)数字要分散在全文中，不要将数字堆砌在一个地方。

(3)在读者感到枯燥之前，赶紧讲故事。

(4)使用有特点的数字，让读者读到这样的数字时能够为之一振，让读者产生兴趣。

(5)认真核对数字。采访、写作、编辑、校对等各个环节都要认真核查，尽量不要出错。

(6)数字的使用经常会与术语关联，当遇到普通人难懂的术语时，记者可直接给出定义。

(7)对术语的定义，不要教科书化。可以将定义转化为信息陈述的一部分，采用融合表达的方式，更加自然地讲出来。

二、变动和比较

新闻天然地关注事实的变动，变动出新闻，事物没有变动，也就很难引起人们的关注，通常也就没有报道的必要。社会调查的过程是测量的过程，是为变量赋值的过程。从这个意义上讲，新闻报道和社会调查都是关注变动的活动，具有内在逻辑和价值取向的一致性。

有变动的地方容易引起读者的关注，我们作精确新闻报道时就要格外关注变量。常量是恒定的，没有变化，通常也不需要特别关注。关注变量的时候需要运用统计学知识，我们可以重点关注常用统计量的一些特征，注意搜寻不同寻常的内容，多问自己一些问题：

(1)这个变量是怎样变化的？

它的全距是多少？大不大？全距大，说明变量取值变化幅度大。

它的方差和标准差是多少？方差和标准差越大，说明变量取值的分布越离散，越不靠近分布的中心。

(2)分布的形状是什么样的？

是正态分布吗？偏斜情况如何？往当中聚拢吗？有什么特别之处？

(3)哪些统计量令人耳目一新，哪些数值让人感到惊奇？

均值、中位数、众数分别是多少？你看了这些数值很愿意与人分享吗？读者会产生兴趣吗?

(4)变化趋势是怎样的? 相关性如何?

我们在写新闻报道时,应当找到不同寻常的变量取值,把那些你愿意与人分享的数值写进稿件中,为读者提供有用、有趣的变量材料。

通过比较的方式来写新闻是一个好办法。

"潍坊在全国 1.7‰的土地上,用 1‰的淡水,生产了全国 7.2‰的粮食、15.7‰的蔬菜。去年,潍坊蔬菜出口量占全国的 1/8,禽肉出口量占全国 1/6。"2020 年 8 月 2 日《大众日报》头版头条刊发了有关潍坊农业发展的调查报道,报道中提出的这组数据充分说明了潍坊农业发展取得的骄人业绩。中国农业看山东,山东农业看潍坊,这些数字的比较运用充分证明了潍坊农业果真是名不虚传,给读者留下了非常深刻的印象,十分精彩。

1992 年,美国公共利益科学中心发现,电影院卖的爆米花中含有太多的饱和脂肪,会损害身体健康。他们发布了一条信息:"爆米花里的饱和脂肪太多,会损害健康,导致心血管疾病。"但民众对这条信息反应平淡,无动于衷。公共利益科学中心修改了表述,使用更加精确的数字,语言更加具体形象,通过对比来显示问题的严重性:"一份中份爆米花的饱和脂肪含量,比一份培根鸡蛋早餐、一份巨无霸加薯条的午餐和一份牛排晚餐加起来的还要高!"[1]民众最终被打动了,人们联合起来抗议电影院,要求电影院改善爆米花配方。比较可以增强说服力,有比较才有鉴别,才能显示出问题的严重性。

三、正确确定基数

新闻写作中在讲到增加或减少了百分之多少时,应当正确确立基数。确立基数就是在确定跟谁去比较,通常在表述这种变化时,要以过去的数值为基数。

2017 年山东棚改开工量是 76.36 万套,2018 年山东棚改开工量是 69.96 万套。那么,2018 年山东棚改开工量减少了百分之多少呢?

应该以过去的数值为基数来计算,首先求出两个年份的数值差异,再用这个差异除以基数:

$$[(69.96-76.36)/76.36]\times100\%=-8.38\%$$

四舍五入,小数点后保留两位数。这样计算出来的得数写进新闻稿件中,既显得精确,又不臃肿。我们可以这样写新闻:"山东今年棚改开工量比 2017 年减少了 8.38%。"

---

① 周欣悦:《精确数字让人更愿意埋单》,载《财新周刊》2018 年第 51 期。

在写新闻时，还要注意"多几倍""是几倍"等表达的区别，首先思路要清晰，要正确确立基数，然后还要计算好，要表达准确。

四、去除多余表达

"去年，武汉留住大学毕业生 28.29 万人，同比增长 97%，还差三个百分点就达到了 100%。"这样的写作是不好的，没有必要讲"还差三个百分点就达到了 100%"。应该去除多余的表述，改为："去年，武汉留住大学毕业生 28.29 万人，同比增长 97%。"

"56.70%的受访家长认为，以身高作为儿童票收取标准不合理。与此同时，其余 43.30%的受访家长没有认为以身高作为儿童票收取标准不合理。"这样写作也存在多余表达的问题，后半部分的表达其实并没有提供新的信息，这种表达属于重复叙述，除了增加字数、浪费读者时间以外，其实没有意义。应该删除后半部分，使之更加简洁："56.70%的受访家长认为，以身高作为儿童票收取标准不合理。"

五、不可耸人听闻

为了让新闻出彩，便于在写新闻的时候制造一种耸人听闻的效果，有意在问卷设计的时候将某个问题的备选项表述得很直接、夸张，这种做法是需要警惕的。如：

以下哪一项最能代表您对总统税收议案的看法？
1□ 我支持。
2□ 有些支持。
3□ 去死吧！[①]

在问卷设计上做文章，调查结束时制作这样的新闻标题——《人们对总统说：去死吧！》，可谓哗众取宠。

新闻报道与定量调查在遵循客观原则方面具有共同的价值取向，不能在还没有开展调查、没有采访的时候就有了先入之见，就开始策划制造新闻。这样的问卷设计表述没有遵循客观原则，不符合问卷设计的要求，而只是为了追求

---

① [美]菲利普·迈耶：《精确新闻报道：记者应掌握的社会科学研究方法》，肖明译，北京：中国人民大学出版社 2015 年版，第 115 页。

语言上的刺激，让新闻报道博取眼球，这样做既不符合社会调查的客观原则要求，也与新闻职业精神相背离，是经不起考究的。

　　设计问题要客观，不要有意扭曲问题备选项的表述。扭曲问卷备选项的表述，是不够老实的表现，甚至也是心态不够健康的表现，我们要警惕这种要小聪明的做法。

第十四章

调查与舆论

数字客观、准确的特性并没有创造出一个更加理性的、由工具理性所主导的政治领域。相反，在美国的政治史上，量化数据并没有成为解决意识形态或者政策冲突的工具，反而成为这些争端的来源。

——苏珊·赫布斯特

人说话，一半儿是用嘴说，一半儿是用心说。用嘴说的话你倒着听就行了，用心说的话才是真的。

——刘鸿卿

第一节　调查的非传统认知

调查方法的发展与舆论研究具有密切的关系，民意测验是抽样调查的一个主要应用领域。舆论即公众的意见，也即民意。舆论的表达方式多种多样，演讲、沙龙、选举、媒体呈现、抽样调查等都是舆论表达的样式。舆论表达方式的出现有时间上的先后之分，但后来的舆论表达方式并未取代以前的表达方式。舆论表达方式的演进是一个累加式发展过程，而不是一个后来者取代先行者的过程。抽样调查是测量舆论的有效方法，同时也是舆论的表达方式，是一种在观点博弈过程中的话语工具。调查是一种规训技术，它对人口的监察具有隐蔽特征，抽样调查的开展同时具有私下与公开的特点。抽样调查话语功能还存在误用的现象，需要引起我们的警惕。

民意调查又被称为舆论测量、民意测验或舆论调查。民意调查的传统认知强调将其作为准确把握民意的科学工具，重点研究如何进行问卷设计、抽样设计、统计分析，关注技术手段的运用，"现代舆论调查，则由于技术手段和方法的提升，使民意的采集和应用在进入社会管理决策过程中增添了科学和确定的成分"①。民意调查的传统认知，强调通过科学手段获取民意数据，倾向于对数据的信赖，"对于较为复杂、涉及面广泛的客体的意见，只能凭借科学的舆论调查来估量舆论的数量"②。

传统意义上，民意调查其实是将现代社会调查方法应用到民意的收集过程中，而所谓现代社会调查方法主要是指发放问卷收集意见与信息的抽样调查方法。抽样调查规避了普查的缺点，节省成本，富有效率，是民意测验最为常用的调查方式。传统语境下，民意调查被看作获取数据的客观工具，强调工具的中立性和手段的科学性，目标直指民意数据的获取，心无旁骛。但我们对民意调查的认知除了将其作为科学工具以外，还应增加人文视角，有所反思和批判。民意调查活动是否会背离客观中立性而沦为话语工具？统计结果有哪些歪曲使用的情况？如何看待作为规训技术的调查？大数据方法对互联网使用者的规训是否得到了加强？对这些问题答案的探寻，有助于我们更加全面深入地认知调查活动。

一、抽样调查作为话语工具

早在 19 世纪初期，科学被民主人士视为宝物，实证主义调查就成了中产阶级用来对付既有秩序的利器。③ 我们通常将抽样调查看成是强调客观中立的民意测量工具，却容易忽略这样一个事实——抽样调查同时也是一种舆论表达的方式，是一种话语技术。作为一种话语技术，抽样调查可以用来表达观点和态度，用来说话。

1. 话语功能与修辞力量

从建构的角度讲，遵循客观原则是确保抽样调查能够获取真实数据的不二法门，运用抽样调查方法搜集民众意见，当然需要遵循客观原则。但在现实社会中，人类主体具有不同的价值观和利益诉求，基于现实利益考量，抽样调查却极有可能被用作话语工具，被隐晦地用来表达观点和态度，以实现影响和左右社会行动的目的。

---

① 韩运荣、喻国明：《舆论学原理方法与应用》，北京：中国传媒大学出版社 2005 年版，第 142 页。

② 陈力丹：《舆论学——舆论导向研究》，上海：上海交通大学出版社 2012 年版，第 17 页。

③ ［美］迈克尔·舒德森：《发掘新闻：美国报业的社会史》，陈昌凤、常江译，北京：北京大学出版社 2009 年版，第 66 页。

在冷眼旁观美国总统大选的动荡及其民意调查后，有人不禁感叹，民意调查不能反映民众真正的态度，只能反映民众愿意呈现出的态度，投票行动取决于人们对其意义的判断，它是认知、情感和利害权衡的混合物。政治传播观察家认为，民意调查不仅仅是测量政治态度与政治意图的手段，它们还可以成为影响选举行为的因素。民意调查的结果可能会左右那些尚未投票的选民，假如纽约的调查结果显示一个候选人正以压倒性多数领先，如果此时公布这一调查结果，那么西海岸另一个候选人的支持者看到这一结果后或许就会干脆放弃投票了。[①] 调查结果具有话语工具功能，它会干扰人们的心理活动，瓦解对方信念，调查结果利用数据权威说话，给对方以多数人的压力，让其放弃抵抗，没有信心再去坚持表达自己原来的主张。

抽样调查是一种舆论表达方式，它汇聚了民众的话语，表达着民众的观点主张，在这个层面上它具有合法的话语功能。抽样调查也因此而产生修辞力量，这种修辞力量至少包括佐证和讽刺两个方面。修辞原本就是娴熟的说服技巧，具有煽动性和感染力。修辞运用得当则能够反映演讲者的诚实和正直，表达出接收者的情感以及他们的理性和判断。[②] 佐证是指可以借助抽样调查数据来说话，以增强对态度或观点的数据支撑力量。讽刺是指借助抽样调查过程来嘲讽或挖苦某个对象，以便显示自己的立场，从精神上打击对手。抽样调查发起者通过调查实现了表达观点、影响民众的目标，抽样调查的修辞力量也在这个过程中得以释放，发挥了佐证与讽刺的作用。

2017 年 12 月 19 日，广州谭秦东在"美篇"个人主页上发表《中国神酒"鸿毛药酒"，来自天堂的毒药》，并因此被内蒙古凉城县公安局跨省抓捕。2018 年 5 月 17 日，谭秦东通过微博对鸿茅药酒"深表歉意"，希望对方予以谅解。鸿茅药酒当天亦发布声明，表示接受道歉并撤回报案和诉讼。

有公众号刊发相关内容和网上调查，想了解一下中国人在经过这一系列事件后，如何看待鸿茅药酒：

鸿茅药酒是什么？（单选）
○神药

① [英]布莱恩·麦克奈尔：《政治传播学引论》，殷祺译，北京：新华出版社 2005 年版，第 34 页。

② [德]多米尼克·迈尔、[德]克里斯蒂安·布鲁姆：《权力及其逻辑》，李希瑞译，北京：社会科学文献出版社 2020 年版，第 203 页。

○普通药物

○毒药

投票①

发出不到两天的时间，这条有关鸿茅药酒公众意见调查的公众号文章点击量就已经达到 10 万以上。"神药"选项投票 2024 票，占比 3%；"普通药物"选项投票 10504 票，占比 20%；"毒药"选项投票 38474 票，占比 75%。

这样的调查其实主要是一种话语技术——通过调查来说话，来表达一种态度。它当然也是一种舆论调查，但它与普通意义上的客观测量还是有区别的。调查者十分反感鸿茅药酒的做法，虽然调查者在文中强调"不希望引导和干预大家的选择"，但其态度却是非常鲜明的。这个调查其实是在表达对鸿茅药酒的不满，调查者借用网络调查的形式来说话，表达自己的态度。

需要指出的是，话语功能与修辞力量只是民意调查的附属属性，而不是民意调查的根本属性，它的存在主要取决于调查发起者的主观意向，却并不表明它的应用一定就是正确的。作为舆论表达方式，抽样调查汇集了民众的话语，这种话语功能具有合法性，但调查发起者随意将民意调查用作话语工具却未必都是合理的。作为科学研究的严格意义的民意调查是不能滥用话语功能和修辞力量的，甚至需要规避这种话语功能和修辞力量。因为在通常意义上，只有规避了这种话语功能和修辞力量，才能真正遵循客观原则和科学精神展开调查，才能减少对受访者的影响和干预，获得更加真实客观的意见数据。

2. 偏向性民意测验

调查研究的本义要求实施者遵循客观原则和伦理规约，话语功能属于调查的衍生功能，而非调查方法论的核心议题，不可滥用。以调查研究为外衣的偏向性民意测验，其出发点在于散布误导性信息，这是违背调查研究伦理规约的行为，不具有合法性和合道德性，应该被限制实施。"一项偏向性民意测验或许会询问受访者，如果知道了候选人 X 因虐待儿童而被起诉、对宠物不友好等，是否会投反对票。询问这类访题的动机不是为了发现针对这

---

① 《请投票：鸿茅药酒是不是毒药》，https：//mp. weixin. qq. com/s/OKtYyjrOYn48LKQbbplJQw，2018 年 5 月 17 日。

类议题的公众舆论，而是为了在选民中散布不信任、不支持的种子。"①偏向性民意测验是不公正的，属于不可接受的调查。

新闻记者尤其需要识破和敢于揭穿偏向性民意测验，不要沦为其传声筒，不要甘愿拜倒在数据的石榴裙下。数据披着量化的外衣，很容易让人们盲目崇拜和迷信，这是需要引起警惕的。正如基尼·厄舍指出的那样，记者获取的很多数据都依赖各种机构，又不能总去核查所有建立在这些数据上的潜在假设，很容易展示这些数据的表面价值，量化能够为一些机构生产特定的权力类型，而且这种创造、定义和分类社会现象的能力又是非常强大的，我们必须从更宏观的社会视角来质疑这种新闻的量化。② 量化的新闻丰富了新闻呈现形式，但这并不意味着量化新闻就能取代质化新闻。那种认为量化新闻可以做到绝对正确的想法是幼稚的，质化新闻仍然是新闻的主流形式。由数据支撑的新闻也很容易成为意见新闻，社会调查方法不能迷信量化，新闻报道更不能迷信量化。

3. 问卷调查沦为推销术

营销领域有一条推销技巧：向潜在顾客发放问卷开展调查。问卷中提出五六个问题，主要是营销者想了解的信息，询问受访者对产品或服务感觉怎么样，对定价的感受如何，是否愿意在接下来的一两个月采取购买行动等。这些问题完全符合问卷设计的专业要求，表面上看这是非常正规的市场调查，实质却是披着问卷调查外衣的推销函。惠特曼说他几乎为自己的每一个重要客户都这么做过，每次都能获得巨大的回报。③

受访者在参与这样的调查过程中，无形之中接受了对方的广告营销信息。这些问题的调查，能够让营销者洞察受访者的思维过程。单看这些问题，这种问卷调查似乎也的确在开展专业意义上的市场调查活动。问卷说明信、具体问题设计得都很专业，语言清晰简洁，严格控制问题数量，具有易答性和很好的沟通功能。问卷末尾也进行了精心设计，给出了时间限定内的购买优惠政策，用以答谢受访者。由于受访者参加问卷调查付出了时间和精

---

① ［美］罗伯特·M. 格罗夫斯等：《调查方法》，邱泽奇译，重庆：重庆大学出版社 2017 年版，第 298 页。

② ［美］基尼·厄舍：《互动新闻：黑客、数据与代码》，郭恩强译，北京：中国人民大学出版社 2020 年版，第 250 页。

③ ［美］德鲁·埃里克·惠特曼：《吸金广告》，焦晓菊译，南京：江苏人民出版社 2014 年版，第 187~190 页。

力，所以低价购买优惠政策就显得很合理，受访者反而不容易对此产生怀疑，设计者真是煞费苦心。这种推销术隐蔽性很强，很不容易被识破。

为了了解顾客的意见或建议，营销领域当然也可以开展市场调查，这让此类问卷调查产生了合法性，但究其实质，这种所谓的问卷调查根本上却是广告推销术，它又给我们带来了困扰，不符合调查活动伦理规约。

二、作为规训技术的调查活动

1."监视"与"规训"

"规训"是法国著名思想家米歇尔·福柯创造性使用的术语，其字面含义是指规诫教训、规范化训练，福柯赋予这个词以新义，用它来特指近代产生的一种特殊的权力技术。规训是权力干预、训练和监视肉体的技术，又是制造知识的手段。福柯 1975 年出版 *Surveiller et punir*，直接翻译过来就是《监视与惩罚》，但他主张将英文版书名翻译为 *Discipline and punish*，即《规训与惩罚》。从福柯著作翻译的过程来看，在英文版书名中福柯用"规训"代替了"监视"，监视与规训具有相通含义，有很大的重合区域。

福柯着重指出了单元定位或分割原则，"以便每时每刻监督每个人的表现，给予评估和裁决，统计其性质和功过"[①]。杜桑·巴雷在 1791 年建成 110 米长厂房，这个厂房共分三层，第一层用于刻版印刷。车间有 88 个窗户，分两行排列着 132 个工作台，每个工作台安排一位印刷工和一位助手，共有 264 位工作者。在车间的中央通道巡视，既能概览全局，又能监督每一个工作者，便于比较每一个人的工作质量及表现，这个车间构成了一个固定网格，确立了秩序。[②] 福柯说，制定表格是 18 世纪科学的、政治的和经济的技术所面临的一个重大问题，"表格既是一种权力技术，又是一种知识规则。它关系到如何组织复杂事物、获得一种涵盖和控制这种复杂事物的工具的问题，关系到如何给复杂事物一种'秩序'的问题"[③]。

福柯对"规训"问题的研究强调了"监视"的作用，他认为纪律的实施必

---

① ［法］米歇尔·福柯：《规训与惩罚》，刘北成、杨远婴译，北京：生活·读书·新知三联书店 2019 年版，第 154 页。

② ［法］米歇尔·福柯：《规训与惩罚》，刘北成、杨远婴译，北京：生活·读书·新知三联书店 2019 年版，第 156 页。

③ ［法］米歇尔·福柯：《规训与惩罚》，刘北成、杨远婴译，北京：生活·读书·新知三联书店 2019 年版，第 159~160 页。

须依靠借助观看而实行强制的机制，完美军营里的一切权力都会通过严格的监视来实施，学院的建筑也应该成为监视机构，规训机构暗含观察行为的控制机制，大工厂生产需要强化的连续的监视。权力的行使所借助的是监视。福柯还创造了一个术语"全景敞视主义"，他分析发现 17 世纪末城市出现瘟疫时，到处都是监视目光，这种监视建立在不断的登记体制基础之上。边沁的全景敞视建筑会在被囚禁者身上造成一种有意识的和持续的可见状态，边沁提出了"可见的但又是无法确知的"原则，"可见的"是指被囚禁者能够不断目睹窥视他的中心瞭望塔的高大轮廓，"无法确知的"是指被囚禁者在任何时候都不知道自己是否被窥视。规训方法的传播表现为观察中心在整个社会的散布。

福柯的理论为我们观察民意调查提供了有益视角，在这个视角之下，民意调查成为一种规训技术，抽样调查提升了监视效率，大数据方法提升了监视威力，让人们无处遁逃。

2. 监视效率的提升

根据福柯的理论，规训及其调查乃是关于人的科学的技术母体，理想的刑罚目标是一种无限期的规训，无限扩展乃至精细入微的调查就是一种无限期的规训，是理想的惩罚目标。调查将个人置于观察之下，"把个人置于'观察'之下的做法则是浸透了规训方法和检查程序的司法的自然延伸"①。

有学者认为，调查已经成为一种规训技术，抽样调查只需要对为数不多的样本展开民意调查就能推断总体民意情况，大大提升了监视的效率。作为规训技术的抽样调查，对全部人口进行着悄无声息的监视，"从福柯的理论视角来看，对所有人口的监视，静悄悄地，毫不费力地完成了"②。如果采用随机抽样，将置信度设置为97%，抽样允许误差范围设置为3%时，要了解全国范围内的民意状况，仅需对样本量为1320的样本展开问询即可。抽样调查打扰的人口数量相对普查来讲几乎可以忽略不计，这就使得监视更加隐蔽了。

民意调查的方法仍处于演进状态，除了传统意义上线下发放问卷的抽样调查以外，线上问卷调查已经得到普遍的应用。互联网大大降低了问卷调查

① [法]米歇尔·福柯：《规训与惩罚》，刘北成、杨远婴译，北京：生活·读书·新知三联书店 2019 年版，第 245 页。

② [美]苏珊·赫布斯特：《用数字说话：民意调查如何塑造美国政治》，张健译，北京：北京大学出版社 2018 年版，第 62 页。

的成本，缩短了调查周期，这也致使当下问卷抽样调查开展得比人类历史上任何一个阶段都要频繁，它也意味着网络问卷抽样调查在迅速提升监视的频率。除了线上问卷抽样调查以外，网络调查还有更先进的大数据形式，人们借助百度指数等网络工具，可以非常方便地监视危机事件议题的网络活跃情况，并测量出该舆情事件的网络活跃周期。

调查既是私下的又是公开的，民意调查的这种特征让监视容易获得受访者的配合，同时它又赋予调查活动以光明正大的色彩。调查员对受访者的访问是私人的，抽样调查是匿名的，受访者的个人信息和问卷填写情况是保密的，不会被泄露出去，这就表现出调查具有私下的特征。但调查又是公开的，其一，调查活动是公开透明的；其二，调查收集上来的意见也是公开的，这些意见会以统计数据的形式公开。受访者的个人意见是匿名的，并不公开；舆论是公众的意见，舆论本身是公开的民意存在状态。抽样调查很好地协调了二者之间的矛盾，将私人意见和舆论完美地连通在一起。

3. 大数据的规训威力

人类已经进入大数据时代。大数据容量巨大，复杂多样，生成速度快，需要从中提取有价值的信息。调查方法的发展深受科技影响，当前更能体现互联网技术优势特征的调查方法是大数据方法，这种调查方法直接抓取和挖掘网络数据，获取调查数据依靠计算机程序自动进行，方便快捷。① 大数据在不断拓展自己的应用疆域。网民在网络空间的意见表达是直接的民意，用户的网络行为踪迹是在"用脚投票"，更是民意的表达，② 传统民意调查机构也早已开始积极探索运用互联网社交媒体进行民意线索的搜集。③

大数据根植于互联网，进一步提升了监视的威力。来自纽约的研究咨询媒体公司负责人 Stowe Boyd 认为："就像最明亮的光线也会投下最黑暗的影子一样，大数据也有其黑暗的一面。它为不端的应用创造了机会，比方说监

---

① 刘冰：《大数据背景下舆论调查方法反思》，《中国出版》2018 年第 22 期。

② 沈菲、王天娇：《大数据语境下民意研究的路径和趋势》，见张志安等著：《新媒体与舆论：十二个关键问题》，北京：中国传媒大学出版社 2016 年版，第 128~129 页。

③ Murphy J, Link M W, Childs J H, Tesfaye C L, Dean E, Stern M, Harwood P. "Social Media in Public Opinion Research Executive Summary of the AAPOR Task Force on Emerging Technologies in Public Opinion Research," *Public Opinion Quarterly*, Vol. 78, No. 4, 2014, pp. 788-794.

控社会，官方监视和分析我们的一举一动。"①大数据时代，科技的演化一路
精彩，生物传感技术、情感交互技术、人工智能技术等在民意调查领域的应
用日新月异。调查方法在技术的加持下成为真正的读心术，极大程度地提升
了监视的威力。

传感器的微型化让数据抓取更加隐蔽。采用纳米技术的传感设备体积只
有1立方毫米，就像尘埃一样，人们几乎无法感知它们的存在。纳米技术很
快就会帮人们把微型传感器插入产品里面，记录下你在使用这个产品前关注
了它多长时间，运输了多远的距离，你是否把该产品与其他产品结合使用。
届时，人类周围到处漂浮着这些聪明的尘埃，随风飞舞，自由飘荡，令监视
无处不在。②

没有监视就没有规训，监视是规训的手段，操控者以监视为途径实施规
训。福柯在论述国家对规训机制的控制问题时指出："为了行使这种权力，
必须使它具备一种持久的、洞察一切的、无所不在的监视手段。这种手段能
使一切隐而不现的事物变得昭然若揭。它必须像一种无面孔的目光，把整个
社会机体变成一个感知领域：有上千只眼睛分布在各处，流动的注意力总是
保持着警觉，有一个庞大的等级网络。"③福柯所讲的监视手段依靠的是警
察、观察员、密探、告密者、妓女，而真正实现持久的、洞察一切的、无所
不在的监视，仅仅依靠人海战术是不够的，它必须依靠科技的力量，如今凭
借科技的进化，摄像头、刷脸软件、大数据共同促成了庞大监视网络的建
构，人类生活史无前例地进入了被全面监视的时代。

大数据将成为观察人类自身社会行为的显微镜。④ 在纪录片《监视资本
主义：智能陷阱》中，谷歌、脸书、推特等国际互联网大厂的前从业者揭示
了技术产业存在的伦理问题——人们在网上所做的一切都被监视着，具体到
你停在哪一张图片上看了多久，人们的孤独、抑郁时刻，人们看前任爱侣的
时候，人们深夜在做什么，用户性格是内向还是外向，系统全知道。所有这
些我们不经意流露出的数据，都被输入到系统，几乎不用人类看管，系统会

---

① 郭晓科主编：《大数据》，北京：清华大学出版社2013年版，第85~86页。

② ［美］艾瑞斯：《大数据思维与决策》，宫相真译，北京：人民邮电出版社2014
年版，第152页。

③ ［法］米歇尔·福柯：《规训与惩罚》，刘北成、杨远婴译，北京：生活·读书·
新知三联书店2019年版，第230页。

④ 涂子沛：《大数据：正在到来的数据革命，以及它如何改变政府、商业与我们
的生活(3.0升级版)》，桂林：广西师范大学出版社2015年版，第58页。

做出越来越好的预判，预判出我们是怎样的人，我们要做什么。社交媒体基于监视获取的数据，以致瘾和操纵为手段控制了网民的注意力，对人们成功地实施了史无前例的广泛规训，网民深陷这种规训之中而不知，难以从中逃脱。

三、总体与子总体选择导致的悖论

对于同一个统计量来讲，总体与各个子总体可能会出现完全相反的结果。这是由于总体与各个子总体的名称虽然没有变化，但各个子总体之间出现了成员的暗中流动，而这种成员的暗中流动却没有被直接揭示出来，公众被蒙在了鼓里。此一时彼一时，人员构成已经改变了，这个时候的各个子总体已经不是原来的子总体了，只是公众很难注意到这一点，很容易被别有用心者钻了空子。

为了统计人们的平均收入，我们可以按照受教育程度将总体划分成初中及以下学历者子总体、高中毕业生子总体、大学毕业生子总体、硕士及博士研究生子总体。随着时间的推移，更多的人读了大学或研究生，提升了教育水平，大学毕业生子总体、硕士及博士研究生子总体的规模变大了，初中及以下学历者子总体、高中毕业生子总体规模变小了。整体上人们的学历提高了，人员发生了流动，总体上看收入提高了，但各个子总体的平均收入与自身以前的数据相比，却有可能在降低。

赫克托·麦克唐纳在《后真相时代》一书中列举了一个实例：2000 年到 2012 年，总体上美国工资中位数上升了 0.9%，但具体到各个子总体，工资中位数却普遍下降了。高中辍学生的工资中位数下降了 7.9%，高中毕业生的工资中位数下降了 4.7%，大学生的工资中位数下降了 7.6%，至少拥有一个学位的群体工资中位数下降了 1.2%。也就是说，每个子总体的工资中位数都下降了，但总体的工资中位数却提升了，出现了完全相反的结果。其原因在于，与 2000 年相比，工资高的子总体规模相对于工资低的子总体规模变大了，更多的人读了大学，大学毕业生子总体的工资中位数下降了，但他们人数的增长却拉高了整体的工资水平。[①]

事实是唯一的，选择总体还是子总体来公布统计结果却可能出现完全相反的结论，总体与子总体的选择导致了悖论。总体与子总体的选择，成为用

---

① ［美］赫克托·麦克唐纳：《后真相时代》，刘清山译，北京：民主与团结出版社 2019 年版，第 109~110 页。

数字说话的手段。真相来自客观公正的事实披露，应当提供全面的数据，将总体和各子总体的情况如实告知公众，否则就容易歪曲数据，掩盖真相，误导公众。

四、统计结果话语功能的歪曲使用

抽样调查的话语功能经常体现在统计报告中，统计数据、统计图表本身就在说话，人们也会利用统计数据、统计图表来支撑自己的观点和态度。我们仍然需要警惕对统计结果的滥用，善于辨别在实现话语功能过程中歪曲使用统计结果的做法。普通民众大多没有经过社会调查研究方法的专业训练，对统计结果的展示通常没有批判能力，他们很容易被歪曲使用的统计结果所蒙蔽。

1. 统计量的换用

（1）频数与百分比的转换。统计量的选用会让数字的刺激性发生改变，在频数与百分比之间作转换可以调控数字带给公众感受的强弱程度。面对同样的客观事实，用频数来呈现结果与用百分比来呈现结果，有利于论证不同的主张，诱导公众得出不同的结论。2010 年富士康 14 名企业员工跳楼自杀死亡。一家企业 14 名员工连续跳楼自杀，带给社会很大的心理冲击，这可不是一件小事，富士康一时被指"血汗工厂"，引发社会广泛关注。如果将频数转换成百分比，公众的心理感受很可能会发生改变。2010 年富士康在全国有员工近百万人，年自杀率约为 0.15‰，而中国的平均自杀率为 2.2‰，富士康的自杀率不到全国平均自杀率的 7%。[1]

（2）时间变量的掌控。引入时间变量，可以将统计量的数值进行累积，让数字变大；反之，去掉时间变量，则会让数字变小。这种引入时间变量的做法，也会实现用数字说话的目的。"政客、营销人员和新闻工作者似乎觉得基本数字给我们带来的麻烦还不够多，因此他们常常使数字看上去变得更大或更小。为了削弱政府支出给人带来的印象，政客们喜欢用每日成本代替每年成本，甚至使用每个纳税人或公民的成本。"[2]引入时间变量，拉长时间线或缩短时间线，能够实现对特定统计量的数值控制，真相也随之被操纵。

─────────

① ［美］赫克托·麦克唐纳：《后真相时代》，刘清山译，北京：民主与团结出版社 2019 年版，第 97~98 页。

② ［美］赫克托·麦克唐纳：《后真相时代》，刘清山译，北京：民主与团结出版社 2019 年版，第 100 页。

(3)因果关系暗示。统计结果话语功能的歪曲使用，经常表现在将相关关系当成因果关系，用两个变量的相关关系来暗示甚至将其直接说成是因果关系，以此来实现说话功能，传递一种态度或观点。比如将美国失业率走向的折线图与希拉里·克林顿支持率走向的折线图放在一起，试图表达某种观点。这两个折线图的走向在 2014 年 1 月至 2015 年 5 月均出现走低的趋势，①以此来暗示或说明希拉里的支持率和美国失业率之间存在因果关系，那就不对了。不能说希拉里的支持率走低，导致了美国失业率的走低；也不能说美国失业率的走低，导致了希拉里支持率的走低。

2. 统计绘图的有意歪曲

统计绘图时有意截取柱状图，柱子不是从零开始绘制，而是将其下端很大一部分裁去，这样不完整地呈现柱状图就会让读者感觉两个柱子的高度差异非常大。观点表达者利用这样的柱状图，显然会夸大两个事物的差距。从统计绘图的正确性以及言论的公正性角度来讲，这样呈现柱状图当然是有问题的。如果观点表达者有意歪曲，发布这样的统计图，而民众又分辨不出来的话，就会混淆视听。

统计图表、统计数据看似是静态的、客观的统计结果，但它们也具有说话的功能，也能被不同的团体用来传递观点和态度。统计图表、统计数据可能被歪曲利用，我们需要特别提防统计结果话语功能实现过程中的这种误用现象。

3. 偷梁换柱与层次谬误

方舟子曾在微博中讽刺中医水平低："清乾隆皇帝有 17 子、10 女，共27 名子女，平均寿命 24.2 岁。其中女平均寿命 18.8 岁，子平均寿命 27.7岁。夭折的有 12 人。这就是享受着当时最好的医疗条件的皇家寿命，中医功不可没。"方舟子 2011 年 11 月 10 日发布的这条微博很受关注，一天多的时间跟帖就超过了 5800 条。这些跟帖大多是在批评方舟子，比如一条跟帖说："死因多种多样，都是医疗水平的问题吗？平均年龄能说明什么？有没有分析能力？"在中国，支持中医的人和反对中医的人简直是水火不相容。

中医好不好，单靠乾隆皇帝子女平均寿命来衡量是缺乏说服力的。我们虽然也重视平均数，但还要考虑很多实际因素。即便单纯从统计学的角度思

---

① https://news.nationalgeographic.com/2015/06/150619-data-points-five-ways-to-lie-with-charts/? _ga = 2.182358439.1016355586.1526700177-962194766.1526280156，2015 年6 月 19 日。

考问题，我们还要注意极端观测值的影响，还要考虑样本的代表性问题，防止层次谬误，以谁为分析单位，结论就针对谁，不宜跨越层次。有网友列出了乾隆皇帝子女的寿命情况："皇长女2岁，皇二女未满1岁，固伦和敬公主61岁，和硕和嘉公主22岁，皇五女2岁，皇六女3岁……"那些夭折的，只活了两三岁的子女，甚至连一岁都没活过去的子女，使得平均寿命大大下降了。

寿命短的原因是否只与中医水平有关，还是另有其他诸多因素？恐怕不能简单将其归咎于中医，营养供给、父母身体素质、是否为近亲结婚、政治斗争、意外事故、社会发展水平等都可能影响到个体寿命的长短。平均数在这个时候就很容易成为障眼法术，以偏概全，以极端代表普遍，以一种事物的表象给另一种事物下结论，这就很可能会得出谬论来。

同样的道理，我们也不能找一个个案，通过计算个案中人们的平均寿命来否定西医。比如，英格兰国王爱德华一世（1237—1307）和埃莉诺王后（1241—1290）在1255年至1284年间生了16个孩子：

（1）一个女儿，不知姓名，出生于1255年，出生时夭折。

（2）一个女儿，取名凯瑟琳，1岁或3岁时夭折。

（3）一个女儿，取名乔安妮，6个月时夭折。

（4）一个儿子，取名约翰，5岁时夭折。

（5）一个儿子，取名亨利，6岁时夭折。

（6）一个女儿，取名埃莉诺，享年29岁。

（7）一个女儿，不知姓名，5个月时夭折。

（8）一个女儿，取名乔安妮，享年35岁。

（9）一个儿子，取名阿方索，10岁时夭折。

（10）一个女儿，取名玛格丽特，享年58岁。

（11）一个女儿，取名贝伦加丽亚，2岁时夭折。

（12）一个女儿，不知姓名，出生后不久夭折。

（13）一个女儿，取名玛丽，享年53岁。

（14）一个儿子，不知姓名，出生后不久夭折。

（15）一个女儿，取名伊丽莎白，享年34岁。

（16）一个儿子，取名爱德华，43岁时被自己的王后谋杀。[1]

---

[1] ［以］尤瓦尔·赫拉利：《人类简史：从动物到上帝》，林俊宏译，北京：中信出版社2017年版，第250~251页。

爱德华和埃莉诺两人都十分健康，一家人住在宫殿里，享有充足的物质供养，还有最好的医生。可是，他们的 16 个孩子还是有 10 个没能活过儿童期，平均寿命就太短了。但我们也不能拿这个事情来说事，来否定西医。

第二节　民意数据与舆论引导

一、舆论引导临界点

舆论的临界点是 1/3，即在一定范围内持某种意见的人数达到总体人数的 1/3 时，这种意见便可称为舆论。① 如果一种舆论倾向不正确，那么至少需要一定范围内 1/3 的人持另外的正确意见，方可"以正压邪"。通过科学的舆论调查与测量，较为准确地掌握各种意见的数量比例，根据不同意见的数量对比情况，决定何时引导，可以有效地避免舆论引导的盲目性。这里我们假设一定范围内持有某种意见的人数占总体人数的比例为 X，当这种意见不够正确时，那么：

（1）$X<1/4$ 时，不做引导。在保证总体舆论导向正确的前提下，舆论的不一律是正常的事情，没有必要也不太可能使所有人都持有同一种观点。

（2）$1/4 \leqslant X<1/3$ 时，准备引导。应该把这种意见当作观察对象，并要做好舆论引导的准备工作。

（3）$X \geqslant 1/3$ 时，开始引导。持有一种倾向不够正确的意见的人数超过总体人数的 1/3，已经超过舆论引导的"警戒线"，应当立即采取干预和引导措施。

决策者一方面可以利用媒介进行舆论引导，另一方面还要采取相应的决策来应对舆论，这样操作效果才会更好。

所谓舆论分布就是对一个共同问题或事实，持不同意见的人数占比情况。舆论调查为决策者提供了意见分布情况，不同的舆论分布情况具有不同的决策意义。常见的舆论分布主要有单众数分布、双众数分布和正态分布。

---

① 关于舆论引导临界点的确立可参阅陈力丹：《舆论学——舆论导向研究》，北京：中国广播电视出版社 1999 年版，第 17～18 页；刘冰、王新雨：《网络舆论认知调查》，《青年记者》2017 年第 34 期。

1. 单众数分布：顺从多数

舆论的单众数分布是指，有一种意见是压倒性意见，居于主导地位，持这种意见的人占绝大多数，而持其他不同意见的人占少数。

此时，舆论已经进入一个比较成熟理想的阶段，对于决策者来讲，只要做出顺应民意的决策就能获得大多数人的赞同。决策者应当充分研究、尊重甚至顺从这一居于主导地位的意见。

2. 正态分布：细节调整与磨合

舆论的正态分布是指对于某一问题或事实，持中立意见的人占大多数，而持肯定意见和否定意见的人都很少。

这种分布说明，大多数人对现状比较满意，他们并不希望有什么大的改变。

此时，决策者的决策应当侧重于细节调整与磨合，这种调整与磨合是改良性的，而不应是革命性的，不宜采取结构性变动措施。决策者应当维持原有政策，无须对现状、现行政策进行根本性的变革。"要尽可能根据赞成者的态度或反对者的某种态度，去进行细节的磨合，而不必对现行政策进行结构性的变动。"①

3. 双众数分布：延迟决策

舆论的双众数分布是指持有两种不同意见的人数比例大致相当，持中立意见的人数相对比较少。

这种分布说明，意见正处于碰撞状态中，舆论尚有待进一步发展。决策者无论支持哪一方都不讨好，支持其中一方必然得罪另一方。决策者应当采取延迟策略，不宜立即表明态度，而应给双方留出足够的辩论时间。在这个过程中，对舆论加以引导和控制，待时机成熟再做决策。

在必须做出决策的时候，决策者应当使用相对模糊的表述，顾及双方的感受，让双方都能接受，这样才有利于缓和冲突与矛盾。

二、媒体对舆论的反映与引导

1. 给公众一个意见参考体系

新闻传播媒介上的言论并不等同于舆论。理论上，媒介应该代表并反映舆论，然而由于复杂的社会原因，媒介自身受到各种利益集团、权力组织、

---

① 韩运荣、喻国明：《舆论学原理、方法与应用》，北京：中国传媒大学出版社2005年版，第91页。

控制主体等的制约，媒介尤其是传统大众媒介代表舆论的情况并不令人乐观。媒介工作者对舆论的认识和把握水平尚有待提高，宣传管理部门尚有待更新认识。

新闻传播要反映舆论，新闻传播工作者首先需要了解舆论。新闻媒介上的言论并不完全等同于舆论，通过科学方法调查并量化的公众意见才是我们能够确切把握的舆论。新闻传播首先应该反映舆论调查的结果，让公众对相关意见有一个全方位的认识，给他们一个意见的参考体系。只有及时全面地反映舆论，才能更好地引导舆论。与西方发达国家相比，关于民意调查的新闻报道，我们做得还太少，老百姓对媒介言论能否代表他们的心声抱有怀疑态度，这一点应当引起我们的重视。

新闻传播反映舆论的最好形式还是遵循新闻规律的报道与评论。新闻报道通过讲故事的形式，把公众关注的事实或问题报道出来，把不同的意见呈现出来，这样的报道更能打动读者，也更能赢得公众的信赖和尊敬。新闻媒体不能总是拿"刊播的时宜性"当借口来压新闻，总的来讲，在信息越来越开放的网络传播时代，简单地封锁信息已经很难起到引导和控制舆论的作用了。

2. 意见信息的引导

舆论引导应当寻求新的技术策略，采取"两面说""多面说"加以引导。不但要强调传播者自己的观点，还要有计划地安排一些反对意见——但最终目的是要让民众接受传播者的意见，民众会觉得更加可信。

评论可以更直接地起到引导舆论的作用，评论的风格应当适应新的形势，不能再用老套的、说教的语言来试图压服我们的读者。"口服心服"才是说服的最高境界，迫于"沉默的螺旋"压力，表面上没有了反对意见，实际上把矛盾掩盖起来，反而是更危险的事情。

传统上，新闻媒体在引导舆论时喜欢用"一面说"，媒体只报道单方面的意见信息，而对其他的意见信息尤其是反面的意见却不予披露。新闻媒体在进行舆论引导时，也多采用这种只说一面之词的方法。

"一面说"主要适用于那些自身观点跟宣传观点一致的受众，而随着社会的不断发展，信息获取越来越便捷，老百姓的自我主体意识也越来越强，"一面说"的局限性就很明显了。所以，我们现在做舆论引导就应当寻求新的技术策略，采取"两面说""多面说"加以引导。不但要强调传播者自己的观点，还要有计划地安排一些反对意见。不要一味地运用"高大全"式的典型报道，不要一味地发表一边倒式的新闻评论——我们要旗帜鲜明地表达意见，但更要注意策略和技巧。

三、控制对象与控制问题

1. 控制对象

舆论引导的对象有两种，一是普通的社会成员，二是舆论领袖。俗话说，"擒贼先擒王"。控制对象，首要考虑的当然是舆论领袖的控制问题。做通了舆论领袖的工作，以一当十，由舆论领袖去说服随从者，就等于做通了一大批普通社会成员的工作。

必须注意的是，我们讲的对舆论领袖的控制，主要是通过加强沟通等措施实施的引导，而不是采取恐吓、暴力等消极措施。我们的工作总是要站在人民的立场上，是为广大老百姓谋福利，我们做舆论引导工作，讲到控制舆论领袖的问题，也是本着解决普通社会成员的问题而谈的，实质还是要做好说服疏通工作。

2. 控制问题

我们虽然重视新闻传播与舆论引导，但是不能过分夸大舆论引导的力量，"舆论引导并不是解决问题的唯一手段，甚至不是第一手段"[①]。事实上，当舆论问题发生时，解决相关的现实问题才是最重要的事情，舆论的发生是由于社会问题的产生，问题解决了，舆论自然消失。

解决了问题，相当于"釜底抽薪"，老百姓的意见自然就没有了，甚至老百姓会因为问题的解决而将负面意见转换为正面的赞扬。政府领导干部开展接访活动，为老百姓解决实际问题，受到群众的欢迎，可以比较好地化解舆论问题。

对于特别复杂的问题，一时不能解决，这个时候则需要转移热点。可以利用媒介的议程设置功能，设置一个更能够得到老百姓关注的问题，把群众的注意力转移到这个新的议题上面。通过转移热点，为解决问题赢得时间，做好准备，也是一种经常使用的方法。

四、加强媒体融合传播

2020 年 9 月，《媒体融合蓝皮书：中国媒体融合发展报告（2020）》在京发布。该报告指出，我国全媒体传播体系建设已驶入快车道，媒体融合已由

---

① 韩运荣、喻国明：《舆论学原理、方法与应用》，北京：中国传媒大学出版社2005 年版，第 116 页。

暗香浮动、风吹草动到因势而动、大潮涌动的发展阶段。①

　　媒体融合改变了人类信息传播模式，融媒平台具有传统媒体所不具备的强烈互动特性，互联网媒体技术应用中的跟帖、微信、微博、博客、一键分享等为用户发表意见、生产内容、分享信息提供了便利条件。新媒体重视用户互动过程中的信息增值，强调用户对内容的创造，新媒体技术也使得用户从信息收受者到内容生产者的身份转变非常容易，这从技术上保证了用户创造内容的实现。新媒体、社交媒体已经成为信息消费入口，媒体融合的一个重要价值表现为，如果我们不走媒体融合之路，就会丧失信息消费入口，就将被时代社会淘汰，我们的网络舆论引导工作就会陷入被动状态。我们应该将媒体融合提升到信息消费入口的战略地位，否则，我们将丧失话语权和社会影响力。

　　媒体融合已经提升为国家战略，我们必须从政治的高度来重视媒体融合，推进媒体融合。媒体融合是网络舆论引导的必由之路，提升媒体融合传播指数，牢固把握话语权，舆论引导才能取得胜利。

---

① 《〈中国媒体融合发展报告（2020）〉发布》，《中国青年报》2020 年 9 月 10 日。

附录一
随 机 数 字 表

98086	24826	45240	28404	44999	08896	39094	73407	35441	31880
33185	16232	41941	50949	89435	48581	88695	41994	37548	73043
80951	00406	96382	70774	20151	23387	25016	25298	94624	61171
79752	49140	71961	28296	69861	02591	74852	20539	00387	59579
18633	32537	98145	06571	31010	24674	05455	61427	77938	91936
74029	43902	77557	32270	97790	17119	52527	58021	80814	51748
54178	45611	80993	37143	05335	12969	56127	19255	36040	90324
11664	49883	52079	84827	59381	71539	09973	33440	88461	23356
48324	77928	31249	64710	02295	36870	32307	57546	15020	09994
69074	94138	87637	91976	35584	04401	10518	21615	01848	76938
09188	20097	32825	39527	04220	86304	83389	87374	64278	58044
90045	85497	51981	50654	94938	81997	91870	76150	68476	64659
73189	50207	47677	26269	62290	64464	27124	67018	41361	82760
75768	76490	20971	87749	90429	12272	95375	05871	93823	43178
54016	44056	66281	31003	00682	27398	20714	73295	07706	17813
08358	69910	78542	42785	13661	58873	04618	97553	31223	08420
28306	03264	81333	10591	40510	07893	32604	60475	94119	01840
53840	86233	81594	13628	51215	90290	28466	68795	77762	20791
91757	53741	61613	62669	50263	90212	55781	76514	83483	47055
89415	92694	00397	58391	12607	17646	48949	72306	94541	37048
77513	03820	86864	29901	68414	82774	51908	13980	72893	55507
19502	37174	69979	20288	55210	29773	74287	75251	65344	67415
21818	59313	93278	81575	05686	73156	07082	85046	31853	38452

51474	66499	68107	23621	94049	91345	42836	09191	08007	45449
99559	68331	62535	24170	69777	12830	74819	78142	43860	72834
33713	48007	93584	72869	51926	64721	58303	29822	93174	93972
85274	86893	11303	22970	28834	34137	73515	90400	71148	43643
84133	89640	44035	52166	73852	70091	61222	60561	62327	18423
56732	16234	17395	96131	10123	91622	85496	57560	81604	18880
65138	56806	87648	85261	34313	65861	45875	21069	85644	47277
38001	02176	81719	11711	71602	92937	74219	64049	65584	49698
37402	96397	01304	77586	56271	10086	47324	62605	40030	37438
97125	40348	87083	31417	21815	39250	75237	62047	15501	29578
21826	41134	47143	34072	64638	85902	49139	06441	03856	54552
73135	42742	95719	09035	85794	74296	08789	88156	64691	19202
07638	77929	03061	18072	96207	44156	23821	99538	04713	66994
60528	83441	07954	19814	59175	20694	05533	52139	61212	06455
83596	35655	06958	92983	05128	09719	77433	53783	92301	50498
10850	62746	99599	10507	13499	06319	53075	71839	06410	19362
39820	98952	43622	63147	64421	80814	43800	09351	31024	73167

From *A Million Random Digits with* 100000 *Normal Deviates*, The RAND Corporation（New York：The Free Press, 1955），Copyright 1955 and 1983 by The RAND Corporation.

参见［美］苏珊·韦尔奇、［美］约翰·科默：《公共管理中的量化方法：技术与应用》，郝大海等译，北京：中国人民大学出版社 2003 年版。

附录二
调查方案实例

兰若传媒公交车载电视用户情况调查方案

一、调查目的

兰若传媒公交车载电视开播运营两年多了，但一直未进行过系统的乘客用户调查。本次调查主要为了了解、掌握兰若传媒公交车载电视用户的基本情况和相关收视意见，反馈车载电视收视效果，为兰若发展战略定位提供可靠依据。下列调研目标尤其值得关注：

（1）兰若传媒电视用户的基本特征；

（2）乘客收看兰若传媒车载电视的基本情况；

（3）乘客对兰若传媒电视的评价；

（4）兰若传媒电视的广告效果。

此次调查的主要方法是抽样问卷调查法（调查员问卷访谈方式），整个项目执行从 8 月 2 日开始至 8 月 30 日结束。调查员主要由本市大学生组成，采用社会科学统计软件包 SPSS 对获取的数据进行统计分析，并呈交书面调查报告。

二、抽样设计与实施

抽样设计必须充分考虑乘客的特定情况。乘客流动性强，况且在实际操作的时候也很难掌握全部乘客的名单，这样一来，如果直接对乘客做简单随机抽样，那么要得到理想的抽样框恐怕是不现实的。所以，本次调查的抽样设计需要考虑采用线路站点随机抽样方案。

根据委托方的要求，本次抽样增加了辅助方案。共计抽样调查 631 名乘客，其中，抽样主方案调查 539 名乘客，辅助方案抽样调查 92 名乘客。

按媒介市场调查的经验，在采取随机抽样调查时，样本大于 500 的即为大样本，在95%的置信水平下，推断误差不会超过5%。

1. 抽样主方案

按随机原则，对这23条线路所有站点做系统随机抽样(等距抽样)。对每条线路站点每间隔5个站点取1个，依次取5、10、15、20、25、30、35站点，共计抽取98个站点。遇到站点相同的线路车辆将前移或后延一个站点。站点调查共计539名乘客。

2. 抽样辅助方案

对23条线路的公交车，由访问员随车访问调查，每条线路访问员随机对车上的4名乘客做调查，共计调查92名乘客。

在选择被调查乘客时，要求尽量按照随机原则进行。规定做主方案站点调查时，每次下车的第三个乘客即是访问对象，如不满三个的则以最后下车的乘客为调查对象；做辅助方案随车调查时，选取座位号为2、6、10、14的乘客作为访问对象。

站点乘客抽样的具体站点名称及乘客数量另附文本，下面以2路公交线路为例略作说明，其余线路类同。2路公交线路共调查14名乘客，其中第5站点(冀东医院、铁通公司)4名乘客，第10站点(理工大学)6名乘客，第15站点(西山口)4名乘客。

3. 抽样调查的时间设计

为了保证和增强样本的代表性，抽样调查必须考虑时间因素的影响。同时，还要考虑到方案的可行性。在具体调查时，我们规定调查员在以下4个时段做调查，即8:00—9:30，10:30—12:00，13:30—15:00，16:00—18:00。

三、调查问卷的设计

考虑到乘客坐车或等车时间性特点，调查问卷应当力求简洁，要严格控制题目数量，题目要容易回答。采用调查员访问或自填的方式答题，答题时间控制在5分钟左右，否则极有可能引起乘客的反感。

调查问卷主要包括以下内容：

(1)乘客用户的基本情况调查。主要调查用户的性别、年龄、教育程度、职业、收入以及购买或消费等状况。

(2)乘客用户出行的交通工具情况，乘坐公交车的时段，乘坐公交车并观看兰若传媒电视节目的情况，受众对兰若传媒电视的满意度，观看兰若传媒电视节目的原因。

(3)兰若传媒电视栏目的调查，电视频道在用户心目中的排名，本地媒体在用户心目中的排名，用户接触媒介的时间，对兰若传媒电视的意见，对节目内容的喜恶情况，对兰若传媒播出的广告节目的反应等。

问卷的设计严格遵循了媒介市场调查的专业要求，密切结合了兰若传媒的实际。经过试做，可以在5分钟左右的时间内完成。

四、调查活动运作步骤

1. 车载电视广告预热(7天)

通过兰若传媒车载电视的宣传，引发乘客关注，调动乘客参与的积极性。在广告预热的时候，可以强调以下几点：

(1)调查目的的正当性和公益性。

调查是为了全面客观地了解本市乘客收看兰若传媒车载电视的基本情况，听取大家的意见和建议，以便为我们改进车载电视工作提供可靠依据。

(2)调查活动的客观中立性。

由第三方执行调查，调查执行者为高校新闻学研究团队，具有明显的学术研究性质。告知乘客这一信息，可以最大限度地唤起被调查者的合作意识，可以更好地了解其真实情况和意见。

(3)强调被调查者的荣耀。

被调查者是从本市成千上万名乘客中，通过科学抽样方法选出来的代表，被调查者的意见十分重要。被调查者的仔细填答，将帮助我们了解与其有着类似情况的其他所有乘客的情况与意见。

(4)强调保密和专业。

答案本身无所谓对错，只要能反映实际情况就好。我们是专业的调查机构，对被调查者的所有个人信息都会严格保密。

2. 调查员的选拔与培训(4天)

调查员的选拔要侧重个人基本素质的把关，调查员应当具有以下品格或素质：(1)诚实的品格；(2)保密的意识；(3)细心的作风；(4)开放的性格。

另外，从性别角度考虑，女性调查员往往比男性调查员更有优势，这也是需要注意的事项。

调查员的培训主要采取讲授与答疑形式，要教育调查员把调查活动当成一项严肃的科学研究活动认真对待，要有强烈的责任感。

培训的内容主要包括调查概况的介绍、抽样的介绍、熟悉问卷以及调查技巧的训练。

3. 调查的实施(7 天)

所有调查员经培训后上岗,统一佩戴胸卡。调查活动务必保证质量和效率,必须加强督导工作。调查员如遇到不好处理的问题,要及时与督导联系寻求帮助,要及时反馈信息。

4. 调查问卷数据录入与统计(7 天)

调查所得数据全部录入计算机,利用国际通用的社会科学统计软件包SPSS 加以处理。

5. 撰写并提交调查报告(7 天)

对于调查所得数据的处理结果,必须加以专业解读,精心撰写专业调查报告,集中全面地展示整个调查的最后成果。

五、经费预算

调查方案策划费:4000 元;

问卷设计费与印刷费:4000 元;

调查人员培训费:3000 元;

调查问卷数据录入与分析费:3000 元;

调查报告制作费:4000 元;

调查人员劳务费:5000 元;

督导人员劳务费:3000 元;

调查人员与督导人员交通费:2000 元;

调查礼品费用:2000 元。

共计 30000 元。

附录三
调查问卷实例

网络舆论认知与引导调查问卷

尊敬的朋友：

　　您好！为研究网络舆论引导的发展情况、探究存在的问题，以便更好地发挥网络舆论引导的积极效用，我们组织了本次调查，听取您的意见。

　　调查报告将在《青年记者》上发表，回馈社会。

　　问卷全是选择题，很好回答，只要如实填答您自己的真实情况就行。您的意见代表了众多与您情况类似的公众，对于本项研究非常重要。

　　再一次感谢您的支持！

《青年记者》杂志社

2017 年 11 月

请在与您情况相符的选项方框处打"√"。

一、基本信息

1. 您的年龄？［单选题］
　　1□ 17 岁及以下
　　2□ 18～30 岁
　　3□ 31～40 岁
　　4□ 41～50 岁
　　5□ 51～60 岁
　　6□ 61 岁及以上
2. 您的性别？［单选题］
　　1□ 男
　　2□ 女

3. 您的学历？［单选题］

　1□ 初中及以下

　2□ 高中、中专或技校

　3□ 大学专科

　4□ 大学本科

　5□ 硕士研究生

　6□ 博士研究生

4. 您的职业是？［单选题］

　1□ 工人/商业服务业普通员工

　2□ 企业领导或管理人员

　3□ 农民或外来打工者

　4□ 政府公务员/机关事业单位干部

　5□ 一般职员/文员/秘书

　6□ 公检法/军人/武警

　7□ 专业技术人员/教师/医生

　8□ 私营或个体劳动者

　9□ 中小学生

　10□ 高校学生

　11□ 离退休人员

　12□ 其他

5. 您的月收入(包括各种固定的和临时的收入)是多少？［单选题］

　1□ 无收入

　2□ 2000 元以下

　3□ 2000~4999 元

　4□ 5000~9999 元

　5□ 10000~14999 元

　6□ 15000~19999 元

　7□ 20000 元及以上

二、网络平台接触与使用

6. 您经常通过哪个渠道接触网络信息？［单选题］

　1□ 门户网络平台

　2□ 传统新闻媒体网络平台

3□ 政府网络平台

4□ 网络论坛

5□ 个人或社会组织网络媒体

7. 您使用网络平台获取资讯的频率约为？[单选题]

1□ 几乎从不使用

2□ 一天 1~2 次

3□ 一天 3~5 次

4□ 一天 6~10 次

5□ 一天 10 次以上

8. 您在社交平台上关注政务新闻类账号的个数约为？[单选题]

1□ 0 个

2□ 1~3 个

3□ 4~10 个

4□ 10 个以上

9. 您对政务微博发布的信息持什么态度？[单选题]

1□ 完全相信

2□ 大部分相信

3□ 基本相信

4□ 不太相信

三、网络舆论关注与认知

10. 您主要关注哪些方面的社会舆论热点？[多选题]

1□ 贪污腐败

2□ 商业黑幕

3□ 行业垄断

4□ 弱势群体维权

5□ 灾害事故

6□ 文化教育

7□ 司法事件

8□ 社会公德

9□ 改革发展

10□ 国际政治

11□ 公共卫生

12□ 其他

11. 您认为网络舆论能反映事实真相吗？[单选题]

    1□ 完全能够

    2□ 基本上能够

    3□ 不太可能

    4□ 完全不能

12. 您认为目前网络舆论的自由度如何？[单选题]

    1□ 非常不自由

    2□ 不太自由

    3□ 比较自由

    4□ 非常自由

13. 您认为网络媒体坚持"正面宣传"方针，是否取得了正面效果？[单选题]

    1□ 常常能取得

    2□ 有时能取得

    3□ 很少能取得

    4□ 从来不能取得

四、用户发言与舆论传播

14. 您是否会在网络平台上主动发表意见？[单选题]

    1□ 经常发表

    2□ 偶尔发表

    3□ 很少发表

    4□ 从不发表

15. 您在网络上看到某一观点时，主要依据什么来决定是否接受？[多选题]

    1□ 是否准确、真实

    2□ 消息来源是否权威

    3□ 是否合乎逻辑

    4□ 是否具有实用性

    5□ 是否符合主流观点

    6□ 是否有趣

    7□ 其他

16. 您对网络意见领袖发布的信息持什么态度？［单选题］

　　1□ 完全相信

　　2□ 大部分相信

　　3□ 大部分不相信

　　4□ 完全不相信

17. 对于目前的网络谣言，下列选项您赞同的是？［多选题］

　　1□ 宁可信其有，不可信其无

　　2□ 多数人对谣言缺乏辨别能力

　　3□ 谣言扰乱社会安定，不利于团结统一

　　4□ 政府和媒体没有及时尽到破除谣言的责任

　　5□ 我对谣言具有良好的分辨能力

　　6□ 网络谣言一定程度上代表了民意

　　7□ 网络谣言很快就会被破解

　　8□ 其他

五、问题解决与引导临界点

18. 您如果遭遇不公平待遇，您会采取哪些办法？［多选题］

　　1□ 找政府部门解决

　　2□ 找新闻记者曝光

　　3□ 自行在网上发布

　　4□ 到法院起诉

　　5□ 默默承受

　　6□ 其他

19. 您认为网络舆论有助于事件的公正解决吗？［单选题］

　　1□ 有，而且帮助很大

　　2□ 有一定帮助

　　3□ 作用不大

　　4□ 没有，而且有副作用

20. 假如您创办的公司遭遇社会议论，您觉得持不良意见的人数占比达到多少时，应该想办法扭转不良议论？［单选题］

　　1□ 1/10

　　2□ 1/5

　　3□ 1/4

4□ 1/3

5□ 1/2

6□ 3/4

六、网络舆论的引导

21. 您对于"加强舆论引导"的态度为？[单选题]

　　1□ 十分赞同

　　2□ 赞同

　　3□ 一般

　　4□ 反对

　　5□ 强烈反对

22. 您认为网络舆论引导的影响有哪些？[多选题]

　　1□ 保障国家安全、巩固政治地位

　　2□ 推进社会主义意识形态建设

　　3□ 舆论监督，减少社会不良现象

　　4□ 化解社会矛盾

　　5□ 维持社会秩序

　　6□ 维护公民合法权益

　　7□ 减少"网络暴力"事件

　　8□ 营造良好的舆论环境

　　9□ 提升网民的责任意识

　　10□ 不利于多元意见的形成

　　11□ 造成了社会资源的浪费

　　12□ 其他

23. 您认为加强网络舆论引导面临哪些现实困境？[多选题]

　　1□ 导向不准确

　　2□ 价值观多样

　　3□ 利益格局分化

　　4□ 社会矛盾高发

　　5□ 宣传色彩过重

　　6□ 民众心态不平衡

　　7□ 政府公信力不足

　　8□ 新媒体不能自由发声

9□ 西方意识形态渗透

10□ 传统引导方式不适用

11□ 主流媒体公信力不足

12□ 一元化与多元化之间的冲突

13□ 其他

24. 您认为应当如何进行网络舆论引导？[多选题]

1□ 设置恰当议题，拓宽引导视野

2□ 主动了解民意

3□ 强化"把关人""意见领袖"作用

4□ 做好网络评论工作

5□ 利用多种媒介渠道

6□ 设立专门舆情机构

7□ 完善网络相关制度

8□ 完善网络互动平台建设

9□ 网民自身提高道德意识

10□ 加强主流网络媒体建设，掌握主动权

11□ 提高时效性、权威性、准确性

12□ 其他_____

被调查者姓名：

被调查者地址：

联系电话：

附录四
开放式问题调查报告实例

大学生是怎样养生的

　　笔者在山东大学教室里向新闻学、汉语言文学、汉语国际教育等专业大二学生提出了开放式问题："你是怎样养生的？或者说你是怎样损生(生活方式损害身体健康)的？"学生们的回答五花八门，大致可以分成养生型、间歇性过渡型和损生型三个大类，其中养生型又能细分成六类。

　　不少大学生是注重养生的，保温杯里泡枸杞，甚至有的学生还总结出了养肾与补阳大法。也有一些大学习惯熬夜、吃油腻食品，在损害自己的健康。让我们一起读读下面的报告，看看当代大学生的养生状况吧！(调查时间为 2019 年 10 月 15 日、17 日，以下受访者"汉"代表汉语言文学专业学生，"国教"代表汉语国际教育专业学生，其余受访者均为新闻学专业学生)

一、养生：喝温开水泡枸杞型

　　1. 韩雨婷：早起喝一杯温开水

　　每天早上起来喝一杯温开水，冬天时偶尔会在保温杯里泡上枸杞或冲一杯蜂蜜水。按时吃三餐，尤其是要吃早饭，每一餐都要有汤或者粥，少吃油腻食物，尽量多吃清淡的。中午要睡午觉，下午时一般会吃水果。每周有 3~4 次运动，去操场跑步锻炼。虽然现在大学生熬夜晚睡似乎不可避免，但如果没有太多事情，还是尽可能早睡，最晚不能超过 12 点。另外最近脱发有点严重，有时候会喝五黑粉。

　　2. 付天娇：保温杯里面放枸杞和红枣

　　本人最近即 9 月初起开始注重养生，立志成为一个养生少女，所做改变如下：将手中保温性不强的玻璃杯置换成保温杯，且每天定时往内注入热水以迫使自己每天饮足量的热水，且保温杯中放有枸杞五粒、红枣一颗，定时更换。不再食冷饮冷食，不吃过于油腻的食品，戒辛辣，戒高脂肪、高糖分甜食。坚持定期锻炼，早睡早起，调整生物钟，一般于晚 11 点睡，早 7 点起，中午适当休息半小时到一小时，以养精力。啊，这么一看，我还真是个精致的养生少女呢。

二、养生：泡脚、SPA 型

1. 武玉洁（汉）：我会有意识地泡脚

读大学后，年龄渐长，看着自己越来越高的发际线和一大把一大把脱落的头发，我走上了养生道路。我开始只喝热水，即使夏天也很少吃冰激凌、喝冰水。百香果柠檬茶、红糖水逐渐取代了奶茶。之前秋冬天我也会露脚踝，然而在威海"妖风"的逼迫下，我早早地穿上了秋裤，之前肯定怎么也想不到，金秋十月，我就穿上了秋裤，不再"美丽冻人"。如果没有紧急的作业和工作，我不会超过晚 12 点睡觉，每天都会按时吃饭。最重要的是，我会有意识地泡脚！感觉自己是个大人了，无论是不是真正的养生，反正养生的仪式感是有的。

2. 杨雨璇（汉）：预约 SPA，放松紧张的身心

冬天天气凉了，开始每天泡脚，喝温水。去温暖的城市过寒假。每天努力强制自己 12 点之前睡觉，尽量睡到自然醒。隔几天会喝一次粥调整口味，去火。出国旅游会每天晚上预约 SPA，放松紧张的身心。喝滋补的汤，例如茶树菇排骨汤。喝红糖来调理。

三、养生：睡眠与养肾型

1. 王芳（国教）：最重要的是早睡早起

鉴于头发越来越少，刚刚步入大学的我就开始准备养生了。首先，最重要的是早睡早起。充足的睡眠是大学生比较奢求的事情了，虽然有时候特别忙，必须得熬夜，但我依然坚持晚上 11 点上床，12 点之前入睡，早上 6:30 准时起床，这样每天就拥有 6~7 小时的睡眠，这样白天不会犯困，精力也会比较充沛。其次，每天一杯牛奶，最好是热的，多喝白开水也行……最后，三餐饮食规律。早餐吃一些富含蛋白质等营养物质的食物，午餐要丰盛，荤素搭配均匀，晚餐则少吃一点，不然不易消化，但也不能不吃。希望通过这些养生法让自己少掉几根头发。

2. 付斌：养肾之道在于补阳

养生之道，在于养肾。肾乃吾之发动机，牵一发而动全身也。肾强，则吾强，肾亏，则吾虚。养肾之道在于补阳。

补阳之法有三，一曰温阳，二曰壮阳，三曰通阳。温阳者，重祛寒；壮阳者，重补虚；通阳者，重化浊。

吾常以喝热水使温阳之法，以吃腰子与吃牡蛎行壮阳之法，以睡子午之觉达通阳之法。

另，吾以为每日运动一小时，可祛体中之寒气，吸天地之阳气也，此乃养肾必不可缺之法也。

四、养生：运动型

1. 陈婧文（汉）：每天爬楼梯上上下下

晚上睡觉前偶尔泡脚，舒经活血。贴艾贴去除湿气，喝芝麻糊保养身体。红豆薏米水养颜祛湿……我的课程多在商院四楼、五楼，每天爬楼梯上上下下，锻炼身体，增加运动量。学校教学楼之间相隔较远，每天步履匆匆也增加了运动量。天气冷了就穿秋裤，早早准备好棉鞋，寒从脚起，一定要保证身体温暖，顺利健康地度过威海寒冷的冬天是我的目标。

2. 费洋（国教）：按摩腿部，拉伸

每天早上六点半起床，在洗漱过程中适当做一些拉伸运动，使自己筋骨活动开。如果是周六、周日，时间充分，会去跑步 40 分钟左右，呼吸新鲜空气。早餐前喝一杯温水。晚上下课跑步，时间 1 小时左右。睡觉前在床上做一做腿部运动，按摩腿部，拉伸。晚上 11 点准时睡觉。

五、养生：吃保健品与花钱型

1. 韩雪玉：每月花 500 元左右买保健品

平时的日常花费中，每月会支出 500 元左右买保健品，对平时不容易摄取的营养元素进行补充。最重要的就是对于饮食的关注，拒绝高脂肪、高热量的食品摄入，不吃垃圾食品，当然偶尔也会有放纵的时候。最后，规律的运动是我生活中必不可少的部分。

2. 刘宇鹏（汉）：泡各种茶，花钱买各种东西

泡茶，泡各种茶，枸杞、大枣、牛蒡、龙眼、玫瑰、普洱、茉莉、菊花、金银花、薄荷、苦荞、大麦等。

花钱买各种东西，买眼药水、眼贴、蒸汽眼罩、姜贴、暖宝宝、足贴。

六、养生：精神疗愈型

1. 贾振宇：与大师交谈后再来看世界

我理解的养生之道是使身体达到令自己愉悦的状态，否则就没有出门的勇气……乱糟糟的世界令我趋于悲观。为了收拾心态，每天保证读书时间，与大师交谈后看现实便有了新的角度，说出的话似乎能够掌捆这个魔幻的世界——真令人神清气爽。

2. 杨妍冰：看视频，刺激多巴胺分泌

我每天都看手机，看电影以及小视频，保持心情愉悦。在情绪低沉的时候，我一般会观看偶像视频，刺激多巴胺分泌，拥有美好心情。需要放松的时候，我会选择去看电影，并在电影院里享受美食，进行一种精神上的按摩。

3. 张轶伦：佛系标准，不强求任何事

保持佛系标准，任何事不要强求，早睡早起，多喝水，多旅游，多花钱，多购物，保证身心的愉悦，不要刻意地想要找男朋友，钱只留给自己花，精力只留给自己用，多多感受自然，少为学习烦恼。

七、间歇性过渡类型

1. 张睿祺：想起来就养一养

我觉得我的养生是一种想起来就养一养的养生方式。总的来说，是亡羊补牢式的养生方法。比如，在我长期晚睡后，我的生物钟就会变成不到凌晨就睡不着，那段时间晚上的时候我躺在床上会因为睡不着而焦虑，那个时候我就会为了避免这种焦虑而选择极力早睡，把生物钟调整过来。并且我也会在我上火之后，再吃一些清火的东西，比如清火的药品和蔬菜，在那段时间我也会多喝热水。但当我的情况好转后，我就不会再做这些养生的事，等下次再出现不舒服的感觉后再进行我的养生。

2. 李方政（汉）：算是恪守了"中庸之道"

我是一个既养生又损生的人。我熬夜，运动量不足，久坐，长时间面对电脑屏幕，脾气暴躁，喝酒且偶尔还酗酒，爱吃肉不爱吃水果，这是我损生的方面。但另一方面，我早起，注重减肥，控制碳水和脂肪摄入量，抽时间去健身房做有氧运动，注重秋冬季皮肤的护理，关注自己的内心动态且主动

喝心灵鸡汤，这是我养生的一方面。总之，我既损生又养生，也算是恪守了"中庸之道"。

八、损生类型

1. 谢璐琦：连续打 7 个小时游戏

在生活作息上，我每天凌晨 2 点睡觉，早上能起多晚起多晚，中午"挺尸"30 分钟。在饮食习惯上，忌清淡，杜绝喝热水，早餐可少而夜宵不可少。我热爱锻炼，我蹦跳着上厕所，奔跑着赶早课。我磨炼自己的耐力，我年轻强健的躯体可以连续打 7 个小时游戏，在"王者峡谷"每日步行数可达 2 万步，收获点赞无数。总的来说，我的养生宗旨是：早死早超生，造化在来生。

2. 王新越：熬夜到 2 点甚至更晚

熬夜到 2 点甚至可以更晚，黑眼圈很大，没有睡前用热水泡脚。我有红枣、枸杞、桂圆、玫瑰，泡了一周就放弃了。晚上在黑暗里看手机，眼睛真的很疼。开学坚持了每周两天的早起打球，到第四周放弃了。不爱喝水，一天一杯。感觉吃水果很累，从买回来可以把它放到坏了。

3. 邓颖瑄(汉)：偶尔……偶尔……

偶尔不吃早饭，偶尔不吃午饭，偶尔不吃晚饭，经常熬夜，经常不早起，偶尔暴饮暴食，偶尔整天只吃一顿，偶尔晚上吃夜宵，偶尔不睡午觉，偶尔睡一下午，长期消沉，长期焦虑，偶尔暴躁，长期自闭。

附录五
精确新闻报道实例(一)

背景：全国 164 家企业登上最新独角兽企业榜单，其中北京有 70 家。

北京"独角兽"独占鳌头
本报记者 孙奇茹

"独角兽"近日已成为科技创新和资本市场最热门的词汇之一。昨日，科技部火炬中心、长城战略咨询联合发布 2017 年中国独角兽企业发展报告及中关村独角兽企业发展报告，新出炉的独角兽榜单中，全国共有 164 家企业上榜，北京以 70 家遥遥领先。

"北上杭深"聚集超八成

"独角兽"的概念指代那些具有发展速度快、稀少、是众多投资者追逐目标等特点的未上市创业企业，标准是企业创立十年以内，企业估值超过 10 亿美元。科技部火炬中心主任张志宏提出，独角兽企业是新经济的典型代表，是衡量城市区域创新能力的指标。

报告显示，2017 年，中国独角兽企业分布于 19 座城市，其中"北上杭深"盛产创新创业型企业，成为独角兽的主要聚集地，这 4 个城市的独角兽企业数量分别达到 70 家、36 家、17 家、14 家，分别较去年增长 5 家、10 家、5 家、2 家，共聚集独角兽企业数量超过 84%。

除了整体在 4 座城市集聚，独角兽企业分布的城市也在不断延伸，2017 年有 6 座城市首次出现独角兽企业，分别为成都、宁波、东莞、无锡、镇江、沈阳。北上杭深外，我国其他区域的独角兽分布分别为武汉 5 家，香港 4 家，广州 3 家，南京、天津、镇江各 2 家，成都、东莞、贵阳、宁波、宁德、沈阳、苏州、无锡、珠海各 1 家。

从领域来看，164 家独角兽企业分布于 18 个领域，人工智能、大数据、云计算、新能源、生物医药等技术驱动型企业比往年增多。

在引领这些独角兽企业的掌门人统计中,"70后"为主力军,占比54%,"80后"占35%。其中,有近2/3独角兽企业创始人曾有多次创业和大型企业、孵化平台成长经历。

"超级独角兽"中关村占半数

在技术、创新驱动的背景下,高新区成为全国独角兽最为高产的地方,其中以中关村国家自主创新示范区为首。2017年,中关村独角兽企业共70家,比2015年与2016年分别增加了30家和5家,新晋独角兽企业22家。

在独角兽企业中,估值超过100亿美元的被人们称为"超级独角兽"。去年,中关村共有5家超级独角兽企业,分别为滴滴出行(560亿美元)、小米(460亿美元)、美团点评(300亿美元)、今日头条(200亿美元)和借贷宝(107.7亿美元)。它们的估值占中关村独角兽总估值的58.9%,数量上占据全国的一半。从领域来看,电子商务、互联网金融、文化娱乐、交通出行和互联网教育成为中关村独角兽集中爆发区域,占比达六成。

除了前沿科技,在新晋的中关村独角兽企业中,"衣食住行乐"也成为这些新晋独角兽企业分布最多的领域。

独角兽加速"跃入"资本市场

此前,360借壳回归A股,富士康36天IPO过会,A股向"独角兽"频频抛出橄榄枝,"独角兽"成为资本市场极受关注的热词。

日前有消息称,证监会将对"生物科技、云计算、人工智能、高端制造"四大新兴行业"独角兽"IPO"即报即审",深交所、上交所也要对"独角兽"企业上市开设绿色通道,这既表明了政府对独角兽所代表的新经济支持力度加大,也预示着未来将有更多独角兽企业上市。

在昨日举行的证监会例行发布会上,针对证监会支持独角兽企业回归A股一事,证监会发言人回应称,近期证监会已经深入研究借鉴了国外成熟经验,但该项目仍处于研究论述阶段,待时机成熟会积极推动落实。

报告显示,2017年,有9家独角兽企业成功上市,从独角兽榜单中"毕业",其中互联网金融独角兽企业毕业数量最多,为6家。如今,以小米等为代表的一大批独角兽企业都被传正在筹备上市。

中关村银行董事长郭洪提醒,独角兽企业发展到一定阶段以后,如果巨大估值得不到业绩支撑，就将是巨大的泡沫。因此，独角兽不能"人工养殖"，而要在不断试错中成长出技术前沿、接地气、有竞争力的独角兽企业。①

① 转引自《北京日报》，http：//bjrb. bjd. com. cn/html/2018-03/24/content_232984. htm，2018 年 3 月 24 日。

附录六
精确新闻报道实例（二）

新华网刊发的《数据绘制当代大学生精神图谱》是一篇数据新闻报道，值得一读。这篇文章的段落稍微长一些，可以多按回车键，多分分段落，让段落更短些，这样可以增强文章的易读性。新华社公众号次日编发时有所调整，段落更加短小了，标题修改为《这些数据告诉你，现在的大学生都在想啥!》，亲和力更强了。

【新华网调查】数据绘制当代大学生精神图谱

新华网北京 4 月 29 日电（记者郭奔胜、刘娟、汤辉、郭元元）百年弹指一挥间，今年是五四运动 100 周年。100 年前，无数青年学子怀揣满腔热血，为救亡图存、振兴中华而奔走呼号，汇聚成推动国家前进的强大力量；100 年后的今天，在和平与繁荣环境下成长起来的新时代大学生，精神面貌发生了怎样的变化？"五四"前夕，新华网记者走进 100 所大学，对近 2000

名不同专业、年龄、生活背景的大学生进行采访和问卷调查,通过调查数据和采访交流绘制出新时代大学生的精神图谱:爱国、自信,发自内心地认可和热爱祖国,被称为中国骄傲的"自来水";青春、奋斗,希望"所有梦想都开花";使命、担当,砥砺前行在实现中华民族伟大复兴的追梦路上。

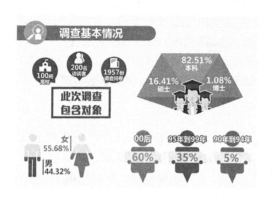

此次调查,覆盖包括北京大学、清华大学、浙江大学、西安交通大学、华南理工大学、海南师范大学等在内的全国 20 多个省区市 100 所高校的1957 名大学生,其中"00 后"成为调查主体,占比 60%,"95 后"占 35%,"90 年到 94 年"占 5%。他们之中,有的本科期间参军入伍,有的曾赴贫困地区支教,有的参加过亚丁湾护航……当然更多的是在学校努力学习,蓄积力量。我们看到,青春、爱国、奋斗、自信、时代、梦想等成为大学生群像的关键词,同时压力、困惑等也位列其中,这些高频词共同绘就了新时代大学生的精神图谱。

爱国是最深沉的"底色":理性、务实、自豪感强烈

新时代大学生富有强烈的爱国情怀、国家自信和民族自豪感。他们在成长过程中享受着改革开放的红利,感受着国力的强盛,对国家模式、发展道路的认同度高,对国家发展成就倍感自豪。94. 31%的受访者表示"热爱祖国,具有较为强烈的爱国主义意识";90. 04%的受访者表示"对国家未来发展充满信心"。"中国未来发展会越来越好,中国在国际上越来越受尊重""爱国绝不是一种无意识的冲动,而是深深地懂得""爱国首先要理性,从自己做起"等成为这一代大学生的普遍心声。正如他们的老师所说,这一代年轻人特别是"00 后",不管平日里如何天马行空,一谈到国家,就会立刻认

真起来，他们认为没有理由不去热爱自己的祖国。

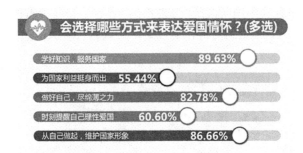

大学生表达爱国的方式更加务实，94.03%的受访者认为"理性爱国是最好的方式"。超过80%的大学生认为爱国要先从自己做起，"学好知识、服务国家""做好自己，为社会尽绵薄之力"等成为很多大学生的首选。陕西师范大学学生强德平说，爱国有三点，第一是铭记历史，第二是展望未来，第三是把握当下。中国人民大学学生张啸寒说，走到人民生产实践的第一线，是关心国家和社会的最好方式。

自信是最鲜明的"基因"：我的青春我做主，用奋斗追逐梦想

"自信"是新时代大学生最显著的特征之一。他们首先对自己的能力充满信心。数据显示，80%的受访者认为"自己具备某一方面的才能和优势"，74.96%的受访者表示"面对日新月异的世界，已经准备好了"。不少大学生每年寒暑假都去参加社会实践，只为"积累经验，适应未来"。清华大学学生崔广鑫说，"用一年不长的时间，做一件终生难忘的事"是我们西藏支教团最浪漫的口号。浙江大学学生钟荧说，我在努力学习专业课，既深入学习专业又拓宽知识面，了解新的技术挖掘和传播手段，古典文献学是一个相对冷门的专业，但在中华传统文化的继承和发扬过程中必不可少。

大学生的自信还体现在希望通过努力获得成功。93.1%的受访者希望"好好学习，从事理想工作""通过创新、创业等方式实现人生价值"。在采访中，不少大学生表示"只要有想法就敢去做""相信未来有无限可能"。中国地质大学(北京)信息工程学院兼职辅导员王洪宇说，现在的大学生不拘泥于传统，更愿意参与创新创业，他们甚至会自己创立新工种，把青年特质发挥到极致。分析认为，这一代大学生成长在国家快速发展、改革开放不断深化、国际地位不断上升、互联网与生活紧密融合的时代，他们的成长环境更加优越，视野更加开阔，这对他们的自我认知及性格形成有很大影响，他们更加自信。

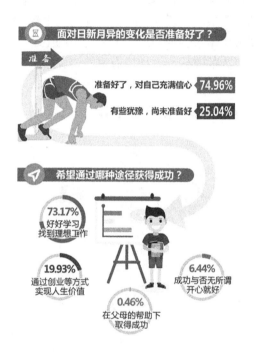

数据显示，大学生也有不少困惑、压力和迷茫。关于个人规划，29.73%的受访者表示"说不清楚"。从网络流行语中，看得出大学生无悔追求与迷茫焦虑交织共存的复杂情绪："逆风翻盘""C位"，饱含着年轻人去拼去闯去实干的决心和勇气；而"佛系""迷茫"等也是一部分学生的现实心态，表达出对未来不确定性的焦虑感。正如一位受访者所说，不确定性本身也是青春的一种颜色。

时代是最丰厚的"沃土"：互联网原住民，选择更加多元

互联网为新时代大学生烙下深刻印记。他们自带网络基因，拥有个性需求，"二次元"文化、动漫、游戏等是他们的兴趣所在；"打call""666""扎心了"等网络流行语是他们的话语符号。55%的受访者表示"互联网对自己影响较大"；43%的受访者表示"喜欢做真实的自己"。有受访老师表示，互

联网打破了知识获取的时空限制，使大学生的思想和行为呈现出诸多时代特征。

调查显示，大学生崇拜的偶像更加多元，也更具现代感。81.12%的受访者将英雄人物、商界精英、科学家、凡人善举等作为他们的偶像。多元的价值取向，多样的人生追求，反映了他们多样的人生选择。但无论做出何种选择，他们都渴望人生出彩，期望成为书写历史的主笔。正如一位受访者所说，这是一个大有可为的时代，一切皆有可能。

互联网时代的信息共享使大学生在关心自身发展的同时，更加关注国家和社会的发展，并对推动未来发展充满使命感。西北工业大学学生段真说，我和我身边的同学每年都会积极参加社会实践，切切实实地参与国家和社会建设让我们感到无比自豪。中国人民大学学生林文贵说，我的家乡有人才引进计划，我现在就在思考，一定要在那个村子里多修几条路，让村民生活得更好一些。在中国人民大学，受访的多位学生表达热烈真挚，他们都像林文贵一样，表示毕业后将扎根基层、服务社会、奉献青春，让自己的青春在火热的土地上绽放。

传承是最坚固的"纽带"：赓续五四精神，奉献青春之我

数据显示，98.79%的受访者认为"五四精神永不过时"，92.74%的受访

者认为"新时代大学生应该具备集体意识与责任担当"，84.98%的受访者认为"大学生要坚持对真理、进步的不懈追求"。北京大学学生张栋杰说，新时代需要努力奋斗，一是为个人有更好的成长和发展，二是为时代变得更好，国家变得更强。浙江大学学生邵晋涵说，毕业后，我要到祖国最需要的地方去，让自己的青春发光发热。华南理工大学学生卓玛拉吉说，只有我们奋斗过、拼搏过，我们的青春才会有收获。海南师范大学学生张作琴说，青春更多是一种敢于追梦的起点，是一种无怨无悔的奉献。

对于五四精神的意义，91.85%的受访者认为"是激励大学生不懈奋斗的精神支柱"，91.55%的受访者认为"能增强爱国意识，铭记使命，服务国家"。曾赴贫困地区支教一年的南开大学学生崔国煜说，爱国、奋斗是五四精神的重要内涵，爱国决定奋斗方向，奋斗书写爱国历程，当代青年要用青春和热血践行五四精神。

"一代人有一代人的奋斗，一个时代有一个时代的使命。"在调查和采访中我们深切感受到，新时代大学生早已把理想抱负熔铸在脚踏实地的奋斗中。受访的近 2000 名大学生各具个性、各有色彩，但他们的共同特点是心中有梦想，肩上有责任，脚下有力量。他们用奋斗这个最为朴素的方法论让家国情怀落地。他们说，"身处新时代，以青春之我、奋斗之我，为民族复兴铺路架桥，为祖国建设添砖加瓦，这是我们的使命，也是我们的荣光。"他们勇敢接过时代赋予的重任，将自身的志向与国家的发展方向牢牢锁定，勇敢追梦，努力圆梦。(统筹：翁伟庆、肖阳、商亮、闫婷等；参与采写：李晓云、何都、黄洁心、熊丽君、周佳苗；设计制图：王云霞、李权、王亚婧、姚远；感谢新华网各地方频道的大力支持)①

---

① http：//www. xinhuanet. com/politics/2019-04/29/c_1124434568. htm，新华社微信公众号刊发时作了修改，标题为《这些数据告诉你，现在的大学生都在想啥!》，详见 https：//mp. weixin. qq. com/s/0GMahkwA-JSoyR6fGNcKyA，2019 年 4 月 30 日。

主 要 参 考 文 献

[美]基尼·厄舍：《互动新闻：黑客、数据与代码》，郭恩强译，北京：中国人民大学出版社，2020 年。

[英]安东尼·吉登斯、[英]菲利普·萨顿：《社会学基本概念》，王修晓译，北京：北京大学出版社，2019 年。

[美]苏珊·赫布斯特：《用数字说话：民意调查如何塑造美国政治》，张健译，北京：北京大学出版社，2018 年。

[以]尤瓦尔·赫拉利：《人类简史：从动物到上帝》，林俊宏译，北京：中信出版社，2017 年。

[日]结城浩：《图解密码技术》，周自恒译，北京：人民邮电出版社，2016 年。

[美]克利福德·皮寇弗：《数学之书》，陈以礼译，重庆：重庆大学出版社，2015 年。

[加]麦克卢汉：《理解媒介》，何道宽译，南京：译林出版社，2018 年。

[英]阿兰·德波顿：《新闻的骚动》，丁维译，上海：上海译文出版社，2018 年。

[美]塞尔玛·洛贝尔：《感官心理学：身体感知如何影响行为和决策》，靳婷婷译，北京：中信出版社，2018 年。

[美]保罗·莱文森：《软利器：信息革命的自然历史与未来》，何道宽译，上海：复旦大学出版社，2011 年。

[法]皮埃尔·布尔迪厄：《自我分析纲要》，刘晖译，北京：中国人民大学出版社，2017 年。

[英]维克托·迈尔-舍恩伯格、[美]肯尼思·库克耶：《大数据时代：生活、工作与思维的变革》，盛杨燕、周涛译，杭州：浙江大学出版社，2013 年。

[美]C. 赖特·米尔斯：《社会学的想象力》，李康译，北京：北京师范

大学出版社，2017年。

[德]韦伯：《社会科学方法论》，黄振华、张与建译，台北：时报文化出版企业有限公司，1995年。

[美]沃尔特·李普曼：《公众舆论》，阎克文、江红译，上海：上海人民出版社，2007年。

[美]欧文·戈夫曼：《日常生活中的自我呈现》，冯钢译，北京：北京大学出版社，2008年。

[美]尼古拉·尼葛洛庞帝：《数字化生存》，胡泳、范海燕译，北京：电子工业出版社，2017年。

[美]凯斯·R.桑斯坦：《信息乌托邦：众人如何生产知识》，北京：法律出版社，2008年。

[法]米歇尔·福柯：《规训与惩罚》，刘北成、杨远婴译，北京：生活·读书·新知三联书店，2019年。

[法]米歇尔·福柯：《词与物——人文科学的考古学》，莫伟民译，上海：上海三联书店，2016年。

[英]丹尼尔·米勒、[澳]希瑟·霍斯特主编：《数码人类学》，王心远译，北京：人民出版社，2014年。

[美]Robert K. Yin：《质性研究：从开始到完成》，李政贤译，台北：五南图书出版股份公司，2014年。

[英]班·安柏瑞吉：《心理学家教你的透视术——77个读心实验，教你看穿人心更能获取人心》，廖育琳、钱佳纬、萧美惠译，台北：商周出版，2014年。

[英]布莱恩·麦克奈尔：《政治传播学引论》，殷祺译，北京：新华出版社，2005年。

[美]阿琳·芬克：《调查研究实操指导：细节与示例》，齐心译，重庆：重庆大学出版社，2016年。

[美]尼尔·布朗、[美]斯图尔特·基利：《学会提问》，吴礼敬译，北京：机械工业出版社，2013年。

[美]斯蒂芬L.申苏尔、[美]琼·J.申苏尔、[美]玛格丽特·D.勒孔特：《民族志方法要义：观察、访谈与调查问卷》，康敏、李荣荣译，重庆：重庆大学出版社，2012年。

[美]尼尔·J.萨尔金德：《爱上统计学》，史玲玲译，重庆：重庆大学出版社，2009年。

[美]约翰·C·雷纳德：《传播研究方法导论》，李本乾等译，北京：中国人民大学出版社，2008 年。

[美]唐纳德·里奇：《大家来做口述历史：实务指南》，王芝芝、姚力译，北京：当代中国出版社，2006 年。

[美]戴维·阿克、[美]库马、[美]乔治·戴：《营销调研》，北京：中国财政经济出版社，2004 年。

[美]艾尔·巴比：《社会研究方法》，邱泽奇译，北京：华夏出版社，2000 年。

[美]菲利普·迈耶：《精确新闻报道：记者应掌握的社会科学研究方法》，肖明译，北京：中国人民大学出版社，2015 年。

[美]迈克尔·舒德森：《发掘新闻：美国报业的社会史》，陈昌凤、常江译，北京：北京大学出版社，2009 年。

[美]安雅·谢芙琳、[美]格雷海姆·瓦茨：《当代西方财经报道》，张惊译，上海：复旦大学出版社，2007 年。

[美]菲利普·迈耶：《正在消失的报纸：如何拯救信息时代的新闻业》，张卫平译，北京：新华出版社，2007 年。

[美]德鲁·埃里克·惠特曼：《吸金广告》，焦晓菊译，南京：江苏人民出版社，2014 年。

[美]杰克·西瑟斯、[美]罗杰·巴隆：《广告媒体策划》，北京：中国人民大学出版社，2006 年。

[法]古斯塔夫·勒庞：《乌合之众：大众心理研究》，冯克利译，北京：中央编译出版社，2004 年。

[美]史景迁：《王氏之死：大历史背后的小人物命运》，李孝恺译，桂林：广西师范大学出版社，2011 年。

[日]日经设计：《无印良品的设计》，袁璟、林叶译，桂林：广西师范大学出版社，2015 年。

涂子沛：《大数据：正在到来的数据革命，以及它如何改变政府、商业与我们的生活(3.0 升级版)》，桂林：广西师范大学出版社，2015 年。

牟怡：《传播的进化：人工智能将如何重塑人类的交流》，北京：清华大学出版社，2017 年。

潘绥铭、黄盈盈、王东：《论方法：社会学调查的本土实践与升华》，北京：中国人民大学出版社，2011 年。

风笑天：《社会研究方法》(第五版)，北京：中国人民大学出版社，

2018 年。

王颖吉主编：《传播与媒介文化研究方法》，北京：北京大学出版社，2017 年。

风笑天：《现代社会调查方法》（第五版），武汉：华中科技大学出版社，2016 年。

郝大海：《社会调查研究方法》（第三版），北京：中国人民大学出版社，2015 年。

陈阳：《大众传播学研究方法导论》（第二版），北京：中国人民大学出版社，2015 年。

水延凯、江立华主编：《社会调查教程》（第六版），北京：中国人民大学出版社，2014 年。

简明、金勇进、蒋妍编著：《市场调查方法与技术》（第三版），北京：中国人民大学出版社，2014 年。

夏南新：《统计学》，北京：高等教育出版社，2014 年。

柯惠新、王锡苓、王宁编著：《传播研究方法》，北京：中国传媒大学出版社，2010 年。

孙江华：《媒介调查分析》，北京：经济管理出版社，2005 年。

韩运荣、喻国明：《舆论学原理、方法与应用》，北京：中国传媒大学出版社，2005 年。

袁岳、周林古等编著：《零点调查：民意测验的方法与经验》，福州：福建人民出版社，2005 年。

水延凯主编：《怎样搞好社会调查》，北京：中国人民大学出版社，2009 年。

章文波、陈红艳编著：《实用数据统计分析及 SPSS12.0 应用》，北京：人民邮电出版社，2006 年。

牛隆光：《如何从事社会科学研究：新闻传播面向的探讨》，台北：唐山出版社，2010 年。

林照真：《新闻，在转捩点上：数位时代的新闻转型与聚合》，台北：联经出版公司，2017 年。

刘绍华：《我的凉山兄弟：毒品、艾滋与流动青年》，北京：中央编译出版社，2016 年。

毛泽东：《毛泽东选集》，北京：人民出版社，1991 年。

毛泽东：《毛泽东农村调查文集》，北京：人民出版社，1982 年。

陶永祥编著：《毛泽东与调查研究》，北京：中央文献出版社，2004 年。

费孝通：《六上瑶山》，北京：群言出版社，2015 年。

李银河：《后村的女人们——农村性别权力关系》，呼和浩特：内蒙古大学出版社，2009 年。

黎万强：《参与感：小米口碑营销内部手册》，北京：中信出版社，2014 年。

方洁编著：《数据新闻概论：操作理念与案例解析》，北京：中国人民大学出版社，2015 年。

张功臣：《民国报人：新闻史上的隐秘一页》，济南：山东画报出版社，2010 年。

于建嵘：《父亲的江湖》，北京：中国广播电视出版社，2013 年。

刘冰：《新闻报道写作：理论、方法与技术》，广州：南方日报出版社，2011 年。

刘冰：《融合新闻》(第二版)，北京：清华大学出版社，2021 年。

后 记

这本书的写作过程也是我研习调查方法的过程，写作持续的时间比较长，其间有过一些社会调查、市场调查的实践锻炼经历。我在台湾世新大学访学时，还补充过不少材料，书稿总算是成型了。

在本书撰写过程中，我适时将一些成果发表出来，本书有的章节相关内容已经在《中国出版》《青年记者》等期刊发表。

感谢武汉大学出版社编辑胡国民老师。由于参加中国新闻传播教育年鉴编委会会议，2020年夏天我和胡国民老师在黄海之滨相识。当我提出合作意向后，胡老师迅速推动了本书的出版立项。感谢胡老师的慷慨相助，同时也感谢武汉大学出版社领导的大力支持，感谢责任编辑程牧原老师的辛勤付出。

感谢《青年记者》前主编荆成老师。当年我们仅仅见过一次面，我去主编办公室找他聊天，他便同意让我主持调查专栏，给了我很大信任和支持，让我在调查实践过程中得到了锻炼。与荆成兄有过交往的朋友，都对他的人品交口称赞。他朴实无华、谦逊低调、乐于助人的品格彰显着人性的光辉。

感谢《青年记者》责任编辑王立纲老师，他多年来持续给予我支持和帮助，负责安排发表我们的调查报告，我们多年来的合作一直非常愉快。

感谢山东大学文化传播学院、山东大学威海发展研究院给予的出版资助。

感谢给予我帮助和支持的所有朋友，感谢亲爱的读者朋友。

国内外均有很多擅长调查研究方法的专家，调查方法方面的图书也是层出不穷，值得我们虚心学习。本人不揣浅陋，奉上这本有关调查方法的小书，希望能够对读者有所助益，增加一点阅读的乐趣。由于本人才疏学浅，书中难免疏漏，还请读者诸君不吝赐教。